职业院校应用型特色教材·交通运输系列
微课+电子活页版教材
“课程思政”建设创新教材
普通话水平测试训练

U0900963

普通话与播音艺术

张岩松　穆秀英　主编

北京交通大学出版社
·北京·

内 容 简 介

本书是“课程思政”建设创新教材、微课+电子活页版教材。本书旨在贯彻落实党的二十大报告中“加大国家通用语言文字推广力度”的要求，将普通话和播音艺术这两大重要内容整合为一本教材，形成独特的内容体系。本书分为认识普通话与播音、语音训练、发音训练、播音技巧训练、民航客舱播音训练、高铁乘务播音训练六个项目，每个项目下设若干任务，全书共有20个任务。本书系统性强、内容精练、体例新颖，突出实操性，每个项目基本内容中穿插许多“微课小视频”“小贴士”“小案例”“小训练”“读一读”“练一练”等，每个项目设有学习目标、项目导入、课后练习、课程思政指南、电子活页等栏目，突出应用性、实操性、训练性，选用鲜活的实际案例和训练内容，并设计了丰富多样的课后练习。每个项目中以二维码呈现的“电子活页”系统展示了普通话水平测试要求和应试技巧，增加了全书容量，为读者顺利通过国家普通话水平测试提供助益。本书突出课程思政，每个项目设“课程思政指南”，尤其是在课后练习中专设普通话与播音艺术训练题——“党的二十大报告播报”，为师生提供贴近教材的课程思政元素和教学设计。

本书适合作为高职高专院校空中乘务、高铁乘务、轨道交通服务、民航运输服务等专业教材，还可作为成人院校、中职学校相关专业的教材。它不仅是帮助职业院校学生以及各方人士通过普通话水平测试的训练教材，也是播音爱好者的播音训练教材。

图书在版编目（CIP）数据

普通话与播音艺术 / 张岩松，穆秀英主编. —北京：北京交通大学出版社，2023.11
ISBN 978-7-5121-5060-7

Ⅰ.① 普… Ⅱ.① 张… ② 穆… Ⅲ.① 普通话 ② 播音-语言艺术 Ⅳ.① H102 ② G222.2

中国国家版本馆 CIP 数据核字（2023）第 146117 号

普通话与播音艺术
PUTONGHUA YU BOYIN YISHU

责任编辑：郭东青
出版发行：北京交通大学出版社　　电话：010-51686414　　http://www.bjtup.com.cn
地　　址：北京市海淀区高梁桥斜街44号　　邮编：100044
印 刷 者：北京时代华都印刷有限公司
经　　销：全国新华书店
开　　本：185 mm×260 mm　　印张：15　　字数：388 千字
版 印 次：2023年11月第1版　　2023年11月第1次印刷
印　　数：1~2000 册　　定价：39.00 元

本书如有质量问题，请向北京交通大学出版社质监组反映。对您的意见和批评，我们表示欢迎和感谢。
投诉电话：010-51686043，51686008；传真：010-62225406；E-mail：press@bjtu.edu.cn。

FOREWORD

前　言

习近平总书记在党的二十大报告中指出："教育、科技、人才是全面建设社会主义现代化国家的基础性、战略性支撑。必须坚持科技是第一生产力、人才是第一资源、创新是第一动力，深入实施科教兴国战略、人才强国战略、创新驱动发展战略。"这三大战略共同服务于创新型国家的建设。新时代要求广大教师承担起教育者的神圣职责，在教学全过程中一定要深入贯彻党的二十大精神，落实党的二十大报告的各项要求，不断强化课程思政，对学生进行社会主义核心价值观教育，强化学生顾全大局意识、责任担当意识、团队合作意识和诚信守法意识，切实提高学生的道德水准和职业素养，促进学生的全面发展。

党的二十大报告中特别提出"加大国家通用语言文字推广力度"的要求，为落实这一要求，新时代大学生必须掌握普通话与播音艺术。而普通话训练与播音训练又是现代民航和高铁乘务服务中的两大重要内容，是民航、高铁客运服务工作的基础，也是相关服务人员必须掌握的重要服务技能。随着我国经济发展，人们交流增多，民航企业、高铁企业正在蓬勃发展，在竞争日趋激烈的情况下，各大航空公司以及国铁集团所属的各铁路局集团公司等越来越注重更新服务理念、提升服务品质，以获得顾客的认可和青睐。许多高职高专院校都把"普通话与播音艺术"作为空中乘务、高铁乘务、轨道交通服务、民航运输服务等专业的一门重要课程予以设立和建设。本教材正是顺应此需求而编写的。

本书是校企合作开发的职业院校应用型特色教材（交通运输系列），是"课程思政"建设创新教材、微课+电子活页版教材和普通话水平测试训练教材。本书编写着力突出四大特色。

一是突出职业教育特色。坚持以提高学生综合职业素质为目标，着力培养学生的实际操作能力和知识应用能力。

二是体现课程思政特色。本书系大连职业技术学院课程思政教材培育项目的最新成果，全书着力突出"课程思政"建设，每个项目下设"课程思政指南"栏目，在课后练习中专设普通话与播音艺术训练题——"党的二十大报告播报"，为师生提供贴近教材的课程思政元素和课程思政实施思路，将思政教育潜移默化地融入普通话与播音艺术课程教学始终，以构建"价值引领、知识传授和能力培养"三位一体的育人体系，发挥协同效应，促进学生思想道德水平的提升。

三是按照"先进""精简""实用"的原则编写教材。"先进"就是采用普通话训练与播音艺术的新知识、新标准、新技术、新方法、新经验、新成果和新材料；"精简"就是体现职业教育"必须""够用"的原则，重点提出"是什么""怎么做"。"实用"就是教材的内容，突出实际的使用价值和可操作性，强调训练方法和技巧，并辅以大量针对性练习。

四是坚持校企“双元”合作开发。本书以实践育人为核心，通过学校教师与广播电台播音专家以及民航、高铁企业专家通力合作，校企深度融合，共同研讨、共同开发课程标准，形成全书独到的内容体系和编写体例，使理论知识与实践有机结合，使教材内容贴近岗位工作实际，有助于学生提升职业能力，快速适应未来工作岗位，迈出职业生涯稳健步伐。

本书由张岩松、穆秀英担任主编，孙小杰担任副主编。具体分工如下：项目一由张岩松编写；项目二至项目五由穆秀英编写；项目六由孙小杰编写；张桐菲参与部分资料收集和文字录入工作。本书由穆秀英统稿并制作 PPT 课件、电子教案、课后练习答案等教学资源。

本书在编写过程中参阅了大量文献，有些材料是参考互联网上发布的或转发的信息，在此向各位作者深表谢忱。

因条件、水平和时间所限，书中不足之处在所难免，敬请读者批评、指正。

反馈信息或索取相关教学资源，可与本书责任编辑联系，邮箱：764070006@qq.com。

编　者

2023 年 7 月

CONTENTS

目录

项目一

认识普通话与播音

普通话神州音，华夏情。

——普通话宣传口号

学习目标

掌握普通话的内涵；了解普通话推广的历史和意义；明确学好普通话的方法；掌握播音的概念和属性，了解播音的作用；掌握语音的属性；了解语音的相关基本概念；了解播音发声的特点；明确播音员应具备的素养及其提升方法。

项目导入

1. 飞机起飞广播词

女士们，先生们：

欢迎您乘坐中国××航空公司航班××由______前往________（中途降落________）。由______至______的飞行距离是______，预计空中飞行时间是______小时______分。飞行高度______米，飞行速度平均每小时______千米。

为了保障飞机导航与通信系统的正常工作，在飞机起飞和下降过程中请不要使用手提式电脑，在整个航程中请不要使用手机、遥控玩具、电子游戏机、激光唱机、电音频接收机等电子设备。飞机很快就要起飞了，现在由客舱乘务员进行安全检查。请您坐好，系好安全带，收起座椅靠背和小桌板。请您确认您的手提物品已经妥善安放在头顶上方的行李架内或座椅下方。本次航班全程禁烟，在飞行途中请不要吸烟。

本次航班的乘务长将协同机上________名乘务员竭诚为您提供及时、周到的服务。

谢谢！

2. 高铁广播欢迎词

（音乐渐起，音乐与人声混播）优美的音乐放松您匆匆的脚步，真诚的微笑启动您愉快的旅途。

旅客朋友们大家好！

今天是××××年××月××日，星期×，农历××月××日。欢迎您乘坐我们这趟列车，感谢您选择高铁出行。我们将为您提供舒适的环境、优质的服务。您的旅行从我的一声问候开始，

祝愿您拥有快乐的好心情。(接一段音乐)

案例中的这两段广播词，一是飞机起飞时的广播词，介绍航班信息，提示旅客安全注意事项；二是高铁广播欢迎词，向乘坐本次高铁的旅客表示欢迎。广播词的播音是民航播音、高铁播音的主要内容，是民航服务、高铁服务的重要组成部分，是航空公司、高铁公司与乘客沟通交流的重要窗口。广播词的播音要求使用标准清晰规范的普通话，同时能有较好的气息控制、口腔控制等发音技巧。不仅是民航播音员、高铁播音员，作为普通的民航服务人员、高铁服务人员，每天需要和来自天南海北的乘客打交道，有声语言也是其沟通交流的重要工具，使用规范清晰的普通话、用富有魅力的声音表情达意，能够打破地域方言壁垒，为乘客提供有效服务并塑造自身良好的服务形象。

可见，使用标准规范、优美动听的普通话，是民航服务人员、高铁服务人员开展服务沟通的重要工具，是进行民航广播播音、高铁广播播音的基本要求。民航服务人员、高铁服务人员要说一口标准规范、清晰悦耳的普通话，就要了解普通话的概念、普通话的规范和普通话的语音特点，能够掌握播音语言和生活语言的区别，明确民航服务人员、高铁服务人员学习普通话的要求。

任务一　认识普通话

一、普通话内涵

普通话是中华人民共和国的通用语言，是以北京语音为标准音、以北方话为基础方言、以典范的现代白话文著作为语法规范的现代汉民族共同语。其中“普通”二字的含义是“普遍”和“共通”。这个定义既是普通话的标准，也是普通话的规范。

普通话是我国各民族、各地区的通用语言；是我国政府机构、各种社会团体和企事业单位工作人员在工作中必须使用的公务用语；是使用汉语的各级广播电台（包括民航、高铁的广播）、电视台和汉语电影、电视剧、话剧的规范用语；是以中文授课的大、中、小学校的教学用语。对世界来说，中文是代表中国的语言，是联合国六种法定工作语言之一。我国的宪法及有关法律、法规都要求推广使用普通话。

【小贴士】

现代汉民族共同语的确定

现代汉民族共同语是由清末官话发展而来的。1909 年，清政府资政院议员江谦正式提出把“官话”正名为“国语”（之前清朝一直称满语为“国语”），清政府表示采纳这个建议，并着手审定“国音”标准，未及施行，清政府便被推翻。中华民国成立后，1913 年 2 月召开“读音统一会”议定国音，北方代表提出的以北京语音为标准音的主张，遭到南方省份代表的强烈反对，最后议定出的是一种南北方言杂糅，没有一个人会说的生造音。后来五四运动的白话文运动促进了国语运动的发展，1924 年，“国语统一筹备会”明确国音应当以实际存在的口语语音作为标准，并一致通过以北京语音为国话标准音。

中华人民共和国成立后，1955 年 10 月召开了“全国文字改革会议”和“现代汉语规范化学术会议”，确定以“普通话”作为汉民族共同语的正式名称，并对有关内容进行了具体讨论。1956 年 2 月国务院发布《关于推广普通话的指示》，正式从语音、词汇、语法 3 个方面确立了普通话的标准和内容，对普通话做出了全面、严谨、明确的定义。

下面从语音、词汇、语法三个方面来具体阐述普通话的内涵。

（一）语音方面

小贴士
北京话就是普通话吗？

“以北京语音为标准音”是普通话在语音方面的要求。普通话以北京语音为标准音的原因主要有两点。一是北京自元朝以来一直是中国政治、经济、文化中心。明清时期，以北京语音为标准音的“官话”传播到全国各地，五四运动后，掀起了“国语运动”。这些都极大地促进了北京语音的传播，使其影响范围广，易为大众接受。二是北京语音本身的音素、声调和音节等都比其他方言更简单而且更容易掌握，发音清晰且具有韵律美。这两个原因促使北京语音最终成为“国音”。

（二）词汇方面

“以北方话为基础方言”是普通话在词汇方面的要求，就是普通话一般以北方方言中比较通行的词汇为标准。因为与其他方言相比，北方方言分布区域最广（分布在从东北的黑龙江到西南的云贵高原、从西北的玉门关到东海之滨及长江沿岸的广阔地域），使用人口最多（占汉族总人口的 73%以上），具有广泛性和普遍性。这样，普通话以大多数人惯用的北方话词汇为基础，就很容易普及了。

虽然普通话是在北方方言基础上形成和发展起来的，北方话的词汇是构成普通话词汇的基础，但需要强调的是，这并不意味着普通话词汇就是北方话词汇，普通话词汇中不包括北方话当中的土语。在北方方言的词语中有许多北方各地的土语。比如，北京人把“吝啬”说成“抠门儿”，把“肥皂”叫作“胰子”。时下，比较火的东北方言里土语就更多了。比如，普通话说“这个人长得真难看”，东北方言说成“这个人长得老砢碜了”，还有东北方言形容“多”的词汇很丰富，可以说成“贼多”“成多了”“老多了”“老鼻子了”“海了”。像这样的方言词语，其他方言区的人很难理解，因而不能作为普通话词汇来推广。在正式场合应尽量不使用，如果使用过多，必然会造成交流的障碍，引起不必要的误会。所以，不能把所有北方方言的词汇都作为普通话的词汇标准，要有选择和区别。

另外，为了使用的需要，普通话也适当吸收了非基础方言中的有用成分，不断吸纳各方言中的一些“新鲜”词语，以及古代的和外来的富有表现力的词语，来丰富普通话词汇，来自吴方言的如“尴尬、垃圾”等；来自粤语方言的如“打的、买单、煲汤”等；来自古汉语的如“诸如此类、华诞、若干”等；来自外来语词汇的如“摩托”“沙发”“咖啡”“幽默”“马达”等音译和意译词，以及“CT、AA 制、CD、MBA、IT”等带有特定含义字母的外来词。

【小案例】

家伙什儿

上海一位检察官去东北出差，在宾馆入住登记时，总台服务员看他身穿制服，就问他：“有家伙什儿没有？”上海客人很奇怪，回答说：“我没有家务事。”服务员说：“谁问你有没有家务事，我是问你有家伙什儿没有？”客人生气了：“我家在上海，在这里有什么家务事？莫名其妙！”

“家伙什儿”在北方话里是“工具、武器”的意思，服务员是问这位客人带没带这些，如果有是需要登记的。可是她不说普通话，南方的客人听不懂，难怪人家要生气了。

思考题：

这个案例说明了什么呢？

（三）语法方面

“以典范的现代白话文著作为语法规范”是普通话在语法方面的要求。白话文是北方话的书面形式，是在口语基础上经过提炼加工形成的文学语言。

“典范的现代白话文”包含以下几层意思。

一是它区别于五四运动以前的早期白话文。我国唐宋时期就产生了一种接近口语的书面语——白话；宋元以来的白话文学逐渐确立了白话的书面语地位；明清时期白话文学作品广泛流传，进一步扩大了白话的影响，但是“典范的现代白话文”不是指这些。

二是它区别于不典范的现代白话文。五四运动后，掀起了“白话文运动”，巩固了白话文的语法地位，为白话文的语法规则成为普通话的语法标准奠定了基础，但并非所有的现代白话文著作都可作为规范。“现代白话文著作”就是指用现代白话文写成的文章和文学作品，是经过字斟句酌、反复修改的作品，其作者一般具有较好的语言功底和表达能力。“典范”的含义指经典和规范，即使是“名人名作”，如果不是经典或规范的，也不在此列。这就排除了“以人划分”和简单化。例如，即使像鲁迅、郭沫若这样的语言大师，也有非典范的作品。另外，“典范”的著作必然经得起推敲，脍炙人口，广为流传。所以，只有能代表普通话口语习惯、大家公认的那些典范的现代白话文著作才具有语法规范的价值。

三是它区别于用方言写的作品以及文言文作品。由于典范的现代白话文严谨、经得起推敲，能对口语起指导作用，并能使普通话的语法规则相对固定下来，因此白话文的语法规则就成了普通话的语法规范。

总之，普通话的上述标准，不是少数人主观规定的，而是有它的客观基础的。这里所说的客观基础主要是指政治、经济、文化方面的因素。古代中国的经济中心长期在北方。800多年来，北京一直是中国的政治中心。唐宋以来，有影响的白话文学，都是用北方话写的。可见，今天规定普通话以北方话为基础方言，以北京语音为标准音，以典范的现代白话文著作为语法规范，是完全符合汉语发展规律的。

【小训练】

请就以下两种情况和问题展开小组讨论。

情况1：我们从小学阶段就开始学习普通话，但是只有少部分人能够讲一口标准的普通话，多数人存在这样或那样的问题，尤其是发音方面。

问题：造成这种情况的原因是什么？

情况2：有人以为，自己从小就没有打好学习普通话的基础，错误的发音已经根深蒂固，很难纠正。

问题：你同意这种看法吗？为什么？

二、普通话推广

汉语方言间存在很大的差异，并且每种方言内部分歧十分复杂，邻县之间甚至邻村之间也可能存在语言不通的交际障碍，这些都影响了人们之间的交流和沟通，更不适应改革开放不断深入和社会主义市场经济迅速发展的当今形势，推广全国通用的普通话更成为我国社会发展的客观要求。

（一）普通话推广的历史回顾

共同语普及程度是衡量一个国家或民族现代化发展水平的重要标志。西方发达国家早在200多年前，日本早在100多年前就基本完成了这项任务。我国如果从20世纪20年代国语运动算起，至今也有百年的历史了，但前期收效甚微。自中华人民共和国成立之初普通话在我国正式确定之后，推广普通话工作才有了快速发展。

1956年2月6日，国务院向全国公布了《关于推广普通话的指示》。同年，国务院成立了委员会，各省市自治区相继也成立了推广普通话工作委员会。

1957年6月，北京召开了全国普通话推广工作汇报会，会上根据我国当时实际情况制定了推广普通话工作的方针："大力提倡，重点推行，逐步普及。"

1957年前后，中央推普委员会对全国1 800多个点的汉语方言进行了普查，并编辑出版了指导各地学习普通话的手册。

1958年，国家公布的《汉语拼音方案》为注音识字和推广普通话提供了工具。

从1958年到1960年，在全国范围内开展了"大家来说普通话"活动，全国掀起了一场遍及城乡的学习和推广普通话的群众运动，形成了有利于推广普通话的社会风气。到1979年8月底，中央推普委员会和教育部等单位联合召开了五次全国普通话教学成绩观摩会，展示了我国各地人民学习推广普通话的优异成绩。

此外，我国广播、影视部门长期坚持用标准的普通话演播，对推广普通话起到很大作用。

1982年，《中华人民共和国宪法》明确规定"国家推广全国通用的普通话"，这一规定从法律上确定了普通话的地位和作用。

1985年，为了适应新形势，加强语言文字工作，国务院将"中国文字改革委员会"更名为"国家语言文字工作委员会"（以下简称国家语委），扩大了机构的工作范围和行政职能。

1986年1月，国家教委和国家语委在北京联合召开了全国语言文字工作会议。会议决定把大力推广和积极普及普通话作为语言文字工作的首要任务，同时规定新时期推广普通话工作的重点应当放在推行和普及方面。后来根据推普工作形势的发展，党中央、国务院及时把新时期推广普通话工作的方针调整为"大力推广，积极普及，逐步提高"。

自1986年以来，我们国家发生了举世瞩目的巨大变化，语言文字工作也取得了长足进展，推广普通话工作同样取得了可喜的成绩。主要表现为，推普范围更加广泛，由重点在南方地区推行，发展到在全国范围内推广；由重点纠正语音发展到对词汇等方面提出规范要求。

1994年10月23日，国家语委、国家教委、广电部联合发布了《关于开展普通话水平测试工作的决定》（国语〔1994〕43号）（以下简称《决定》），对普通话水平提出了明确要求。国家语委制定的《普通话水平测试等级标准》，使普通话水平有了比较客观的可以操作的衡量尺度，为人们逐步提高普通话水平提供了较为科学的量化手段。《决定》还对部分教师、广播电视的播音员和节目主持人等专业人员及师范院校毕业生提出了普通话等级要求，普通话水平测试工作在全国范围内开展起来。这些举措使推广普通话工作迈上了一个新台阶。

2001 年 1 月 1 日《中华人民共和国国家通用语言文字法》（以下简称《语言文字法》）正式实施，这是我国历史上第一部关于语言文字的法律，是我国文字工作中的一件大事。整部《语言文字法》既对语言文字的使用提出了强制性规范原则，又照顾了语言渐进渐变的特点，刚柔相济，宽严结合，符合国情，它标志着语言文字工作已走上了依法管理的轨道。

【小贴士】

《语言文字法》中涉及“普通话”及其推广使用的条款

《语言文字法》共分三章二十七条，自 2001 年 1 月 1 日起开始施行。《语言文字法》中涉及“普通话”及其推广使用的条款主要有以下几条。

第三条　国家推广普通话，推行规范汉字。

第九条　国家机关以普通话和规范汉字为公务用语用字。

第十条　学校及其他教育机构以普通话和规范汉字为基本的教育教学用语用字。

第十二条　广播电台、电视台以普通话为基本的播音用语。

第十三条　提倡公共服务行业以普通话为服务用语。

第十九条　凡以普通话作为工作语言的岗位，其工作人员应当具备说普通话的能力。

1997 年 12 月 23 日，全国语言文字工作会议再一次召开，会议提出了跨世纪的推广普通话工作的奋斗目标：2010 年以前，普通话在全国范围内初步普及，交际中的方言隔阂基本消除，受过中等或中等以上教育的公民具备普通话的应用能力，并在必要的场合自觉地使用普通话，与口语表达关系密切行业的工作人员，其普通话水平达到相应的要求。21 世纪中叶以前，普通话在全国范围内普及，交际中没有方言隔阂。

为了实现这一奋斗目标，会议规定当前推普工作的主要任务是继续贯彻“大力推广，积极普及，逐步提高”的 12 字方针，在普及的基础上提高，在提高的指导下普及。具体工作主要为，各级各类学校要加强普通话能力的训练，使普通话成为学校的教学语言，并成为部分学校的校园语言。教育行政部门要加强管理，把普及普通话纳入学校的培养目标和教学内容，纳入对教师的基本要求，普通话合格的教师才能上岗。党政机关在公务活动中自觉说普通话，公务员要基本具备普通话能力。有声传媒要以普通话为播音用语，播音员、节目主持人要持证上岗。服务行业工作人员要以普通话为服务用语。解放军、武警指战员要以普通话为工作用语。加强普通话训练测试工作，提高普通话培训测试的科学水平。做好普通话词汇规范化工作。

在党中央、国务院及各有关职能部门的正确领导下，全国人民正朝着这一宏伟目标努力。

（二）普通话推广的意义

我国大力开展普通话推广工作，具有以下几个方面重要意义。

1. 消除方言隔阂

我国是一个幅员广阔、人口众多的国家。由于历史和社会的原因，长期以来形成了严重的方言分歧，给人们的工作、生活带来许多不便。推广普通话可以进一步消除方言隔阂，减少不同方言区人们的交际困难，促进社会交往，有利于国家的统一和安定团结。

【小贴士】

汉语七大方言区

（1）北方方言。以北京话为代表。这是现代汉民族共同语的基础方言。分布地域：长江以北除皖北怀宁等9县、湖北监利、苏北海门3县的所有地区，长江以南包括云南、贵州、重庆、广西、安徽的部分地区，江苏、浙江、江西、湖南、湖北的部分地区。北方方言分布地域最广，使用人口占汉族总人口的73%。

（2）吴方言。吴方言也称吴语，以苏州话为代表。分布地域：上海、浙江、苏南、苏北部分地区，赣东北部分地区，以及闽北蒲城等。使用人口约占汉族总人口的7.2%。

（3）湘方言。湘方言也称湘语，以长沙话为代表。分布地域：湖南中部、南部、广西东北部的部分地区。共辖61个市县，湘方言区包括湖南省大部分地区（西北部除外）。使用人口占汉族总人口约3.2%。

（4）赣方言。赣方言也称赣语，以南昌话为代表。分布地域：赣北、赣中，湘东和粤东南部分市县，皖西南和闽西部分地区。使用人口占汉族总人口的3.2%。

（5）客家方言。客家方言也叫客家话，以广东梅县话为代表。分布地域：广东约东部、中部以及毗连的赣南闽西和湘东南地区，台湾西北部和南部的部分市县，广西、四川的不成片分布。使用人口占汉族总人口的3.6%。

（6）闽方言。闽方言也称闽语，以福州话为代表。分布地域：福建、海南、台湾、广东潮汕地区和雷州半岛，浙江苍南、平阳二县，广西平南、桂平的部分地区。使用人口约占汉族总人口的5.7%。

（7）粤方言。粤方言也称粤语，以广州话为代表。分布地域：广东珠江三角洲和茂名地区，广西东南的梧州、玉林、钦州，香港、澳门特别行政区。使用人口占汉族总人口的4.1%。

【小训练】

（1）将学生分成若干小组，分别用自己家乡的方言说一段话，了解我国方言区的基本情况。

（2）请学生用方言与普通话对比的方式，介绍自己熟悉的一种方言。

小贴士
南方人北方人说普通话，谁也别笑谁

2. 增强民族凝聚力

中国自古就是一个幅员辽阔、方言复杂的大国，在数千年的历史进程中，虽然经过多次战乱和分裂，最终仍然会回到“分久必合”的统一中来，其中语言的作用功不可没。第一，汉字具有强大的超方言功能；第二，中国至少从春秋战国起，在正式交际场合就已经形成了一种大家都要遵循的共同语，历代对这种共同语的称谓是“雅言”“通语”或“官话”，不可否认，共同的语言和文化，成为中国回归统一的重要因素。普通话是现代汉民族的共同语，我国不同方言、不同语言的各地区、各民族之间使用普通话进行交流沟通，加强民族间的团结，增强了中华民族的凝聚力。

3. 加快经济建设的步伐

在新的历史时期，社会主义市场经济体制的建立，使我国各地区、各民族之间的经济交往日益频繁，商品流通空前活跃，人员流动越来越大。方言土语是与小农经济相联系的，通用语是与社会化大生产相联系的，语言观念的保守或开放往往折射出经济环境和经济观念的保守与开放。在沿海经济发达地区，普通话已经成为与本地方言并行的通用语言，许多企业很早就认识到普通话与经济效益、企业形象的密切关系，并将普通话作为商品和企业形象的媒介，广泛接受并使用普通话，普通话是他们的成功因素之一。在我国部分欠发达地区，有一些乡镇干部至今不能使用普通话，语言问题成为他们与外界交流的严重障碍。

4. 适应信息时代的需求

在当今信息时代，计算机处理的信息内容 80% 是语言文字，语言文字是主要的信息载体，规范标准的语言文字是信息产业发展的前提。随着信息技术的高速发展，计算机的普遍应用，语言文字的服务对象从人际交往拓展到了人机交际。只有大多数社会个体掌握了普通话，计算机的高性能才能真正发挥社会效用。

5. 促进国际交流

普通话是中国与世界联系的重要纽带。随着综合国力的增强和对外开放的扩大，我国的国际地位日益提高，进一步推广普通话，有利于弘扬中华优秀传统文化，加强我国与世界各国的经济和文化交流，树立我国的良好国际形象。普通话是联合国六种工作语言之一，是中外交流的重要工具，现在世界上使用普通话的人群正在不断壮大。可以预见，随着我国综合国力的不断增强和国际地位的不断提高，普通话的实用价值将日益凸显。

6. 提升个人整体素质

人最基本的素质是规范的语言能力，其他各种素质、能力都是在此基础上发展而来的。人的思想、能力、学识、修养、文化都要通过语言的酝酿和表达，语言能力是个人基础性的、终生受用的能力，语言能力的提高有利于提升个人的整体素质。发达国家的语言研究者们把阅读表达能力称为“第一文化”，把掌握计算机语言称为“第二文化”，“第一文化”是获得“第二文化”的基础和前提。作为一名大学生，如果能说流畅标准的民族共同语，具有灵活自如运用语言文字的能力，再熟练掌握至少一门外语，具备操作计算机的基本能力，其在求学、求职的竞争中将处于优势，且终生受用。

7. 有利于做好民航、高铁服务工作

民航、高铁服务人员要跟五湖四海的旅客打交道，因此必须使用规范的普通话，才能达到良好的沟通、交流和服务目的。民航播音和高铁播音是民航服务、高铁服务的重要组成部分，其有声语言要通过电波才能传送出去，虽然面对的受众相对有限，但是其语言传播也具有示范性，广大旅客在有意或无意中受到播音员语言的感染，客观上民航、高铁播音员也起到推广普通话的作用。

因此，坚持使用标准的普通话进行播音是最基本的要求，其语言必须严格遵守普通话所规定的标准，应该在普通话推广方面发挥示范作用，在工作中规范使用通用语言文字，维护祖国语言和文字的纯洁。

为了承担起推广和教学普通话的任务，不对旅客进行错误的诱导，民航、高铁播音员以及相关服务人员自身必须加强语言修养，用准确、鲜明优美、生动的语言为广大旅客服务。那种把不标准、不规范的语音当作自己的个性、特色充斥在播音或服务工作中，把貌似“生活化”“自然亲切’的语言掺入播音或服务工作中的自然主义随意性倾向，是极其错误和不严肃的。

【小贴士】

推广普通话并不排斥方言

推广普通话并不是要排斥方言，更不是要人为地消灭方言，而是要帮助人们掌握和使用全国通用的语言，以消除方言可能引起的隔阂，进一步促进全国各族人民间的相互交往和协作。一个原来只会说方言的人掌握了普通话，是其语言能力和个人素质提高的表现，是交际手段的增强。对于方言，国家允许在一定领域和特定地区长期存在。因此，普通话和方言在我国会长期并存，以适应人们社会生活各个方面的交际需要。

三、普通话学习

微课堂
普通话学习

为了学好、用好普通话，要做到以下几点。

（一）端正态度

普通话是一门基础技能课程，它重在培养人们的语言表达能力，但是受地域、兴趣、年龄等因素的影响，在普通话学习中许多人出现了不良心态。有些人因为周围没有形成说普通话的风气，害怕说普通话不能被别人理解，会招来讽刺、打击；有些教师在课堂上能说流利的普通话，下课及其他交际场合却都说方言。有些干部担心说普通话会被人看成打官腔，失去亲切感，使自己脱离群众；部分人进行社会交际时出于各种原因不愿意说普通话，这些都是落后的封闭意识、狭隘的地方观念的反映。因此，学习普通话，首先要在思想上强化认识，树立正确的学习态度和学习观念，努力做推广普通话的勇敢实践者。

【小贴士】

《中国广播电视播音员主持人自律公约》的特别要求

2005年9月，国家广电总局批转了中国广播电视协会播音主持研委会制定的《中国广播电视播音员主持人自律公约》。其中特别要求，播音员、主持人在播音、主持工作中，“除特殊需要外，一律使用普通话，不模仿地域音及其表达方式，不使用对规范语言有损害的口音、语调、粗俗语言、俚语、行话，不在普通话中夹杂不必要的外语，不模仿港台话及其表达方式”。

(二)确立目标

各种方言与普通话的差别有大有小，不同方言区学习普通话的难易程度也不尽相同。目前，受各类传媒的影响，大中城市的年轻人多数会说比较标准或带些方言色彩的普通话。如果有较好的语言环境，他们就会在学习和生活中把普通话作为日常用语使用；如果语言环境不理想，他们可能使用双语，即在学校和正式场合使用普通话，在家庭或日常生活中使用方言。来自边远或欠发达地区的学生，由于缺少良好的语言环境，一小部分人根本不会说普通话，多数人可以说，但说得生硬、不自然，方言色彩浓重。当然，他们中也可能有少数先天条件或环境条件优越的人可以说较标准的普通话。每个人普通话的基础不同，学习目标也应当有一定的区别。

1. 普通话基础较好的人

普通话基础较好的人应当在认真学习普通话的有关理论的基础上，学习一些发音、朗读、演讲方面的知识和技巧，锤炼、提高普通话口语，注意分辨和纠正日常用语中的方言词汇。这部分人存在的普通话语音问题主要有翘舌声母轻微缺陷（卷舌动作稍重或稍欠）、j组声母偏前、单元音 ɑ 的舌位偏后或偏高、复合元音动程不足等。

2. 普通话基础一般的人

普通话基础一般的人通过学习尽量去除语音中的方言色彩，能用基本规范的普通话流畅地朗读文章，口语自然连贯。这部分人存在的主要问题有平翘舌基本不分，存在齿间音、鼻化元音、复合元音无动程，个别声调不能准确把握等。

3. 普通话基础差的人

普通话基础差的人从头学起，勇于练习，勤于练习，坚持不懈，加之教师耐心细致且有针对性地辅导，他们中的大多数人经过几个月的学习，也能说一口比较标准的普通话。

(三)掌握方法

普通话学习还要注意运用正确有效的学习方法，概括起来，应做到以下几点。

第一，有针对性地学习实用的普通话语音、词汇、语法知识，以正确的理论指导训练，可避免走弯路。

第二，熟悉声母、韵母，声调的发音和音变规律，知道某个音如何发，过好“发音关”，看见用汉语拼音拼写的字、词能准确地念出。

第三，联系实际，找出规律，矫正方言发音。比较自己掌握的方言和普通话的语音差异，了解方言和普通话之间的对应规律，掌握一些纠正差异的方法，在学习普通话时就可以起到举一反三、触类旁通、以简驭繁的作用，从而较快且有效地排除方言的干扰，逐步掌握普通话。

第四，学习普通话，应该在生活中处处留心，正确模仿。例如，模仿中央电视台、中央人民广播电台中新闻节目播音员的口音；选用专业的教材和音频资料，边听边跟读模仿；可以到一些专业的语音学习和训练网站上进行互动学习；还可以向身边普通话说得好的人学习。

第五，学习普通话，多查字典，勤记忆的功夫不可少。在平时阅读过程中，要养成查字典的习惯。其实，普通话除了一些人们熟悉的字、词，还有一些模棱两可的字、词。学习者应该通过查字典确定字音并牢记，日积月累，逐渐提高。

第六，学习普通话不是一朝一夕的事，必须及早着手，大胆说、坚持说。不说就永远不会说，永远说不好；只要开口说，就能越说越熟练，越说越好。只有不断训练，持续努力才能真正进步，修成正果。

任务二　认识播音

作为民航、高铁服务人员，尤其是播音员，对播音工作有一个正确的认识，有助于做好播音工作，改善与旅客的双向沟通，促进各项服务工作水平的提升。

一、播音的属性和作用

根据播音理论家姚双喜的研究，对播音的概念、属性以及作用等基本问题梳理如下。①

（一）播音的属性

从广义上来讲，播音是指电台、电视台等电子媒体所进行的一切有声语言和副语言传播信息的活动（包括各种声音、印象、音乐、语言、文字、图像等所进行传播信息的活动）。从狭义上来讲，播音是指播音员和节目主持人运用有声语言和副语言，通过广播、电视传媒进行的传播信息的创造性活动。

从1940年12月30日人民广播第一次播音起，人民广播半个多世纪的播音创作实践，为中国播音学的研究和建立奠定了基础。播音，涉及新闻学、广播电视传播学、语言学、心理学、社会学等，属边缘学科。播音创作如果缺乏理论指导则是盲目的。由于播音学科的边缘性、综合性，决定着播音创作也必然是一个复杂的系统工程。播音创作系统具有运动性、开放性、全息性和综合性等特点，使处在不同时空（其中包括传播媒介、不同的节目形式、不同的创作主体、不同的创作对象、不同的创作依据、不同的创作环境、不同的创作时期）的矛盾运动千变万化，呈现出不同的特征。在千千万万个矛盾中，“播”“受”矛盾是基本矛盾。构成这一矛盾的基本要素包括三个方面：创作者（播音员、主持人等）、创作素材[稿件（含腹稿）、印象、画面等]、受众（听众、观众）。对于创作者来说，创作素材和受众都是客体，其任务是充分发挥自己的主观能动性，把创作素材组织结构成适合于视听觉接受的播音作品，传达给受众。

因为播音学科的边缘性，播音创作的复杂性和多样性，所以对播音性质的认识不应是单一的，而应是全方位的。播音，既具有自然属性（如声音的传播、形象建立的物理、生理属性，以及电子传播的特性等），又具有社会属性（如播音创作中的党性原则，民族、时代、阶级、社会等因素的限定）；既具有新闻属性，又具有某些艺术的特征；既具有再造性，又具有创造性，等等。下面从播音工作的创造性、多质性、新闻性等方面进行论述。

1. 播音的创造性

由播音员、稿件（素材）、听众、观众之间的矛盾运动，构成播音这一事物。其中，播音员是播音创作的主体，稿件（素材）和听众、观众是客体。

从播音员同稿件的关系看，播音员通过主观能动性的发挥，通过感情的力量，建立起了一套新的符号系统，即把按文字排列传递信息的符号系统，转化为按有声语言和副语言

---

① 姚喜双．播音导论教程［M］．北京：中国广播电视出版社，2001.

（体态语）传递信息的符号系统。

从播音员同听众、观众的关系看，播音员播音时，坐在播音室里，面对的是话筒和摄像机的镜头，看不到广播电视听众或观众，这本身对播音员感情、语言的表达和交流都是一种限制。创造性正是在限制中显现出来，如果没有了限制，也就无须创造。播音员播音时，正是要通过主观能动性的发挥，去感受听众、观众的存在，面前无人，心中有人，从而与听众、观众在感情上、语言上进行沟通。

所以，无论是从播音员同稿件（素材）的关系来看，还是从播音员同听众、观众的关系来看，播音都是一项创造性的活动。这种创造性的活动，包括有稿播音和无稿播音两个方面。不能认为只有无稿播音才有创造的成分在里边，有稿播音同样具有创造性。正如张颂所指出的："有稿播音，要'以稿件为依据'，要有一系列的创造思维的流动，去开掘和发现那里面的丰富内涵和情景意象，从中获得人文积淀、感情色彩、修辞效果和人生况味，然后，准确、鲜明、生动地形之于声，及于受众。""有稿播音……是一种创作。这种创作不仅把文字语言转变为有声语言，而且把自己的理解、感受、个性结构系统、审美理想追求，融入有声语言。""播音员以稿件为依据，通过对稿件的分析，透过文字语言，发现并开掘文字背后、文字之外的意蕴和观念，把'理想的力量'复原为'理想的意图'，再以这'理想的意图'为引导，去揭示被加强和加重了的'理想的力量'，并通过深化和美化的有声语言，催动这'理想的力量'的进一步物化和人化，从而达到'锦上添花'的目的，使受众愿意接受。"①

2. 播音的多质性

播音学科的边缘性、综合性和播音创作活动的复杂性，使其在创造活动中反映出这样几点属性：播音是一项特殊的言语活动，具有言语传播的性质；播音是一项新闻实践活动，具有新闻性；播音是一项艺术创作活动，具有某些艺术属性；播音活动离不开技术手段，具有某些技术属性。播音这一创作活动，至少直接集语言、新闻、艺术、技术于一身，是一个复杂的系统工程。这就是播音的多质性，即其性质中既包含自然属性，又包括社会属性；既包括新闻性，又具有言语传播和艺术的属性，等等。播音的众多属性同时发挥作用，构成了播音的性质。

3. 播音的新闻性

播音的众多属性不是平均用力、作用均等，其中，新闻性占据举足轻重的位置。新闻的真实性原则，使播音创作中播音员情感的表达与演员表演中情感的表达，有了质的区别。新闻的时效性、报道的连续性、政策分寸的把握，使播音言语表达技巧区别于朗读、朗诵、讲演等，播音言语活动具有了自身的规定性。所以说，新闻性是主调。播音是广播电视宣传的重要一环，是新闻工作的重要组成部分。当然，强调主调，并不是说其他属性不重要，主调正是在与其他属性的和谐统一中才能发挥作用，所以说，播音员既是新闻工作者，也是语言艺术工作者。

（二）播音的作用

随着广播电视事业的迅速发展，电子传媒手段的广泛运用，播音创作的天地更为广阔，播音的地位日益提高，播音的作用也就越来越大。这具体体现在以下四个方面。

---

① 张颂．播音语言通论［M］．北京：北京广播学院出版社，1994.

1. 传播形成作用

播音构建语言（副语言）传播系统，具有传播形成作用。播音是传播的关键一环，具有创造性。通过播音创作活动，将前期所有的传播符号系统，如文字、音响、画面等素材，都纳入播音创作中，变为播音传播系统中的素材，播音创作者按照语言传播规律将其重新解构、组装，汇入有声语言（副语言）传播渠道，使其传播潜能变为传播现实。所以说，播音具有传播形成作用。

2. 了解和认识社会作用

播音主体通过播音传递信息，体现态度，揭示语义内涵，表明思想实质，使播音具有了解和认识社会作用。当播音创作者构建了语言传播系统、形成传播后，播音便发挥着传递信息的功能。播音创作者在传递信息的过程中，把文字符号变为有声语言和副语言符号，这一传播符号不像文字符号那么抽象，它具有很强的直观性和表态性，这一传播符号时时刻刻都在体现传播者的态度。所以，播音创作者在传播过程中，必须通过有声语言和副语言表明其态度观点，不能含糊。同时运用播音合作的强化和弱化功能，分出主次，体现信息重点，直接、准确、鲜明地揭示语义实质和思想内涵，发挥引导和帮助受众了解、认识社会的作用。

3. 鼓舞、教育、激励作用

播音主体通过播音传递感情，形象具体生动，吸引感染受众，使播音具有鼓舞、教育、激励作用。播音创作不只是为了传达概念信息，更要传达情感信息。播音创作的核心就是要以情感人。播音创作考将静止抽象的文字符号，转化为具体可感、形象生动的情感信息，通过播音创作者饱含情感的有声语言和副语言传达给受众，使受众在接受信息的同时，受到鼓舞、教育和激励，把良好的主张变为千百万人的自觉行动。例如，20 世纪 60 年代，齐越播出的长篇通讯《县委书记的榜样焦裕禄》；20 世纪 80 年代，林如播出的通讯《假如党员都像她》；20 世纪 90 年代．方明播出的特写《在大海中永生——邓小平同志骨灰撒放记》……这些优秀的播音创作，感情真挚，形象生动，感染和鼓舞了一批又一批受众。

4. 语言表达的审美示范作用

播音规范美化语言，建设语言文明，具有语言表达的审美示范作用。播音主体在播音中具有较深的语言功力、较强的语言能力、较高的语言魅力和优秀的语言表达，能够体现出汉语普通话在传播中的美，具有审美示范作用，是普通话的典型范本，有利于推广音通话。“寓庄于谐，寓教于乐，赏心悦目，同声相应，在轻松欢乐中体味语言的妙趣横生、色彩纷呈。”①播音员准确而洪亮的声音，富有美感、饱含情感的语音语调，自然、优美的语言，富有气韵和节奏感的朗诵等，都使人感到无比动听，入耳不烦，实在是一种艺术享受，成为受众、听众欣赏和学习的榜样。

随着播音创作内涵的不断丰富，人们认识的不断深化，播音对社会的政治生活、经济发展、科技进步、文化积淀等方面直接或间接的作用也将越来越显著。

【小训练】

请在网络上收集齐越播出的长篇通讯《县委书记的榜样焦裕禄》音频并收听，谈谈你对播音的理解以及县委书记的榜样焦裕禄的模范事迹对你的教益。

---

① 张颂．播音语言通论［M］．北京：北京广播学院出版社，1994.

二、播音发声的基础

人们运用语言传递信息、表达感情的时候都离不开语音，无论是听和说，乃至读和写，都离不开人们说话时发出的声音。因为语言是声音和意义的结合体，语言中的字、词、句是以语音的形式存储在大脑中的，大脑的语言区只承担对语音信息的处理。对语音信息的研究离不开生理学、物理学、心理学的分析。播音发声学研究的是如何通过科学理论的指导，通过听、辨、记的手段，提高自我调节发音动作的能力，提高发音效率和发音质量。

语言是人类特有的一种符号系统。当作用于人与人的关系时，它是表达相互反应的媒介；当作用于人和客观世界的关系时，它是认知事物的工具；当作用于文化时，它是文化信息的载体。语言是一种社会现象，是进行思维和表情达意的工具，与人的心理活动有关。下面主要从发声的物理基础、生理基础和心理基础三个方面简述语言发音的基本原理。

（一）播音发声的物理基础

所有的声音都可以从四种要素即音高、音强、音长和音色来分析。语音是由人的发音器官发出来的带有言语信息的声波，同样也可以从声音的四要素来进行分析。

1. 音高

音高，即声音的高低。它是由发音体在一定时间内振动次数的多少决定的。振动的次数多，声音就高；反之，声音就低。语音的高低取决于声带的长短厚薄、松紧。一般来说，女人和小孩的声带比较短、比较薄、比较紧，因此声音就高；成年男人的声带比较长、比较厚、比较松，因此声音就低。同一个人的声音也有高低，这是因为人们有绷紧和放松声带的能力。在普通话中，阴、阳、上、去四声调的变化，如“巴”“拔”“把”“爸”就是由音高决定的。音高在汉语里是构成声调的主要因素，有区别意义的作用。例如，“zhuli”是“主力”还是“助理”；“jianju”是“艰巨”还是“检举”，全靠音高的变化来区别。

2. 音强

音强，即声音的强弱。它是由发音体振动幅度的大小决定的。振幅大，声音就强；反之，声音就弱。语音的强弱是由发音时气流冲击声带力量的强弱来决定的，冲击的力量强，声音就强，反之则弱。大声说话和小声说话、重读和轻读音节主要是音强的不同。音强有区别意义的作用，如“蛇头 shétóu”和“舌头 shétou”两个“头”音强不同，意义也就不同。

3. 音长

音长，即声音的长短。它是由发音体振动的时间的久暂决定的。振动时间持续久，声音就长，反之则短。播音发声对音长的要求没有绝对的标准，但是每个音节的发声音高、音强和音色都需要在一定的音长中展现，即每个音节要保证一定的时值。声调对音节时值有影响。普通话四个声调中，上声时值最长，去声时值最短。在语流中，往往需要特别强调的音节、处在语句重音位置的音节，最集中体现语句目的的音节时值较长。长到何种程度则要视播音工作者对语言表达的理解和表达的需要而定。在普通话中，音长的变化虽然没有区别词义的作用，但是在语流中对语句目的强调的程度以及情感表达的分寸都有重要的作用。音长和音高、音强、音色一起决定了有声语言表达是否准确到位。

4. 音色

音色，即声音的特色。它是由物体振动所形成的音波波纹的曲折形式不同决定的。不同的音波波纹的曲折形式会形成不同的音色。造成音色不同的条件有三个。第一，发音体不同。例如，笛子和小提琴的音色不同，就是因为两者的发音体不同，一个是笛膜，一个是琴弦。第二，发音方法不同。例如，扬琴和小提琴同是弦乐器，但扬琴是用竹制的富有弹性的小槌击弦而发音，小提琴是用弓拉弦而发音，所以音色不同。第三，共鸣器形状不同。小提琴和二胡同是弦乐器，发音方法都是用弓拉弦，由于共鸣器的形状不同，两者音色也不相同。语音中音色的不同主要是发音方法和共鸣器形状的不同造成的。例如，元音 a 和 i 的音色不同，主要是因为口腔共鸣器的形状不同；辅音 g 和 h 的音色不同，主要是因为两者的发音方法不同，g 是爆发成声，h 是摩擦成声。不同的音色造就了每个人不同的声音“形象”，而每个人在发音时由于声门状态的不同和对共鸣器官的调节不同，又能形成表达不同情感分量的千差万别的声音色彩。

音高、音强、音长、音色是语音物理属性中不可缺少的四个要素，任何一种声音都是这四要素的组合。在汉语普通话中音高特别重要，声调主要由音高构成。音强和音长对语调和轻声词起作用。从声音特性的角度来看，音色无疑是用来区别意义的最重要的因素。音色与音长、音强的组合在听觉上形成了元音和辅音音素。语音的四个物理要素相互联系、相互制约，影响了语音的变化，从听觉上形成了语气和节奏。我们在练习发音吐字的过程中要把握好这四个要素。

小贴士
播音发声的特点是什么？

（二）播音发声的生理基础

从生理上来看，人类发音是呼吸器官所产生的气流在发音器官通过不同部位、不同方式的动作配合而发出的，发音器官的生理活动决定了语音又具有生理性质。

在传统语音学中，人们比较注重能区别各语音要素的意义，在发音过程中有明显动作过程的唇、齿、舌、腭，把这些器官称作发音器官。近年来，人们对发音器官的研究逐步深入，认识到在人类言语活动中，喉头、声带、肺与发音器官唇、齿、舌、腭有着密不可分的关系。我们从人类言语发音过程的简单描述中可以看出：人类发音时，肺里的气流经过气管振动声带发出声音，到喉腔、咽腔、口腔、鼻腔得到扩大和美化。在发音过程中，气是原动力，呼吸器官是发动机，振动器官是声带，成音器官是口腔。发音和呼吸对语音中音高和音色等声音要素有直接的影响。人的整个发音器官并不是单纯的口腔内的唇、齿、舌、腭，它非常精美，就像一个系统工程，决定着人类语音的性质，某一器官极小的变化都可能导致不同语音的产生。甚至连鼻腔这个固定的腔体在发音中也是不可缺少的。前后鼻音要靠气流从鼻腔出才能成音。有些辅音则用送气和不送气来区别音色，而气息在吐字发音中起的作用就更大。

我们从以下发音器官所产生的声音的三种来源可以有所认识。

一是浊音声源。气流通过声门时，使声带颤动，产生周期性声波，就是浊音，浊音声音响亮，是语音中最重要的声源。如普通话语音中的 a。

二是紊音声源。发音器官的某一部分紧缩成非常窄小的通路，气流通过时形成空气的湍流，产生嘶嘶的噪声，就是紊音。如普通话语音中的 s。

三是瞬音声源。发音器官的某部分紧缩到完全不让气流通过，使气流产生较强的压力，然后突然放开，气流瞬间冲出，产生一种短暂的瞬时爆破声，就是瞬声。如普通话语音中的 b。

从这些声音的来源中，我们知道发音器官的概念应当包括人体中那些参与发音的器官，它应该由呼吸器官、发音器官、咬字器官、共鸣器官构成。

下面简要阐明各播音发音器官的构造和作用。

1. 呼吸器官

呼吸器官是发音的动力系统，主要由肺、气管、胸腔及横膈膜组成。肺就像一只活动的风箱，吸气时肺的容积增加，气流通过口鼻、气管、支气管吸入肺内。呼气时肺的容积减小，气流从肺部流出体外，呼出的气流经过声带时促使声带振动，发出声音。

2. 发音器官

发音器官即喉头和声带。它们是人能够发音的基本器官。喉头由喉软骨和肌肉组织构成，声带长在由喉软骨构成的活动小室内。喉头和声带主要起控制气流和振动声带发音的作用。

3. 咬字器官

咬字器官包括口腔中的唇、齿、舌、腭。这些器官在发音中起着举足轻重的作用。唇、齿、舌、腭的不同动作形态可以制造出各不相同的字音，因此，被人形象地称为人类语音的制造场。

4. 共鸣器官

共鸣器官包括胸腔、喉腔、咽腔、口腔、鼻腔、头腔。这些器官连在一起形成一个声道，就像是音箱，把喉部发出的微弱的声音扩大和美化，使人耳能接收到各种不同的语音色彩。艺术语言在发音吐字的过程中就非常注重共鸣器官的运用，用它改善吐字发音，使字音更清晰，声音更优美。①

(三) 播音发声的社会基础

语言的各种意义靠播音发声的语音表达出来。语音和意义之间没有必然的联系，什么样的语音形式表达什么样的语义内容，是由使用该语音的全体社会成员约定俗成的，所以语音又具有社会属性。同样的语音形式可以用来表示不同的意义，如 bié 这个音节在“别去、区别、别离、别针”等词语中所表示的意义各不相同。同样一个意义又可以有多种语音形式，如“头 tóu”和“脑袋 nǎo dai”是同一事物的两个不同的名称。

语音的社会基础还表现在语音的系统性上。各种语言或方言都有自己的语音系统，相同的语音现象在不同的语音系统中可能有不同的作用。例如，zh 和 z 这两个辅音，在普通话中分属两个不同的语音单位，“知 zhī”和“资 zī”的意义不同主要就是它们造成的。但在上海话的语音系统中，“知”和“资”都念 zī，zh 和 z 属于同一个语音单位，不具有区别意义的作用。由此可见，上海话和普通话的语音系统是不一样的。以上两点说明语音不仅具有物理属性和生理属性，还具有社会属性。社会属性是语音的本质属性，是语言区别于其他声音的关键。

【小贴士】

语音的相关基本概念

（1）音节和音素。音节是构成语音的基本单位。一般来说，一个汉字就是一个音节，但是儿化音除外。例如，“普通话”三个字就是三个音节。又如，“花儿”和“盆儿”都写成了两个汉字，但要读成一个音节“huār”和“pénr”。普通话有 400 多个基本音节，学好

① 林鸿．普通话语音与发生［M］．4 版．杭州：浙江大学出版社，2014.

普通话最简单的方法是读准这400多个基本音节。

音素是构成音节的最小单位，普通话有32个音素。一个音节可以有一个音素，也可以有多个音素。例如，“啊（ā）”“鹅（é）”均只有一个音素，而“大（dà）”“地（dì）”“人（rén）”“民（mín）”有两个或三个音素。但是，一个音节最多不能超过四个音素，如“交（jiāo）”“想（xiǎng）”。

（2）元音和辅音。音素可以分为元音音素和辅音音素两大类。

①元音音素有10个：a、o、e、ê、i、u、ü、-i（前）、-i（后）、er。其发音特点是：第一，发音时，因气流使声带振动，随后在口腔内不受阻碍而发出响亮的声音；第二，气流较弱，无特别紧绷的器官；第三，是音节的主要组成部分，也可自成音节。

②辅音音素有21个：b、p、m、f、d、t、n、l、g、k、h、j、q、x、zh、ch、sh、r、z、c、s。其发音特点是：第一，发音时，气流会不同程度地受到咽喉、口腔等阻碍，气流只有克服各种阻碍才能成音；第二，气流较强，口腔中阻碍气流的器官特别紧绷；第三，声带一般不振动，声音不响亮。

（3）声母、韵母和声调。音节可分为声母、韵母和声调3部分。

①声母，音节开头的部分，又称字头。普通话有21个声母。

②韵母，音节中声母后面的部分，主要由元音构成。例如，“发达（fādá）”中的“a”，“机器（jīqì）”中的“i”，以及“电线（diànxiàn）”中的“ian”等都是韵母。普通话有39个韵母。

③声调，音节的高低、升降形式，又称字调。声调有阴平、阳平、上声和去声四种。

三、播音员的素养及其提升

播音是一项创造性的活动，这就要求作为创作主体的播音员必须具备一定的能力。这种能力的获得，一方面靠播音员素质中先天的成分；另一方面则是通过播音员加强各方面的修养，提高自己的综合素质获得。根据播音创作活动的特点，播音员素质的提高和修养的加强可以从政治素养、文化素养、专业素养、心理素质等方面进行。

（一）播音员素养的构成

播音员素养的构成，就是指播音员素质和修养是由哪些内容组成的。人的个体素质，主要指先天素质、生理素质、心理素质、政治素质和文化素质等，它是个体的体质、性格、气质、能力、知识、品质等各种要素的综合。修养，是指一个人在理论、知识、思想、政治、道德、艺术、技能等方面经过长期锻炼、积累所达到的一定水平。播音员的素养，既有广播电视传播者的共同特点，又有播音专业自身的特征。其素养应是综合的、客观的、具体的。播音员的素养可概括为以下四个方面。

1. 坚定的政治素养

这主要表现为政治理论、政治立场、政策观念和政治作风。播音员应在思想上、政治上、宣传内容上与党中央保持一致，在播音中坚持党性原则，贯彻全心全意为人民服务的宗旨。在播音宣传中体现出政治智慧、政治预见和政治坚定性。政治素养还要求播音员具有良好的人品素质和职业道德。人品素质体现在其为人要光明磊落，胸怀坦荡；其人格应正直、忠诚；其资质应机敏、热忱；其行为应能自控、自导；其作风应团结奋进、求实创新。其职业道德首先应体现出恪尽职守、廉洁公正、遵纪守法、勇于奉献。播音员永远不能忘记政治素养是播音工作的灵魂！

2. 深厚的文化素养

播音工作涉及面较广，播音员不仅要具有端正的相貌和优美的声音，同时要具有扎实的文化功底和文化素养。“腹有诗书气自华”，扎实的文化功底能够提升播音员的外在气质，良好的气质与形象能够增加播音员的魅力，增强播音的艺术效果。播音工作不是按照写好的文稿来进行发音阅读，而是需要将自己的感情和见解带入播音主持当中，这样才能使整个节目更具看点。所以，扎实的文化功底和文化素养是每个播音员都应具备的基本素质，播音员只有具有扎实的文化功底和文化素养，才能在播音主持过程中应对自如，风采无限，展现出播音的艺术魅力。

3. 扎实的专业素养

这主要体现在对专业技能的把握和运用上，包括语音、声音、形象、表达技巧等业务实践的各个方面。播音主持是一个难度较大的专业，仅仅依靠天赋不能达到较高的播音主持水准，必须掌握一定的专业技巧与理论知识。所以，播音员要想获得较高的播音主持水平，就必须具备过硬的专业素养。

首先，语言是播音员进行工作最基本的形式，播音主持要求播音员具有较高的说话艺术水平。播音员要有扎实的语言基本功，主要包括掌握说话的语调、语音、语韵等，要求发音清楚，吐字清晰。

其次，播音员要想达到高水平的播音，还要掌握一些播音的技巧以及理论知识，包括掌握人体发音的原理等，注意气、息的巧妙结合，讲话有一定的节奏感，给人一种舒服的感觉。

4. 良好的心理素质

良好的心理素质能帮助人们从容不迫、积极应对突发事件。良好的心理素质对播音员来说尤为重要，播音员在播音的过程中难免会遇到各种问题，这些问题具有较高的随机性与突发性，需要播音员随机应变。这对播音员的心理素质是一项很大的挑战。只有具备了良好的心理素质，播音员才能对各种突发事件应对自如，巧妙化解各种问题，而不至于在节目中乱了方寸、失了阵脚。因此，播音员必须具有良好的心态，以良好的心态去面对世事，才能在播音与主持过程中展现自己的魅力。

（二）播音员素养的提升

作为一名播音员，要从以下三个方面提升自身素养。

微课堂
播音员素质的提升

1. 增强政策观念，提高政治水平

播音员每天都在宣传党的路线、方针、政策，传达国内外发生的各种信息。播音创作是一项创造性的新闻实践活动。这就要求播音员应具有较高的政治水平和文化修养，较强的政策观念和新闻敏感。作为播音员，要加强政治修养，首先就要加强马克思主义理论的学习，特别是习近平新时代中国特色社会主义思想的学习，树立辩证唯物主义的世界观和科学的方法论，贯彻实践好习近平同志新时期新闻宣传思想的精髓，矢志不渝地加强党性锻炼，坚持坚定正确的政治方向，树立牢固的事业心和高度责任感。

2. 扩大知识结构，提高文化素质

当今社会，是信息的社会；当今时代，是知识爆炸的时代。广播电视，是信息的集散地、知识的汇集处、社会的联结点，要求从业人员必须具备较高的文化水平、较宽的知识面。播音工作又是电台、电视台各个节目传播的综合，要求播音员有较宽的知识面。播音员每天播送的稿件，古今中外、天文地理、人文自然，无所不包，只有具备较高的文化知识水平，才能对稿件有深入的理解感受。播音创作活动自身，也是一项复杂的系统工程，播音创作的时间又很紧迫，播音学科还具有边缘性。作为创作主体的播音员，只有具备较高的文化素质，才能把握其创作规律，完成这一创造性的工作。

【小贴士】

由知识不足造成的播音差错范例

在播音中，有的播音员由于其文化水平低下、知识面不宽而造成差错的情况时有发生。例如，由于数学知识缺乏，把“勾三、股四、弦五”播成“勾三股，四弦五”；由于近代史知识匮乏，把“五卅运动”播成“五州运动”；由于文学知识贫乏，把“捉放曹”播成“提放曹”；由于音乐知识缺乏，把“春江花月夜”播成“夜月花江春”（当唱片转动时看着唱片上的曲名读的），等等。

实际播音中，由于知识贫乏所造成的差错的例子不胜枚举。这里有上边说的播错字句的，也有虽然字句未错，但感情表达不准的，这就反映了播音员知识结构欠缺的深层次问题。

【小案例】

夏青纠正“寒”字音

一位地方广播电台的新播音员，给夏青朗诵毛泽东诗词《七律·长征》。其中，“金沙水拍云崖暖，大渡桥横铁索寒”两句，他都用喜悦的感情、高昂的语调念了出来。著名播音员夏青听了之后，给他讲了我们红军是巧渡金沙江，强渡大渡河，在渡大渡河时牺牲了不少红军战士，毛主席在诗词中用一个“寒”字以显示战事之艰苦，以悼念牺牲的红军烈士。夏青说，你有了这个历史知识，了解了强渡大渡河战事，才能体会到毛主席用一个“寒”字来悼念牺牲的红军战士的感情，在感情表达时，就自然不会盲目地以兴奋喜悦的心情去高喊这一句了。而是应该和前一句形成鲜明对照：“金沙水拍云崖暖”，以上扬喜悦的心情突出“暖”字；“大渡桥横铁索寒”，以深沉内在的感情体现“寒”字。

增强文化素质，增加知识结构，对播音员来说，就得学习、学习、再学习，刻苦地学习，不断地学习。要参加系统的培训，进修学习各有关文化课。要在工作中向稿件学习，通过各方面稿件了解掌握信息，学习积累知识。要增加学习的广度，政治、新闻、传播、语言、文学、史地、心理、美学、社会学以及自然科学等所有有关知识都要学；还要强调学习的深度，对直接作用于播音创作的新闻、语言、艺术、传播等，还要进行深入的探索。

播音员应该构建自身的知识文化体系，时刻保持文化知识的敏感度，积极学习，跟上时代步伐，引领时代潮流。播音员尤其要注意不断学习党的先进文化，学习党的优良传统，这是我国无数共产党人集体智慧的结晶，是我国文化知识的瑰宝。这对播音员敏锐地把握党的路线、方针、政策，宣传正确有效的信息具有重要指导意义。

3. 加强专业修养，提高业务能力

专业修养是播音员修养中最直接的一环。所谓播音员的专业修养，是指其从事播音创作所必需的关于创作规律性的知识、本领的培养、锻炼、积累和掌握。这具体包括以下四个方面。

（1）理解感受能力的培养。播音员在播音时，看到的是一个个的方块字，只有把这些文字通过自己的感受理解，还原到文字所反映的客观现实自身，才能真正地理解和表达好。这就需要播音员平时注意培养自己的观察力、分析力，同时注重形象思维和逻辑思维能力的锻炼和提高，以培养其理解力和感受力。

（2）语言基本功的训练。发音、内外部技巧等语言基本功的训练，是语言表达能力培养的最基本的一环，无论什么时候都不能放松。播音员是以语言作为最基本的创作工具进行播音创作的。良好的声音状态是播音创作成功的最基本的保证，而要获得良好的声音，必须进行长期的、艰苦的声音训练。由于声音训练不能一劳永逸，今天获得了好的声音状态，明天不练，就没有了，所以，必须播到老，练到老。语言内外部技巧的训练，是语言表达的基础，也必须经常练，无论什么文体的播音，都离不开它。当然，基本功的训练，既要把握基本的共同的训练规律，又要根据每个人发音器官不同的生理构造特征和心理特征，实施不同的训练方法，切忌相互模仿，千人一腔。

（3）生活实践的积累。丰富的生活实践，是播音创作取得成功的基石。生活实践的积累，在专业修养中占有举足轻重的地位。在进行生活实践的过程中，要注意深入进去，认真体验，多方面地观察和思考，这样才能提高实践的质量。同时，还要注意把生活实践同业务实践紧密地挂钩，这样才能使生活实践与业务实践相互促进，使其真正用于播音创作。

（4）姊妹艺术的借鉴。由于各门艺术之间有许多相通之处，播音艺术很年轻，所以，在播音业务的修养中，借鉴其他姊妹艺术便显得尤为必要。播音属语言艺术，包括语言和副语言的表达运用。电影、戏剧、歌唱、朗诵等艺术在语言运用和声音训练上都有了一套成熟的经验，在语言表达上也都有了一套完整的理论，对这些经验和理论的学习，都有助于播音发声和语言技巧的训练。当然，这种学习和借鉴要注意为我所用，不能照搬照抄。除了借鉴电影、戏剧、歌唱、朗诵等与播音相近的艺术，还可以博采众家，借鉴音乐、美术、舞蹈、雕塑等艺术，这些艺术中的许多表现方式在深层次上也都与播音表达技巧有相通之处。①

4. 提升心理素质，应对突发情况

建议播音员要及时学习一些心理学方面的专业知识，建立全新的思维模式，不断强化自己的思辨能力，自信谨慎地面对话筒和镜头。平时，播音员应有意识地锻炼心理素质，加强个人修养，提升自身应变能力，遇事冷静、不慌乱，条理清晰、秩序井然，养成良好的生活习惯和从容不迫的心理素质，一旦在播报过程中遇到突发事件，要能得心应手地处理，迅速回到播音状态，继续完成剩余的工作，使大众看到传统媒体工作人员较高的素养，提升收听率、收视率。同时，要在平时加强广义备稿，对当前的各种新闻背景、重要信息都有一个比较全面的了解，这样才能在遇到紧急稿件时心中有数。俗话说，艺高人胆大，准备足够充分，做起事情来才会成竹在胸、从容镇定。

① 姚喜双．播音导论教程［M］．北京：中国广播电视出版社，2001.

【小贴士】

齐越老师的“播音三戒”

“播音三戒”是新中国第一位播音学教授齐越老师提出的，针对的是播音员和主持人在播音创作中的专业素养，三戒指的是“一戒自我表现，二戒随心所欲，三戒千篇一律”①。

所谓戒自我表现，讲的是播音员和主持人在播音创作中，不要过于凸显自己，不要抢稿件或节目的风头。如果自我表现的欲望过于强烈，容易造成对稿件或节目的不尊重，给受众带来过于强烈的冲击，同时，这种过于凸显自身、个人化的表现是一种专业素养缺失的表现。

所谓戒随心所欲，讲的是在播音创作中，播音员或主持人不要盲目表达，要遵循播音的客观规律。虽然播音创作是一个主观的创造过程，但是，播音员或主持人在这个过程中不要想当然地去发挥，要按照时代要求、播出背景和稿件的具体特点来把握稿件的基本表述。随心所欲地表达是一种对播音工作不尊重、不重视的表现。

所谓戒千篇一律，讲的是播音员或主持人要注意突出自己的个性，使播音具有个性色彩，不要去复制一篇文章或一档节目的播音特点和语言风格等。尽管社会学家塔尔德说过，模仿是天生的，是我们生物特征的一部分，但是，在播音创作中，我们必须明白，模仿是一种接近的手段，而要获得受众的认可，则需要用心去揣摩作品，才能做到真正地感染人。千篇一律的状态是对播音工作敷衍和不认真的表现。

齐越老师的“播音三戒”是其播音创作观的直观体现，也体现了他对主持人素养的基本要求，这是老一辈传媒人对党和国家新闻事业忠诚的体现。②

【小训练】

全班同学分组讨论，每位同学联系实际谈谈如何加强自身修养？

课后练习

1. 填空题

（1）普通话是中华人民共和国的________，是以________为标准音、以________为基础方言、以________作为语法规范的现代汉民族________。这个定义既是普通话的______，也是普通话的________。

（2）1956 年 2 月 6 日，国务院向全国公布了______________。同年，国务院和各省市自治区相继成立了______________。1958 年国家公布的______________为注音识字和推广普通话提供了工具。

（3）________年，《中华人民共和国宪法》明确规定“国家推广全国通用的普通话”，这一规定从法律上确定了普通话的地位和作用。

（4）________年 10 月 23 日，国家语委、国家教委、广电部联合发布了______________

① 姚喜双. 强化播音员主持人的素养：从齐越的“播音三戒”谈起［J］. 中国广播，2007（11）：卷首语.

② 李婷婷，代静 . 齐越“播音三戒”的现实意义［J］. 沧州师范学院学报，2018（6）：30-32.

（国语〔1994〕43号），对普通话水平提出了明确要求。

（5）2001年1月1日《中华人民共和国______________》正式实施，这是我国历史上第一部关于语言文字的法律，是我国文字工作中的一件大事。

（6）汉语七大方言区是：________、吴方言、________、赣方言、________、闽方言和粤方言。

（7）播音是指播音员和节目主持人运用________和________，通过广播、电视传媒进行的传播信息的创造性活动。

（8）播音的属性包括________、________、________。

（9）语音的性质包括________、________、________。

（10）语音属于一种物理运动，具有物理属性，包括________、________、________、________四个要素。

（11）音素可以分为________和________两大类。

（12）音节可分为________、________和________三个部分。

2. 判断题

（1）普通话是以北京语音为标准音、以北方话为基础方言、以典范的现代白话文著作为语法规范的现代汉民族共同语。（　　）

（2）音素是构成语音的基本单位。（　　）

（3）声调是指音节的高低、升降形式。（　　）

（4）唇、齿、舌、腭是发音器官。（　　）

3. 思考题

（1）什么是现代汉民族共同语？它是怎样形成的？

（2）根据汉语方言区的划分，你的家乡话属于哪个方言？

（3）推广普通话的意义何在？

（4）什么是语音？它同自然界其他声音有何异同？

（5）目前你的普通话语音存在什么问题？请制作解决对策。

（6）民航、高铁服务人员如何才能学好、用好普通话？

（7）什么是播音？有何属性？其作用是怎样的？

（8）什么是语音？语音有哪几个性质？

（9）发音器官有哪几个？

（10）播音发声的特点是什么？

（11）作为一名民航或高铁播音员应具备哪些素养？你准备怎样提升这些素养？

4. 训练题

（1）请播报本章“项目导入”中的“飞机起飞广播词”，展示你的普通话水平。

（2）请播报本章“项目导入”中的“高铁广播欢迎词”，展示你的普通话水平。

5. 党的二十大报告播报

中国共产党第二十次全国代表大会，是在全党全国各族人民迈上全面建设社会主义现代化国家新征程、向第二个百年奋斗目标进军的关键时刻召开的一次十分重要的大会。

大会的主题是：高举中国特色社会主义伟大旗帜，全面贯彻习近平新时代中国特色社会主义思想，弘扬伟大建党精神，自信自强、守正创新，踔厉奋发、勇毅前行，为全面建设社会主义现代化国家、全面推进中华民族伟大复兴而团结奋斗。

中国共产党已走过百年奋斗历程。我们党立志于中华民族千秋伟业，致力于人类和平与发展崇高事业，责任无比重大，使命无上光荣。全党同志务必不忘初心、牢记使命，务必谦虚谨慎、艰苦奋斗，务必敢于斗争、善于斗争，坚定历史自信，增强历史主动，谱写新时代中国特色社会主义更加绚丽的华章。

课程思政指南

课程思政的内涵

2016 年 12 月习近平在全国高校思想政治工作会议上强调："要坚持把立德树人作为中心环节，把思想政治工作贯穿教育教学全过程，实现全程育人、全方位育人，努力开创我国高等教育事业发展新局面。"①为"实现全程育人、全方位育人"的战略目标，一方面，高校继续坚持思想政治理论课程在思政教育中的核心地位，发挥思政教育的主战场作用；另一方面，加强其他课程的德育内涵，以思政为基础设计教学内容，探索教学改革之路，发挥课程思政的价值及引领作用。上海大学社会学系顾骏教授对"课程思政"的定义为："在非思政课的平台上通过激活或融入思政元素，优化教学方法，促进专业培养与立德树人相得益彰的教学形式。"

可见，"课程思政"的内涵是将非思政课与思想政治课同心同行，合力协同，实现"专业培养"与"立德树人"二者相辅相成、相得益彰的教育理念。

① 习近平. 把思想政治工作贯穿教育教学全过程 开创我国高等教育事业发展新局面［N］. 人民日报，2016-12-09（1）.

电子活页：普通话水平测试认知

一、什么是普通话水平测试

二、普通话水平测试的内容和范围

三、普通话水平测试试卷构成和评分方法

四、普通话水平测试等级标准

学生工作页（一）

普通话水平测试认知					
任务一	明确什么是握普通话水平测试				
任务二	把握普通话水平测试的内容和范围				
任务三	明确普通话水平测试的试卷构成和评分方法				
任务四	明确普通话水平测试等级标准				
班　级		学　号		姓　名	

学生自评
我的心得：   建议或提出问题：

教师评价

项目二

语音训练

> 声音能引起心灵的共鸣。
>
> ——〔英〕威·柯珀

学习目标

了解声母的作用和分类，掌握声母的发音方法；了解韵母的分类，掌握韵母的发音方法；了解调值和调类的含义，掌握声调的发音方法；能够正确对声母、韵母和声调进行发音；能够正确分辨易混淆的声母、韵母和声调；了解语流音变的含义，掌握轻声、儿化和变调的发音方法；能够正确对轻声、儿化、变调及语气词“啊”进行发音；掌握双音节词、三音节词、四音节词的轻重音格式的读法。

项目导入

乡村面馆

在一个偏僻的农村，一个游客路过，因为肚子很饿了就走进一家面馆，对店里人说：“服务员，有什么好吃的，快烧一点，我吃了要赶路。”可这家小面馆由于特殊原因今天不营业，所以回答说：“咪——”（意思是“没有”），而这个游客听成了“面”，他想“面也行”，就点点头坐在那儿等着面上来。过了好一会儿，不见有动静，就火了，大声说道：“面条，快，怕我不付钱吗？”店里人说“洞国咪——”（意思是“和你讲，没有”）。游客马上说：“冬瓜面也可以，为什么不给我去烧？!”店里人又说道：“咪就咪，吵啊咪——”（意思是没有就是没有，争吵也没有。）游客立即说道：“还有炒面，为什么不早说？”

由于发音不标准而造成误解的事情时有发生，正确地掌握声母发音、韵母发音、语调、语音流变、词的轻重格式等发音技巧，是我们学习普通话的基础，也是我们掌握普通话的关键。

任务一　声母发音

在言语发音的过程中，声母由辅音充当，普通话共有21个辅音声母，即b、p、m、f、d、t、n、l、j、q、x、g、k、h、zh、ch、sh、r、z、c、s。辅音的特点是时程短、音势弱，容易出现吃字现象，从而影响语言的清晰度。作为一名民航、高铁服务人员，必须认真练习声母的发音，努力做到咬得准、发得清，使整个音节完整、清晰。

一、声母的作用

（一）区别意义

如果两个音节的韵母、声调相同，但由于声母不同，意思也就不同。声母发音不准，会造成词意的混淆，影响交际和传播的效果。

（二）区别音节的清晰度

声母的发音部位比较紧张，发音短促、有力，并且在音节开头带动整个音节的发音，因此声母发音干脆利落，在普通话语流中能使音节界限区分明显，字字清晰可辨。

（三）增强音节的力度和亮度

声母发音时蓄气充足，弹射有力，并与韵头迅速结合，能增强整个音节的力度和亮度。

二、声母的分类

不同的声母是由不同的发音部位和发音方法决定的。每个声母都有自己的发音部位和发音方法，要读好声母，就必须掌握好每个声母的发音部位和发音方法。

（一）按发音部位分类

声母的发音部位，是指声母发音时气流受到阻碍的部位。按照发音部位可以把声母划分为七类：双唇音、唇齿音、舌尖中音、舌根音、舌面音、舌尖前音、舌尖后音。

1. 双唇音

双唇音是指上下唇接触构成阻碍，气流冲破双唇阻碍或气流在双唇遇阻后从鼻腔通过而发出的音。双唇用力点闭拢集中在双唇中央的1/3处，这种发音能使力量集中，有效提高字音的清晰度。注意既不要双唇抿起，影响音准，延缓发音进程，使字音发闷；也不要咧嘴角，影响口腔开度，导致力量分散，使字音不清。要想解决口腔松软，做到字音准确，清晰响亮，就必须加强这三个音的发音力度。双唇音有3个：b、p、m。

（1）b——例字：编、标、背、憋、伴、八、白、播、帮。

【读一读】

b—b两字词练习：包办、表白、把柄、版本、褒贬、奔波、北边、报表、辩白、病变、补白、标榜、卑鄙、蚌埠、宝贝。

词组练习：白菜、摆脱、拜访、搬运、扮演、半夜、爆炸、榜样、包袱、保健、抱歉、笔记、毕业、悲剧、标语、布局、跛扈、槟榔、秉公。

成语练习：百发百中、半路出家、暴跳如雷、跋山涉水、不共戴天、博采众长、不谋而合、不约而同。

（2）p——例字：偏、飘、剖、批、盆、棚、坡、片、叵。

【读一读】

p—p两字词练习：乒乓、澎湃、琵琶、排炮、拼盘、批评、品牌、评判、瓢泼、皮袍、爬坡、偏颇、偏旁、铜平、匹配。

词组练习：拍摄、排斥、培训、攀登、盘旋、盼望、庞大、抛弃、泡沫、配合、喷射、片刻、普遍、胚胎、棚户、拼凑、叵测、破费、平仄、片段、疲软、辟谣、聘书、品行。

成语练习：旁观者清、匹夫有责、抛砖引玉、萍水相逢、品头论足、平易近人、破釜沉舟、普天同庆。

（3）m——例字：盲、蒙、面、民、猫、明、目、门、梦、麻、帽。

【读一读】

m—m 两字词练习：民盟、蒙昧、密码、妹妹、秘密、门面、面貌、埋没、谩骂、木马、描摹、瞑目、磨灭、命脉、渺茫、梦寐、命名、弥漫、美妙。

词组练习：妈妈、麻痹、马达、脉搏、慢性、蔓延、盲从、毛病、矛盾、贸易、煤气、媒介、门诊、萌芽、迷惑、秘书、免除、面包、蔑视、民航、模仿、魔术、陌生、迷失、麻醉、明确、茅屋、缅怀、盟友、募捐、墨迹、敏锐。

成语练习：埋头苦干、满城风雨、马到成功、弥天大谎、面目全非、美不胜收、满面春风、默默无闻。

【练一练】

（1）八百标兵奔北坡，炮兵并排北边跑。炮兵怕把标兵碰，标兵怕碰炮兵炮。

（2）平盆面，烙一平盆饼，饼碰盆，盆碰饼。

（3）妈妈骑马马慢妈妈骂马，毛毛找猫猫跑毛毛骂猫。

（4）白饽饽，彭伯伯，饽饽铺里买饽饽。白伯伯买的饽饽大，彭伯伯买的大饽饽。拿到家里喂婆婆，婆婆又去比饽饽。不知白伯伯买的饽饽大，还是彭伯伯买的大饽饽？

2. 唇齿音

唇齿音是指因下唇向上齿靠拢构成阻碍而发出的音。

发唇齿音要自然接触，点到为止。接触面积越小越不会产生杂音，发音时不要上齿咬住下唇，否则会使发音笨拙，同时要节制气流避免擦音过大。唇齿音只有 1 个：f。

f——例字：疯、付、饭、否、奋、放。

【读一读】

f—f 两字词练习：方法、丰富、反复、奋发、发放、防范、肺腑、犯法、吩咐、放风、芳菲、福分、复方、防腐、风范、夫妇、仿佛、非凡。

词组练习：发表、罚款、番茄、反感、防止、飞翔、泛滥、沸腾、费用、俘虏、分辨、付款、赋予、翡翠、腹泻、反例、拂晓、烽烟、附庸、扶桑、费心、汾酒、放纵、服务、讽刺、福利、抚育、防备、否决、敷衍、奋勇、繁荣。

成语练习：发扬光大、翻来覆去、反复无常、防患未然、飞沙走石、飞扬跋扈、分秒必争、风尘仆仆。

◆【练一练】

（1）粉红墙上画凤凰，凤凰画在粉红墙。红凤凰，粉凤凰，红粉凤凰花凤凰。

（2）缝一条裤子七道缝，斜缝竖缝和横缝。缝了斜缝缝竖缝，缝了竖缝缝斜缝。

3. 舌尖中音

舌尖中音是指因舌尖抵住上齿龈构成阻碍，气流将其冲开而发出的音。这组音要求重点练习舌尖的弹卷力，让舌尖灵活有力地弹动上齿龈，对发音准确有力有帮助，使发音干净利落。舌尖中音有 4 个：d、t、n、l。

（1）d ——例字：得、瞪、店、迪、掉、都、读。

【读一读】

d—d 两字词练习：到底、达到、单独、得到、对待、单调、奠定、搭档、道德、颠倒、点滴、导弹、短笛、夺得、大豆、订单、等待、地段、荡涤、担当。

词组练习：代替、歹徒、搭救、呆滞、胆略、挡驾、倒塌、到家、抵御、堤坝、店铺、冬季、党籍、都市、堆积、点题、怠慢、打猎、灯笼、胆怯、怠慢、档案、地图、电台、赌徒、豆腐、堵塞、躲藏、兑换、抵抗、渡船、端正。

成语练习：大刀阔斧、大功告成、大开眼界、点石成金、多多益善、多快好省、单刀直入、德高望重。

（2）t ——例字：天、提、头、通、同、谈、图、填。

【读一读】

t—t 两字词练习：团体、体贴、头疼、体态、推脱、挑剔、淘汰、探听、唐突、妥帖、调停、谈吐、体坛、拖沓、听筒、甜头、脱胎、疼痛、厅堂、天堂。

词组练习：踏步、塌陷、台词、泰山、态势、贪婪、弹劾、躺椅、陶冶、特长、剔除、提名、体罚、条幅、田埂、跳绳、贴切、囤积、投票、田径、拓荒、同盟、特殊、停泊、拖累、陀螺、湍急、听讲、坦荡。

成语练习：铁证如山、通宵达旦、同甘共苦、土崩瓦解、脱颖而出、偷天换日、突如其来、同舟共济。

（3）n ——例字：耐、你、女、尼、能、脑、难。

【读一读】

n—n 两字词练习：牛奶、男女、忸怩、南宁、拿捏、牛腩、难弄、泥泞、农奴、奶奶、恼怒、能耐。

词组练习：泥巴、拟订、溺爱、呐喊、年谱、念叨、纽带、鸟瞰、涅槃、柠檬、奶酪、脓肿、浓缩、诺言、凝固、扭转、懦夫、闹钟、南北、凝望、农历、女神、内涵、闹剧、奶茶、嫩绿、南瓜、尼姑、纽扣、努力。

成语练习：南腔北调、难分难解、南征北战、弄假成真、怒形于色、怒发冲冠、泥泞不堪、能者多劳。

(4) l ——例字：来、累、老、聊、拉、林、练。

【读一读】

l—l 两字词练习：流利、理论、力量、磊落、拉链、勒令、玲珑、老练、领略、履历、来历、绿林、嘹亮、连累、料理、笼络、留恋、劳力、凛冽、力量。

词组练习：缆车、累积、蜡笔、蜡梅、浪荡、雷同、泪痕、脸面、来由、类型、黎明、练功、疗程、拦截、立法、理智、利诱、立志、领海、凌驾、吝啬、轮胎、鹿茸、鲁莽、零散、淋漓、伦理、路途、聆听、律师、凛然。

成语练习：冷若冰霜、劳而无功、里应外合、两全其美、流言蜚语、落花流水、炉火纯青、老当益壮。

【练一练】

(1) 白石塔，白石搭，白石搭白塔，白塔白石搭。搭好白石塔，石塔白又大。

(2) 新郎和新娘，柳林底下来乘凉。新娘问新郎：你是下湖去挖泥，还是下田去扶犁？新郎问新娘：你坐柳下把书念，还是下湖去采莲？新娘抿嘴乐：我采莲，你挖泥，我拉牛，你扶犁，挖完了泥，采完了莲，扶完了犁，咱俩再来把书念。

4. 舌根音

舌根音是指因舌根接触或接近软腭构成阻碍而发出的音。发舌根音时容易偏后，发音时要掌握后音前发的原则，在发音准确的前提下，舌位有意识地下移，同时控制气流不要过强，避免喉音过重。舌根音有 3 个：g、k、h。

(1) g ——例字：个、跟、刚、过、共、改、该、高。

【读一读】

g—g 两字词练习：巩固、改革、广告、规格、尴尬、骨骼、公共、桂冠、故宫、瓜葛、感官、国歌、挂钩、拐棍、灌溉、果敢。

词组练习：恭顺、隔膜、挂帅、改悔、阁楼、乖巧、概率、广博、共振、供奉、官衔、耿直、肝胆、高傲、瑰宝、歌谣、构筑、顾及、割裂、搁置、轨迹、管家、盥洗、桂圆、感叹、诡辩、挂齿、枸杞、沟壑、国徽、干练、功勋。

成语练习：甘心情愿、甘拜下风、歌功颂德、顾虑重重、各自为政、高谈阔论、公而忘私、光彩夺目。

(2) k ——例字：看、课、扣、考、快、开、空、靠。

【读一读】

k—k 两字词练习：开垦、旷课、宽阔、开课、可靠、扣款、坎坷、亏空、口渴、开口、夸口、开矿、困苦、开阔、慷慨。

词组练习：宽广、铿锵、凯歌、慨叹、拷问、空腹、开关、康复、课外、磕头、口供、拷问、控告、可观、考古、跨栏、困倦、可耻、克制、匮乏、恳切、盔甲、馈赠、快慢、口吻、阔别、口诀、刻画、宽裕、空耗、苦楚、快慰。

成语练习：开源节流、侃侃而谈、康庄大道、刻骨铭心、口蜜腹剑、扣人心弦、苦尽甘来、宽大为怀。

（3）h ——例字：好、和、还、会、很、号、或、喊。

【读一读】

h—h 两字词练习：航海、欢呼、黄海、换号、荷花、换货、花环、很好、皇后、货号、混合、祸害、欢呼、挥霍、浩瀚、红花、豪华、后悔、浑厚、怀恨、护航、汇合、绘画、含糊、怀恨、海涵、憨厚。

词组练习：合拍、豪绅、鸿雁、和谈、化妆、红叶、琥珀、酣战、户主、欢欣、耗损、挥洒、恒心、亨通、寰宇、后劲、回访、茴香、华裔、撼动、荟萃、汗腺、汇兑、荷包、胡诌、横贯、诙谐、候鸟、涵养。

成语练习：海枯石烂、好景不长、好大喜功、骇人听闻、和平共处、含沙射影、含糊其词、豪情壮志。

【练一练】

（1）哥挎瓜筐过宽沟，赶快过河捉怪狗，光看怪狗瓜筐扣，瓜滚筐空哥怪狗。

（2）黄瓦房、灰瓦房、粉瓦房，瓦匠瓦房顶上刷瓦房。冯瓦匠刷黄瓦房、粉瓦房，黄瓦匠刷灰瓦房、黄瓦房。黄、冯瓦匠刷好黄瓦房、灰瓦房、粉瓦房。

5. 舌面音

舌面音是指因舌面前部抵住或接近硬腭前部，舌尖向下使气流从舌面挤出而发出的音。发音时，舌面前部用力上抬接近硬腭前部，注意舌尖不要同时上抬，否则会碰到牙齿或处于两齿之间，一定要找准发音部位，避免发成尖音或齿间音。舌面音有 3 个：j、q、x。

（1）j ——例字：就、交、家、讲、久、借、经、近。

【读一读】

j—j 两字词练习：经济、解决、积极、教具、纠结、拒绝、脚尖、究竟、拮据、季节、讲解、急救、激进、京剧、精简、酒精、嘉奖、阶级、绝技、警觉、近郊、僵局、简洁、境界、建交、举荐、节俭、结晶。

词组练习：疾苦、艰辛、狡诈、积累、简讯、侥幸、祭祀、缴获、集训、角膜、讲授、减退、忌讳、教育、降温、兼顾、揭晓、见闻、鉴赏、兼顾、肌体、计谋、缄默、佳境、矜持、加冕、焦虑、稽查、揭晓、袈裟、煎熬、继任、奖章。

成语练习：饥寒交迫、积少成多、集思广益、济济一堂、假公济私、皆大欢喜、见景生情、尽善尽美。

（2）q ——例字：去、亲、全、七、琴、求、恰、抢。

【读一读】

q—q 两字词练习：亲戚、亲切、前期、请求、蛐蛐、恰巧、轻巧、秋千、气球、清泉、缺勤、情趣、牵强、蹊跷、求情、氢气、强求、齐全。

词组练习：棋谱、洽商、歧途、恰似、乾坤、奇袭、谦恭、憔悴、祈祷、虔诚、启迪、企鹅、抢险、峭壁、麒麟、迁徙、惬意、屈膝、裙带、取舍、切题、拳脚、期货、曲谱、确认、取悦、劝诫、蜷缩、躯壳、俏丽、齐整。

成语练习：其貌不扬、奇耻大辱、千载难逢、岂有此理、气吞山河、求同存异、恰如其分、奇珍异宝。

（3）x ——例字：想、先、下、写、小、像、学、心。

【读一读】

x—x 两字词练习：虚心、学校、习性、谢谢、休息、相信、形象、新鲜、消息。

词组练习：惜别、刑律、娴静、吸附、洗劫、乡愁、醒目、溪流、显赫、杏仁、仙鹤、休闲、逍遥、纤细、兴衰、宵禁、镶嵌、逍遥、相貌、效忠、省悟、仙鹤、宪章、夕阳、校规、瑕疵、鲜嫩、贤德。

成语练习：细水长流、逍遥自在、信口开河、弦外之音、兴致勃勃、袖手旁观、心心相印、相敬如宾。

【练一练】

（1）小晶到北京看风景，小金到天津买纱巾。看风景，用眼睛，还戴一个望远镜。买纱巾，用现金，到了天津把商店进。看风景，用眼睛，买纱巾，用现金。金、津、京、景要分清。

（2）七巷一个漆匠，西巷一个锡匠，七巷漆匠偷了西巷锡匠的锡，西巷锡匠拿了七巷漆匠的漆，七巷漆匠气西巷锡匠偷了漆，西巷锡匠讥七巷漆匠拿了锡。请问漆匠和锡匠，谁拿了谁的锡？谁偷了谁的漆？

6. 舌尖前音

舌尖前音是指因舌尖平伸，抵住或接近上齿背，气流在这一部位受阻碍后从舌尖挤出而发出的音，又称平舌音。发此音舌尖要有力度，造成阻碍时舌尖用劲，不要整个贴在上齿背，造成阻碍的面要小些，这样力量才能集中，不要让舌尖跑到两齿之间，以免发成齿间音。舌尖前音有 3 个：z、c、s。

（1）z ——例字：在、做、走、字、总、咋、最、组、则。

【读一读】

z—z 两字词练习：自尊、祖宗、总则、自在、粽子、走卒、遭罪、造作、在座、曾祖。

词组练习：早晚、灾难、杂志、再说、栽培、赞助、噪声、造价、灾情、暂行、在即、糟糠、载体、澡堂、增长、赠阅、早熟、宰相、造访、杂税、赞歌、早茶、憎恶、责任、造型、赠言、再生、杂沓、赞誉。

成语练习：自告奋勇、座无虚席、坐吃山空、自作自受、字里行间、孜孜不倦、自以为是、责无旁贷。

（2）c ——例字：才、从、次、词、擦、错、菜。

【读一读】

c—c 两字词练习：层次、此次、催促、猜测、参差、措辞、粗糙、残存、仓促、苍翠。

词组练习：仓储、擦拭、聪明、粗心、沧桑、促进、错误、粗暴、慈爱、磋商、苍生、参拜、策反、粗鲁、次品、菜肴、嘈杂、伺候、财神、苍穹、侧目、测量、沧海、财源、蚕丝、苍凉、才识、从事、慈祥、才略。

成语练习：侧目而视、此起彼伏、才疏学浅、寸步难行、沧海桑田、草木皆兵、草草了事、藏龙卧虎。

（3）s ——例字：算、四、谁、撒、所、送。

【读一读】

s—s 两字词练习：琐碎、诉讼、搜索、嫂嫂、三思、四散、思索、瑟缩、送伞、缫丝、速算。

词组练习：色彩、撒谎、司仪、三角、森林、伞兵、溯源、撒娇、送别、洒泪、算账、速记、桑蚕、色泽、嘶哑、夙愿、锁链、松懈、塑像、随从、素雅、颂扬、虽然、唢呐、随身、索取、肃穆、酸软、锁骨、蒜泥、素菜、肆虐、肃然。

成语练习：司空见惯、丝丝入扣、死里逃生、俗不可耐、四面楚歌、损人利己、四通八达、随机应变。

◆【练一练】

（1）早晨早早起，早起做早操。人人做早操，做操身体好。

（2）四十四个字和词，组成了一首 zcs 的绕口词。桃子、李子、梨子、栗子、橘子、柿子、榛子，栽满院子、村子和寨子。名词、动词、数词、量词、代词、副词、助词、连词，造成语词、诗词和唱词。蚕丝、生丝、热丝、细丝、染丝、晒丝、纺丝、织丝，自制粗丝、细丝、人造丝。

7. 舌尖后音

舌尖后音是指因舌尖上翘，抵住硬腭前部，从而使气流挤出而发出的音，又称翘舌音。因这组音是翘舌音，因此实际发音时舌尖后移并且抬起接近硬腭即可，而不要将舌尖向后卷起。在做“翘”这个动作时舌尖要有力，避免重音含糊或笨拙。舌尖后音有 4 个：zh、ch、sh、r。

（1）zh ——例字：这、找、真、张、装、住、者、正。

【读一读】

zh—zh 两字词练习：制止、战争、转正、真正、专职、政治、专著、追逐、珍重、壮志、征兆、忠贞、斟酌、装帧、茁壮、周转、正直。

词组练习：占先、招揽、站住、涨潮、战俘、铡刀、昭著、哲人、账册、章法、轧钢、肇事、箴言、眨眼、滞留、湛蓝、诤言、智谋、职衔、志气、峥嵘、摘录、咫尺、正轨、指使、肢体、志趣、只身、执着。

成语练习：掌上明珠、郑重其事、振振有词、知己知彼、珠圆玉润、咫尺天涯、至高无上、至理名言。

（2）ch ——例字：吃、出、传、成、穿、唱、抽、处、抄。

【读一读】

ch—ch 两字词练习：长城、唇齿、长处、拆除、常常、驰骋、穿插、铲除、船厂、橱窗、城池、传唱、初创、重唱、出场、充斥、长春、赤城。

词组练习：承载、憧憬、差额、猖獗、充塞、察看、冲刷、创伤、倡导、崇尚、处暑、重奏、畅游、宠爱、锤炼、春笋、搀扶、初试、丑陋、蠢才、传神、呈现、触觉、炽热。

成语练习：沉默寡言、成败利钝、触类旁通、赤胆忠心、承上启下、冲出虎口、长期共存、畅所欲言。

(3) sh ——例字：是、说、啥、视、收、晒、水、生、双。

【读一读】

sh—sh 两字词练习：事实、山水、双手、神圣、上升、师生、绅士、赏识、顺手、收拾、少数、闪烁、声势、史诗、深山、闪烁、舒适。

词组练习：社稷、渗透、视角、升值、奢华、伤势、盛赞、深邃、胜任、尚书、申诉、烧杯、涉足、狩猎、史实、始祖、熟知、膳食、说教、树丛、仕途、禅让、抒发、绶带、守岁、闪现、删除、侍奉、顺畅、授权、善终。

成语练习：神采奕奕、身价百倍、实事求是、史无前例、事在人为、适得其反、势如破竹、深入人心。

(4) r ——例字：人、让、仍、任、锐、如、热、荣。

【读一读】

r—r 两字词练习：仁人、仍然、容忍、柔软、软弱、人肉、濡染、嚷嚷、冉冉、柔韧。

词组练习：热忱、饶恕、日食、人伦、认输、容颜、仁厚、柔顺、如实、弱小、儒生、锐意、熔炉、绕嘴、仁爱、日照、任职、认错、柔情、容貌、荣华、润色、软席、辱骂、人文、如期、蠕动、润滑、如愿。

成语练习：若无其事、如愿以偿、仁至义尽、如梦初醒、如鱼得水、如箭在弦、燃眉之急、人定胜天。

【练一练】

(1) 史老师，讲时事，常学时事长知识。时事学习看报纸，报纸登的是时事，常看报纸要多思，心里装着天下事。

(2) 认识从实践始，实践出真知。知道就是知道，不知道就是不知道。不要知道说不知道，也不要不知道装知道。老老实实实事求是，一定要做到不折不扣的真知道。

(二) 按发音方法分类

1. 按阻碍方式分类

按发音时构成阻碍和解除阻碍的方式，辅音声母可分为塞音、塞擦音、擦音、鼻音和边音 5 类。

(1) 塞音。这是指因口腔中构成阻碍的两个部分完全闭塞，软腭上升，堵塞鼻腔，气流冲破阻碍而发出的音。塞音有 6 个：b、p、d、t、g、k。

(2) 塞擦音。这是指因口腔中构成阻碍的两个部分形成完全闭塞，软腭上升，堵塞鼻腔，气流把闭塞部分先冲开一条窄缝，再从窄缝中挤出而发出的音。塞擦音有 6 个：j、q、

zh、ch、z、c。

【小贴士】

塞音、塞擦音的划分

按突破阻碍的气流强弱，塞音、塞擦音又可分为送气音和不送气音两类。

（1）送气音。这是指因口腔呼出较强的气流而发出的音。送气音有6个：p、t、k、q、ch、c。

（2）不送气音。这是指因口腔呼出较弱的气流而发出的音，不送气音有6个：b、d、g、j、zh、z。

（3）擦音。这是指因口腔中构成阻碍的两个部分靠近，留出窄缝，软腭上升，堵塞鼻腔，气流从窄缝中挤出而发出的音。擦音有6个：f、h、x、sh、r、s。

（4）鼻音。这是指因口腔中构成阻碍的两个部分完全闭塞，软腭下降，打开鼻腔，声带振动，气流从鼻腔中通过而发出的音。鼻音有2个：m、n。

（5）边音。这是指因舌尖与上齿龈接触，软腭上升，堵塞鼻腔通路，声带振动，气流从舌头两边空隙通过而发出的音。边音只有1个：l。

2. 按声带是否振动分类

按声带是否振动，辅音声母可分为清音和浊音两类。

（1）清音。这是指因声门敞开，气流通过时声带不振动而发出的音。清音有17个：b、p、f、d、t、g、k、h、j、q、x、zh、ch、sh、z、c、s。

（2）浊音。这是指声门闭合，声带随着气流的挤出而振动，进而发出的音。浊音有4个：m、n、l、r。

我们将上述辅音声母的类型汇总为辅音声母总表（见表2-1），以帮助读者学习记忆。

表2-1　辅音声母总表

按发音部位分类	按发音方法分类							
	塞音		塞擦音		擦音		鼻音	边音
	不送气音	送气音	不送气音	送气音	清音	浊音	浊音	浊音
	清音	清音	清音	清音				
双唇音	b	p					m	
唇齿音					f			
舌尖前音			z	c	s			
舌尖中音	d	t					n	l
舌尖后音			zh	ch	sh	r		
舌面音			j	q	x			
舌根音	g	k			h			

除了上述21个辅音声母，普通话还有零声母。

小案例

什么是零声母？

三、声母发音辨正

【小贴士】

成阻、持阻和除阻

成阻是指发辅音过程的开始阶段，即发音过程中阻碍作用开始形成，发音器官从静止或其他状态转到发一种辅音时所必须构成阻碍状态的过程。

持阻是指发辅音过程的中间阶段，即发音过程中阻碍作用的持续，发音器官从开始成阻到最后除阻的一种中间过程。

除阻是指发辅音过程的最后阶段，即发音过程中阻碍作用的解除，发音器官从某种阻碍状态转到原来静止或其他状态的一种过程。

1. 声母“f”与“h”的辨正

某些方言区（如湖南、江西、广东、福建等）常出现f和h不分的问题。北方方言和西南地区等地方方言也存在将f和h混淆的现象。例如，把“蝴蝶（húdié）”读成“服蝶（fúdié）”，把“花费（huāfèi）”读成“花卉（huāhuì）”。这两个音的发音方法都是相同的，都是清擦音，但是发音部位不同，f是唇齿音，发音时是上齿接触下唇，h是舌根音，发音时上齿与下唇不接触，受阻的部位是舌根与软腭。

（1）字的对比辨正。

f——飞、发、放、缝、付、房、冯。

h——和、换、喝、坏、画、盒、花。

（2）词语对比辨正。

开方——开荒　　防空——航空　　幅度——弧度　　理发——理化

复员——互援　　防止——黄纸　　开发——开花　　初犯——出汗

飞机——灰鸡　　仿佛——恍惚　　工费——工会　　大富——大户

废话——绘画　　发廊——画廊　　翻天——欢天　　发生——花生

（3）交替对比辨正。

f、h——发货、符合、粉红、风寒。

h、f——活佛、回复、恢复、花费。

【练一练】

（1）丰丰和芳芳，上街买混纺。红混纺，粉混纺，黄混纺。红花混纺做裙子，粉花混纺做衣裳。红、粉、灰、黄花样多，五颜六色好混纺。

（2）小王和小黄，一块画凤凰。小王画黄凤凰，小黄画红凤凰。红凤凰黄凤凰，只只画成活凤凰，望着小王和小黄。

2. 声母“n”与“l”的辨正

普通话中的声母“n”与“l”是两个非常对立的音位，分得很清楚，但是在很多地区方言中却分不清楚 n 和 l，如把“难求”读成“篮球”，把“农村”读成“龙村”。

n 和 l 的发音部位相同，但发音方法不同，n 是鼻音，发音时气流从鼻腔流出；l 是边音，发音时气流从舌的两边流出，若感觉不到，可把鼻子堵住，发音困难的就是鼻音（气流无法流出），发音不困难的就是边音。

有的人不是不会发 n、l，而是受方言影响不知道哪些音节该发 n，哪些音节该发 l。解决这个问题没有捷径，需要根据音节逐个牢记，可以通过强化不同的发音方法来加以辨正。发 n 时，舌尖向前使劲；发 l 时，舌尖向后使劲，两边留缝隙。多练习象声词（如“哗啦啦”“淅沥沥”“咕隆隆”等），可以强化 l 的着力点。

（1）字的对比辨正。

n——你、那、您、男、年、念。

l——来、聊、老、里、累、拉。

（2）词语的对比辨正。

千年——牵连　　恼怒——老路　　留念——留恋　　允诺——陨落

难住——拦住　　鸟雀——了却　　南部——蓝布　　浓重——隆重

蜗牛——涡流　　无奈——无赖　　泥浆——漓江　　年代——连带

（3）交替对比辨正。

n、l——能力、哪里、努力、年龄。

l、n——理念、老年、辽宁、老牛。

【练一练】

（1）盘里放着一只梨，桌上放块橡皮泥，小倪用泥学捏梨，眼看着梨，手捏着泥，一会儿捏成一只梨。

（2）南南家种兰花，兰兰家种南瓜。南南要用兰花换兰兰家的南瓜，兰兰不愿用南瓜换南南家的兰花。

（3）老龙恼怒闹老农，老农怒恼闹老龙，农怒龙恼农更怒，龙恼农怒龙怕农。

3. 声母平舌音与翘舌音的辨正

如前所述，舌尖前音即平舌音，舌尖后音即翘舌音。所谓平舌音翘舌音不分就是将平舌音和翘舌音混淆了，如将“推迟”读成“推辞”，把“桑树”读成“商数”等。发翘舌音时，舌尖抵住或接近硬腭前端；发平舌音时，舌尖轻触或接近上齿背。须记住：要想说对平舌音，舌头碰牙齿，要想说对翘舌音，舌头别伸直。有些方言中舌的动作没有舌尖前音和舌尖后音的区别。练习时首先要能够听出平舌音、翘舌音的差别，耳力的提高会带来口头的变化。

【读一读】

z——zh　自治　尊重　增长　作主　杂志　再植　资助　自重　罪状　宗旨　遵照　坐镇　作战　总之　自传

zh——z　制造　转载　追踪　振作　正宗　准则　种子　知足　职责　沼泽　种族　装载　正在　主宰　赈灾

c——ch　蚕虫　操场　财产　擦车　促成　采茶　残喘　草创　磁场　仓储　辞呈　操持　错处　彩绸　餐车

ch——c	炒菜	冲刺	尺寸	陈词	差错	纯粹	初次	船舱	场次	春蚕	除草
	揣测	陈醋	储藏	成材							
s——sh	松树	宿舍	算术	损失	三山	似是	丧失	诉说	琐事	素食	随时
	所属	私塾	散失	岁数							
sh——s	收缩	神速	哨所	殊死	申诉	疏松	山色	深思	上司	胜似	输送
	生死	世俗	绳索	上溯							

zh——ch	侄子——池子	工长——工厂	斩掉——铲掉	智齿——迟滞
	咫尺——迟滞	知耻——痴滞		
z——c	没做——没错	水藻——水草	枣子——草籽	
sh——zh	失职——致使	市值——指示	时至——只是	
s——z	私自——自私	四字——自思	嗣子——子嗣	
ch——sh	吃食——十尺	齿式——石池	吃柿——市尺	
c——s	此次——四次	辞藻——死藻	瓷器——祀器	

◆【练一练】

（1）四是四，十是十，十四是十四，四十是四十。十四不是“实事”，四十不是“细席”。要想说对四，舌头碰牙齿；要想说对十，舌头别伸直。你来试一试，十四四十四十四。

（2）石、斯、施、史四老师，天天和我在一起。石老师教我大公无私，斯老师给我精神食粮；施老师叫我遇事三思，史老师送我知识钥匙。我感谢石、斯、施、史四老师。

（3）报纸是报纸，抱子是抱子，报纸抱子两回事。看报纸不是看抱子，只能抱子看报纸。

（4）紫紫茄子，紫茄子紫。紫茄子结籽，紫茄子皮紫肉不紫。紫紫茄子结籽，紫紫茄子皮紫籽也紫。你喜欢吃皮紫肉不紫的紫茄子，还是喜欢吃紫皮紫籽的紫紫茄子。

任务二　韵母发音

在生活中，我们都喜欢听圆润饱满、悦耳动听的声音，而不喜欢听干瘪无力、含混不清的声音。前者会使人听得津津有味，而后者会使人感到寡淡无味。这两种声音差异较大的原因在于韵母发音的不同。因此，要想发音既响又圆，学好韵母发音是关键。

韵母是汉语音节中的主要部分，是音节中声母后面的那一部分，韵母主要由韵头、韵腹和韵尾构成，其中韵腹为韵母中的主要元音。普通话共有 39 个韵母。

一、韵母的分类

韵母可以按音节结构和唇形特点分类，具体如下。

（一）按音节结构分类

按音节结构的不同，韵母可分为单韵母、复韵母和鼻韵母三类。

1. 单韵母

单韵母是由一个元音构成的韵母，共 10 个：ɑ、o、e、ê、i、u、ü、-i（前）、-i（后）、er。

2. 复韵母

复韵母是由两个或三个元音构成的韵母，共 13 个：ai、ei、ao、ou、ia、ie、ua、uo、üe、iao、iou、uai、uei。

3. 鼻韵母

鼻韵母是由一个或两个元音后面带上鼻韵母构成的韵母，共 16 个：an、en、in、ün、ian、uan、uen、üan、ang、eng、ing、ong、iang、uang、ueng、iong。

（二）按韵母的唇形特点分类

按开头元音发音的唇形特点，韵母可分为开口呼韵母、齐齿呼韵母、合口呼韵母和撮口呼韵母四类，简称四呼。

1. 开口呼韵母

开口呼韵母是指不是 i、u、ü 或不以 i 、u、ü 开头的韵母，共 15 个，包括 -i（前、后）、a、o、e、ê、er、ai、ei、ao、ou、an、en、ang、eng。

2. 齐齿呼韵母

齐齿呼韵母是指 i 或以 i 开头的韵母，共 9 个，包括 i、ia、ie、iao、iou、ian、in、iang、ing。

3. 合口呼韵母

合口呼韵母是指 u 或以 u 开头的韵母，共 10 个，包括 u、ua、uo、uai、uei、uan、uen、uang、ueng、ong。

4. 撮口呼韵母

撮口呼韵母是指 ü 或以 ü 开头的韵母，共 5 个，包括 ü、üe、üan、ün、iong。

二、韵母的发音

（一）单韵母的发音

单韵母主要依靠舌位和唇形的调节来发音。

1. a 的发音

口大开，舌尖微离下齿背，舌面中部微微隆起，与硬腭后部相对。发 a 音时，声带振动，软腭上升，鼻腔通路关闭。

例字——啊、打、萨、擦、那、沙、他。

例词——妈妈、大哥、发达、沙发、撒旦。

2. o 的发音

上下唇自然拢圆，舌体后缩隆起，与软腭相对，舌位介于半高半低之间。发 o 音时，声带振动，软腭上升，鼻腔通路关闭。

例字——哦、佛、我、坡、磨、波。

例词——伯伯、脖子、破获、没落、播种。

3. e 的发音

口半闭，展唇，舌体后缩，舌面后部隆起，与软腭相对，舌位比发元音 o 略高而偏前。发 e 音时，声带振动，软腭上升，鼻腔通路关闭。

例字——俄、特、涩、勒、泽、奢、折。

例词——婀娜、隔热、合格、苦涩、乐土。

4. i 的发音

口微开，两唇呈扁平形，上下齿相对（齐齿），舌尖接触下齿背，使舌面前部隆起，和硬腭前部相对。发 i 音时，声带振动，软腭上升，鼻腔通路关闭。

例字——一、比、字、气、里、你、及、习。

例词——笔记、激励、气体、衣服、意义。

5. u 的发音

两唇收拢呈圆形，略向前突，舌头后缩，舌面后部隆起和软腭相对。发 u 音时，声带振动，软腭上升，鼻腔通路关闭。

例字——五、铺、不、路、怒、租、苏、束。

例词——服务、互助、速度、孤独、束缚。

6. ü 的发音

两唇拢圆，略向前突，舌尖抵住下齿背，使舌面前部隆起和硬腭前部相对。发 ü 音时，声带振动，软腭上升，鼻腔通路关闭。

例字——与、女、律、句、去、语、序。

例词——区域、语序、渔具、序曲、去留。

7. er 的发音

软腭上升，关闭鼻腔通道；口腔稍开，先将舌面放平，中央部位稍稍隆起，舌位居中，舌前部上抬，舌尖卷起接近硬腭前部。气流颤动声带，从口腔发出成音。

例字——二、尔、饵。

例词——而且、儿歌、儿化、耳朵、儿女。

8. ê 的发音

口自然打开，展唇，舌尖抵住下齿背，使舌面前部隆起和硬腭相对。发 ê 音时，声带振动，软腭上升，鼻腔通路关闭。ê 除了语气词“欸”外，不能独立成音节，只能和元音 i、ü 构成复元音韵母 ie、üe。

例词——爷爷、月月、结业、绝学。

9. -i（前）的发音

口略开，展唇，舌尖和上齿背相对，保持适当距离。发-i（前）时，声带振动，软腭上升，鼻腔通路关闭。这个韵母在普通话里只出现在 z、c、s 声母的后面。

例字——字、四、次、思。

例词——咨询、资格、资金、姿势、日子。

10. -i（后）的发音

口略开，展唇，舌前端抬起和前硬腭相对。发-i（后）音时，声带振动，软腭上升，鼻腔通路关闭。这个韵母在普通话里只出现在 zh、ch、sh、r 声母的后面。

例字——指、迟、事、日。

例词——事实、支持、只是、值日、实施。

【练一练】

ɑ——瓦打马，马踏瓦，瓦打坏马，马踏坏瓦。

o——波波和郭郭跟着婆婆做饽饽。郭郭磨破了婆婆的箩，波波打破了婆婆的锅，急得波波和郭郭上街去补箩和锅。

e——河上是坡，坡下是河。坡上立着一只鹅，鹅低头望着河。宽宽的河，肥肥的鹅，鹅过河，河渡鹅，河坡飞来丹顶鹤。鹤望河与鹅，小鹤笑呵呵，不知是鹅过河还是河渡鹅。

i——一二三，三二一，一二三四五六七。七个阿姨来摘果，七个花篮儿手中提。七棵树上结七样儿，苹果、桃儿、石榴、柿子、李子、栗子、梨。

u——兔子穿裤子，裤子不让兔子穿裤子，裤子和兔子，拉拉扯扯抢裤子。兔子抢不到裤子拉破了裤子，破裤子摆脱了兔子。

ü——老吕骑驴买鱼去河曲看女婿。鱼市丢了驴，老吕急着找驴没买成鱼，也没有去成河曲看女婿。

er——要说“尔”专说“尔”/马尔代夫，喀布尔/阿尔巴尼亚，扎伊尔/卡塔尔，尼泊尔/贝尔格莱德，安道尔/萨尔瓦多，伯尔尼/利伯维尔，班珠尔/厄瓜多尔。

-i（前）——一个大嫂子，一个大小子，大嫂子跟大小子比包饺子，看是大嫂子包的饺子好，还是大小子包的饺子好，再看大嫂子包的饺子少，还是大小子包的饺子少。

-i（后）——知之为知之，不知为不知，不以不知为知之，不以知之为不知，唯此才能求真知。

（二）复韵母的发音

普通话中把两个元音复合而成的韵母称二合复韵母，三个元音复合而成的韵母称三合复韵母。二合复韵母又分前响复韵母和后响复韵母，三合复韵母则称为中响复韵母。复韵母发音时，舌位移动产生一连串元音音素，音色随着唇形、舌位、口腔的开合发生变化，从听觉上复合成一个固定的音组。下面我们来看看具体的发音。

1. 二合前响复韵母

（1）ai 的发音。舌头前伸，舌尖接触下齿背，口腔大开。发 ai 音时，从起点的元音 a 开始，口腔渐闭，舌位向 i 的方向滑动升高。

例词——爱戴、灾害、彩排、海带、拍卖、采摘、开采。

（2）ei 的发音。舌头前伸，舌尖接触下齿背，口腔半闭。发 ei 音时，从元音 e 开始，舌位向 i 的方向滑动升高。

例词——北美、配备、肥美、飞贼、妹妹、蓓蕾。

（3）ao 的发音。舌尖后缩，舌尖离开下齿背，口腔打开。发 ao 音时，从元音 a 开始，舌位向 o 滑动升高，唇形渐圆。

例词——懊恼、报道、号召、逃跑、早操、操劳。

（4）ou 的发音。舌头后缩，舌尖离开下齿背，口腔半闭。发 ou 音时，起点音比单元音 o 略低略前，然后舌位向 u 的方向滑动升高，唇形始终为圆形，只是口腔渐闭。

例词——喉头、狗肉、丑陋、漏斗、守候、扣肉。

2. 二合后响复韵母

（1）ia 的发音。发 ia 音时，从元音 i 开始，舌位向下向后滑动，口腔渐开，到元音 a 止。i 的发音较短，a 的发音响亮而且时间较长。

例词——假牙、加价、压价、下牙。

（2）ie 的发音。发 ie 音时，从元音 i 开始，舌位向下滑动至前半低元音 ê，舌尖自始至终不离下齿背。

例词——结业、姐姐、贴切、铁屑、爷爷、趔趄、歇业。

（3）ua 的发音。发 ua 音时，从元音 u 开始，舌位滑向元音 a 止，唇形由圆渐展。

例字——挖、夸、跨、话、花、抓、刷。

例词——挖掘、夸奖、跨过、花费、耍滑、画画、花袜、娃娃。

（4）uo 的发音。发 uo 音时，从元音 u 开始，舌位向下滑到元音 o 止，舌头始终后缩，唇形始终为圆形，只是口腔开度渐大。

例词——错落、硕果、脱落、哆嗦、活捉、罗锅、过错。

（5）üe 的发音。发 üe 音时，从元音 u 开始，舌位向下滑到元音 ê，舌尖始终与下齿背接触，唇形随着口腔的渐开由圆到展。

例词——雀跃、约略、雪月、血液、绝学。

3. 三合中响复韵母

（1）iao 的发音。发 iao 音时，从元音开始，舌位向下向后滑动到元音 a，接着再向元音 o 滑动升高。舌位先降再升，由前至后，唇形在由 a 升向 o 的过程中逐渐拢圆。

例词——吊销、疗效、巧妙、调料、逍遥、苗条、吊桥、小巧。

（2）iou 的发音。发 iou 音时，从元音 i 开始，舌位向后向下滑动到 o 的位置，唇形从不圆到圆，接着舌位句 u 的方向滑动升高。舌位先降再升，由前至后，唇形到 o 时就已拢圆。

例词——久留、求救、绣球、悠久、牛油、流油、优秀。

（3）uai 的发音。发 uai 音时，从元音 u 开始，舌位向前向下滑动到 a，唇形由圆渐展，舌尖接触下齿背，接着舌位向 i 的方向滑动升高，口腔渐闭。舌位由高降低再升高，由后向前，唇形由起点音的圆形至折点音 a 渐展。

例词——外快、怀揣、乖乖、摔坏、拽坏。

（4）uei 的发音。发 uei 音时，从元音 u 开始，舌位向前向下滑动到元音 e，唇形由圆渐展，舌尖接触下齿背，接着舌位向 i 的方向滑动升高。舌位先降后升，由后至前，唇形从起点音的圆唇至折点音 e 渐展。

例词——垂危、归队、悔罪、追悔、荟萃、推诿、卫队、回味。

4. 前鼻音韵母

（1）an 的发音。舌尖先抵住下齿背，舌位降到最低，软腭上升，鼻腔通路堵塞。发 an 音时，以元音 a 为起点音，舌位逐渐升高，舌面前部贴向硬腭前部。当两者将要接触时，软腭下降，鼻腔通路打开。紧接着舌尖接触上齿龈，舌面前部与硬腭前部闭合，使在口腔受阻的气流改从鼻腔通过。

例词——参战、反感、烂漫、谈判、坦然、赞叹、安然、战犯、漫谈、栏杆。

（2）en 的发音。舌尖先抵住下齿背，舌位居中，软腭上升，鼻腔通路关闭。发 en 音时，以元音 e 为起点音，舌面逐渐升高，舌面前部贴向硬腭前部。当两者将要接触时，软腭下降，鼻腔通路打开。紧接着舌尖接触上齿龈，舌面前部与硬腭前部闭合，使在口腔受阻的气流改从鼻腔通过。

例词——根本、门诊、人参、认真、门神、深沉、振奋。

（3）in 的发音。舌尖先抵住下齿背，软腭上升，鼻腔通路堵塞。发 in 音时，以元音 i 为起点音，舌位继续升高，当舌面前部与硬腭前部将要接触时，软腭下降，打开鼻腔通路。紧接着舌尖靠在上齿龈上，舌面前部与硬腭前部闭合，使在口腔受阻的气流改从鼻腔通过。

例词——近邻、拼音、信心、辛勤、贫民、引进、濒临、紧邻。

（4）ian 的发音。发 ian 音时，从元音 i 开始，舌位向下滑动，口腔渐开。当舌位降到元音 a 的位置时，又开始滑动上升，直到舌面前部贴向硬腭前部，舌尖抵在上齿龈上，形成鼻音 n。

例词——艰险、检点、简便、连篇、惦念、前天、浅显、见面、田间、显眼。

（5）uan 的发音。发 uan 音时，以元音 u 为起点音，舌位向前向下滑动，唇形渐展。当舌位降到元音 a 的位置时，又开始滑动上升，直到舌面前部贴向硬腭前部，舌尖抵在上齿龈上，形成鼻音 n。

例词——贯穿、酸软、乱窜、婉转、贯穿、专款、转换、源泉、专管。

（6）uen 的发音。发 uen 音时，以元音 u 为起点音，舌位向元音 e 滑动，唇形渐展。发出清晰响亮的 e 后，舌位又开始滑动上升，形成鼻音 n。

例词——昆仑、伦敦、温存、论文、温顺、馄饨、谆谆。

（7）üan 的发音。发 üan 音时，以元音 ü 为起点音，舌位向下滑动，口腔渐开，唇形渐展。当舌位降到元音 a 的位置时，又开始滑升，直到舌面前部贴向硬腭前部，舌尖抵在上齿龈上，形成鼻音 n。

例词——源泉、全权、轩辕、涓涓、圆圈、渊源、全员。

（8）ün 的发音。舌尖先抵住下齿背，软腭上升，鼻腔通路堵塞。发 ün 音时，以元音 ü 为起点音，舌面继续升高，唇形渐展。当舌面前部与硬腭前部将要接触时，软腭下降，鼻腔通路打开。接着舌面前部与硬腭前部完全闭合，舌尖抵在上齿龈上，使在口腔受阻的气流从鼻腔通过。

例词——军训、均匀、芸芸、群众、循环、醺醺、允许。

5. 后鼻音韵母

（1）ang 的发音。发 ang 音时，以元音 a 为起点音，舌头后缩，舌根抬起。当舌根接近软腭时，软腭下降，打开鼻腔通路，此时舌根已与软腭接触，阻塞了气流在口腔中的通路，气流改从鼻腔通过。

例词——党章、帮忙、苍茫、行当、当场、刚刚、商场、上当、厂商。

（2）eng 的发音。发 eng 音时，以元音 e 为起点音，舌头后缩，舌根抬起并靠向软腭。当两者将要接触时，软腭下降，鼻腔通路打开。此时，口腔中的气流通路已被舌根和软腭阻塞，气流改从鼻腔通过。

例词——承蒙、丰盛、增生、生成、更正、萌生、声称、升腾、更生、乘胜。

（3）iang 的发音。发 iang 音时，以元音 i 为起点音，紧接着舌位向下向后滑动，滑动到元音 a 时，舌位再向上滑升，当舌根将要接触软腭时，软腭下降，鼻腔通路打开。此时，口腔中的气流通路已被舌根与软腭阻塞，气流改从鼻腔通过。

例词——两样、将相、洋相、响亮、想象、踉跄、相像、强项、湘江、向阳。

（4）ing 的发音。发 ing 音时，以元音 i 为起点音，舌尖逐渐离开下齿背，舌根靠向软腭。当二者快要接触时，软腭下降，鼻腔通路打开。此时，口腔中的气流通路已被舌根与软腭阻塞，气流改从鼻腔通过。

例词——叮咛、经营、命令、评定、清静、姓名。

（5）uang 的发音。发 uang 音时，以元音 u 为起点音，紧接着舌位向下滑动，唇形渐展。舌位降至元音 a，然后再向上滑升。当舌根将要与软腭接触时，软腭下降，鼻腔通路打开。此时，口腔中的气流通路已被舌根与软腭阻塞，气流改从鼻腔通过。

例词——网状、狂妄、双簧、状况、窗框、惶惶、狂妄。

（6）ueng 的发音。发 ueng 音时，以元音 u 为起点音，舌位向下滑动，唇形渐展。当舌位滑降至元音 e 略前略低位置时，接着再向上滑升，舌根靠向软腭，当二者快要接触时，软腭下降，鼻腔通路打开。此时，口腔中的气流通路已被舌根与软腭阻塞，气流改从鼻腔通过。

例词——水瓮、嗡嗡、老翁、主人翁。

（7）ong 的发音。发 ong 音时，以元音 u 为起点音，但比 u 的舌位略低一点，舌头后缩，舌根靠向软腭。当二者快要接触时，软腭下降，鼻腔通路打开。此时，口腔中的气流通路已被舌根与软腭阻塞，气流改从鼻腔通过。

例词——红松、共同、轰动、公众、空洞、隆重、通融、恐龙、冲动、从容。

（8）iong 的发音。发 iong 音时，以元音 i 为起点音，紧接着舌头后缩，舌根升高并靠向软腭。当二者快要接触时，软腭下降，鼻腔通路打开。此时，口腔中的气流通路已被舌根与软腭阻塞，气流改从鼻腔通过。

例词——用功、炯炯、汹涌、动用、穷困、熊熊、公用、窘境、胸中。

【练一练】

ai——小白揣球拍，跑来抬球台，球拍碰球台，球台碰球拍。

ei——贝贝盖白被，妹拍贝贝睡。

ao——人有小人有老，老爱小，小敬老。老别老笑人小，小别老笑人老。

ou——楼后有狗又有猴，楼上有肉又有藕。瘦猴吃藕不吃肉，馋狗吃肉不吃藕。

ia——霞霞和亚亚迎着霞光河边去放鸭，公鸭、母鸭、小鸭下水呀呀呀，乐坏了霞霞和亚亚，俩人放鸭放到夕阳斜，赶着鸭子赶回家。

ie——爷爷到学校接杰杰，杰杰到门口等爷爷。爷爷带杰杰去买鞋，杰杰却看中了小花碟。买花碟就不买鞋，杰杰求爷爷买鞋又买碟。不知杰杰买没买成鞋和碟。

ua——花猫画花，花是花猫画，花猫画活合欢花。

uo——朵朵家住落山坡，坡上果树挂果多，朵朵摘果给郭郭，郭郭连说谢朵朵。

üe——薛悦爱雪，下雪天滑雪，见街上老薛扫雪。薛悦不学滑雪要帮老薛扫雪，老薛劝薛悦要顾学业，薛悦决心学会滑雪又不误学业。

iao——花猫跳，小鸟叫。花猫听小鸟叫，小鸟瞧花猫跳。花猫跳起抓小鸟，小鸟掉头逃，花猫追小鸟，你说小鸟能不能逃掉？

iou——一葫芦酒，九两六，一葫芦油，六两九。六两九的油要换九两六的酒，九两六的酒要换六两九的油。

uai——老槐摔坏外踝怪乖乖，乖乖扶起老槐去拐角拿拐棍给老槐，老槐甩开乖乖拄着拐棍出门外。

uei——威威、伟伟和卫卫，拿着水杯去接水。威威让伟伟，伟伟让卫卫，卫卫让威威，没人先接水。一二三，排好队，一个一个来接水。

an——出前门，往正南，有个面铺面冲南，门口挂着蓝布棉门帘。摘了它的蓝布棉门帘，棉铺面冲南，给他挂上蓝布棉门帘，面铺还是面冲南。

en——小陈去卖针，小沈去卖盆。俩人挑着担，一起出了门，小陈喊卖针，小沈喊卖盆。也不知是谁卖针，也不知是谁卖盆。

in——小芹学拼音没信心，小金尽心帮小芹树立信心。小芹有信心下决心辛勤学拼音，小芹没辜负小金学会拼音。

ian——莲莲、艳艳练跨栏，莲莲跨栏先领先，艳艳赶紧追莲莲，莲莲在先先踩线，莲莲跨栏胜艳艳。

uan——画圆圈，圈圆圈，娟娟画圆圈连圈，元元画圆圈套圈。圈圈圆圈圈连圈，圆连圆圈圈圈圆。

uen——春风送春，春到村春意深，村农爱春，春日忙春耕。

üan——严圆圆是演员，田泉泉是检验员。严圆圆要演检验员来找田泉泉，田泉泉教严圆圆检验，严圆圆学会检验演好了检验员。

ün——于群、吕韵去军训。于群穿绿军装去陆军，吕韵穿蓝军装去海军。穿上军装立功勋，于群、吕韵决定毕业去参军。

ang——海水长，长长长，长长长消。

eng——郑政捧着盏台灯，彭澎扛着架屏风，彭澎让郑政扛屏风，郑政让彭澎捧台灯。

iang——粮满仓，仓满粮，仓满买缸缸盛粮，缸满粮，粮满缸，仓缸满粮，粮满仓缸。

ing ——天上七颗星，树上七只鹰，梁上七个钉，台上七盏灯。拿扇扇了灯，用手拔了钉，举枪打了鹰，乌云盖了星。

uang——王庄卖筐，匡庄卖网，王庄卖筐不卖网，匡庄卖网不卖筐，你要买筐别去匡庄去王庄，你要买网别去王庄去匡庄。

ueng——老翁卖酒老翁买，老翁买酒老翁卖。

ong——冲冲栽了十畦葱，松松栽了十棵松。冲冲说栽松不如栽葱，松松说栽葱不如栽松。是栽松不如栽葱，还是栽葱不如栽松?

iong——小涌勇敢学游泳，勇敢游泳是英雄。

三、韵母发音辨正

（一）前后鼻音韵母的辨正

在普通话中，前后鼻音韵母是一对一的关系，但是在大多数的地区方言中，基本上存在前后鼻音韵母混淆不清的情况，特别是 en 与 eng、in 与 ing 的现象最为严重，要分辨清楚前后鼻音韵母，关键要区分这两类韵母的韵尾发音部位，在发前鼻音韵母时舌尖抵住上齿龈，而发后鼻音韵母时舌根后缩，舌尖在口腔内部悬空。前后鼻音韵母的交替对比辨正见表 2-2。

表 2-2　前后鼻音韵母的交替对比辨正

an—ang	班长　盼望　南方　肝脏
ang—an	抗旱　昂然　长安　伤感
ian—iang	边疆　艳阳　棉粮　鲜姜
iang—ian	香烟　亮点　相片　抢险
uan—uang	钻窗　软床　宽广　观光
uang—uan	狂欢　慌乱　光环　黄砖
en—eng	奔腾　真正　神圣　人生
eng—en	登门　生根　诚恳　更深
in—ing	民兵　拼命　禁令　聘请
ing—in	清新　影印　明信　行进
uen—ong	春种　轮空　蚊虫　顺从
ong—uen	通顺　冬春　农村　重孙
ün—iong	云涌　运用
iong—ün	拥军　凶运

【练一练】

(1) 真冷，真正冷，冷冰冰，冰冷冷，人人都说冷，猛地一阵风，更冷。

(2) 冬冬和锋锋，晴空放风筝，冬冬放蜻蜓，锋锋放雄鹰。迎面空中起东风，蜻蜓、雄鹰乘风行。

(3) 长扁担，短扁担，长扁担比短扁担长半扁担。长扁担捆在短板凳上，短扁担捆在长板凳上。长板凳不能捆比短扁担长半扁担的长扁担，短板凳也不能捆比长扁担短半扁担的短扁担。

(4) 同姓不能念成通信，通信也不能念成同姓，同姓可以互相通信，通信可不一定同姓。

(5) 高高山上一根藤，青青藤条挂金铃。风吹滕动金铃响，风停藤静铃不鸣。

(6) 姓陈不姓程，姓程不姓陈。禾呈是程，耳东是陈，陈程不分就会认错人。

(7) 敷新的父亲叫甫清，甫清就是敷新的父亲。甫清要敷新叫他父亲，不要敷新叫他甫清。

(8) 床身长，船身长，床身船身不一样长。

(二) 韵母四呼的辨正

1. 齐齿呼韵母与撮口呼韵母的辨正

齐齿呼韵母与振口呼韵母不分，主要表现为：i 和 ü，ie 和 üe 区分不清，在福建和湖北以及西南等地方方言中，没有 ü 和以 ü 起头的撮口呼韵母，i 和 ü 统一都发成了 i，如把“金鱼”念成“金姨”，“其余”念成“其姨”，“全选”念成“浅显”，发准 i 和 ü 的关键在于把握好唇形，发 i 时唇形一定要展开，嘴角向两侧拉开的幅度是最大的。而后者 ü 的唇形是圆唇，i 和 ü 分辨的难点在于撮唇。

【读一读】

交替对比辨正

ü、i——玉米　盱眙　蓄意　曲子
i、ü——意趣　期许　戏曲　积虑
ie、üe——解决　节约　借阅　谢绝
üe、ie——学界　决裂　绝灭　确切

2. 合口呼韵母与开口呼韵母的辨正

合口呼韵母与开口呼韵母的混淆主要体现在 u 和 ou 不分，e 和 uo 不分。

（1）u 和 ou 辨正。有些地方音将一部分普通话发 u 韵母的字，念成了开口呼韵母 ou，如把“图”念成“头”，将“度”念成“逗”，这种情况可以通过记住拼合规律进行辨正。

（2）e 和 uo 辨正。普通话中一部分 e 韵母，有的地区方言会念成 uo 韵母，如成都、武汉等地，将“和”念成“活”，“个”念成“过”。要正确分辨 e 和 ou 韵母，应准确记住 e 和 uo 的发音，可利用声旁类推。

【读一读】

交替对比辨正

u、ou——补漏　肚兜　路口　徒有
ou、u——构图　陡度　候补　愁苦
e、uo——舌锁　各所　勒索　社所
uo、e——过客　裸色　扩热　所设

【练一练】

（1）夜里天冷北风急，班长下岗月儿西。手拿针线灯下坐，为我熬夜缝军衣。线儿缝在军衣上，情意缝在我心里。

（2）大哥有大锅，二哥有小锅，大哥要换二哥的小锅，二哥不换大哥的大锅。

（3）清早上街走，走到周家大门口，门里跳出一只大黄狗，朝我哇啦哇啦吼。我拾起石头打黄狗，黄狗跳上来就咬我的手。也不知我手里的石头打没打着周家的大黄狗，周家的大黄狗咬没咬着我的手。

任务三　声调

声调是汉语语音结构中极其重要的组成部分，它同声母、韵母共同构成普通话音节。不同的方言区语音的显著区别之一就是声调，这也是方言区的人和外国人学习普通话的最大障碍，因此，掌握声调是学习普通话语音的重点。

声调是汉藏语系语音的一个重要特征。汉语十分强调声调的作用，因为汉语是有声调的语种。在单音节词占优势的古汉语中，声韵相同的字因声调的不同代表不同的意义。现代汉语的复音词增多，声调的重要性虽然比古代汉语略显逊色，但它仍然与声母、韵母一样共同构成汉语音节不可缺的三要素。

一、声调的含义和作用

（一）声调的含义

声调又称“字调”，在汉语中由音节内部的音高变化构成，它是每一个音节所固有的声音的高低和升降，主要用来区别音节的意义。

声调依附在音节中，在一定时间内由声带颤动频率的高低长短变化来辨义。在汉语中起辨义作用的是“相对音高”而不是“绝对音高”。“相对音高”是指同一种语言的音节让同一个人发音，而且是在同一个时间内情绪一直平静的情况下，声音所表现出来的音高现象。只有这样才可以比出各个音节中音高的几种变化情况，每个人声音的高低，升降都有一个范围，也就是每个人都有自己的音域。声调之间高低升降的对应关系比较固定但并不要求人人读得一样高或一样低，只要能根据自己的音域分出合比例的高低度就行。另外，汉语声调的构成，不仅取决于字音的高低，还取决于高低的变化。有的音节在发音过程中从头至尾都能维持高低平衡，如 bō（ˉ），有的先高后低前后不能保持一致，如 dà（ˋ），或者先低后高的，如 hóng（ˊ），还有首尾之间的曲折、高低维持久暂也不一样的，如 zhǎng（ˇ），由于字音存在高低不同的现象，于是就有了声调高低、升降、曲直、长短的配合变化。

【小贴士】

声调语言和非声调语言

世界上的语言分为两大类：一类是声调语言；另一类是非声调语言。汉语及汉藏语系的其他语言、非洲国家的一些语言都属于声调语言。声调语言的最大特点是声调可以区别词义，而且声调给语言增加了音乐美，声调多的和变化明显的语言，音乐性就越强；声调在电声系统中抗干扰的能力很强，即使声母和韵母遭到破坏，声调也能保持原来的高低起伏，这就使人们可根据声调来辨别语言的意义。

英语、法语、德语等都属于非声调语言或称语调语言，声调的变化不起区别词义的作用，如英语 one、two、three 既可念平调也可念上升调，但这些语言有语调，不同的句型（陈述、疑问、感叹）语调是不同的。由于非声调语言声调不起辨义作用，所以音节的数量就较多，英语有两三千个音节，汉语有 400 多个。

（二）声调的作用

1. 区别汉字的语义

在汉语里声调和语义关系很大，一个音节或同样的两个音节，由于声调不同就完全可以表示两种甚至更多的意思。例如，“八（bā）”“拔（bá）”“把（bǎ）”“爸（bà）”，这 4 个音节的声母、韵母相同，但声调不同，从而产生了不同的含义。又如，下面几组音节：maiyan 卖盐、买烟；kanshu 砍树、看书；guli 鼓励、孤立；baowei 保卫、包围；huoche 火车、货车；xianyu 鲜鱼、咸鱼，每组音节由于声调不同意义也不同。这些情况在汉语里相当普遍，声调对每组音节起着区别意义的决定作用。所以有了声调，音节就有了不同的含义。

2. 体现声调美

声调增强了语言的节奏感和感染力，使汉语具有了抑扬顿挫的声调美、音韵美，能够充分地表达情感。比如，“解放军以排山倒海的气势打击敌人”这句话，假如没有声调的抑扬顿挫，不仅体现不出语言起伏跌宕的节奏感，也不能表达出解放军打击敌人的那种气势，达不到情感表达的要求。又如，对于“蓝蓝的天空白云飘，白云下面马儿跑”，若用错落有致的声调朗读，则能给我们带来听觉上的美感，否则就像老和尚念经，不仅毫无美感，还很难传递其中的意蕴。

此外，声调还可以用来调节气息，纯正字音。可以通过对两字词及四字词的夸张练习来体会气息的运动，使字音准确、响亮。

【小案例】

小张与售货员

冬天到了，由于家里晚上睡觉很冷，因此小张去商店买被子。他问售货员：“你们这儿有杯子（被子）吗?”售货员从柜台里拿出一个杯子说：“这个行吗?”小张知道售货员听错了，但他又不知道怎么发“被子”的音。于是，小张只好一边说要杯子（被子）不要杯子，一边做出很冷的样子，售货员这才领会他的意思。

微课堂

调值和调类

二、调值和调类

声调包括调值和调类两个方面。

（一）调值

调值是指声调高低、升降的变化，也就是声调的实际读法。语音学上普遍采用五度标记法来标记调值的高低，即把音高定为5度，音高半高定为4度，音高中间定为3度，音高半低定为2度，音高最低定为1度（见图2-1）。

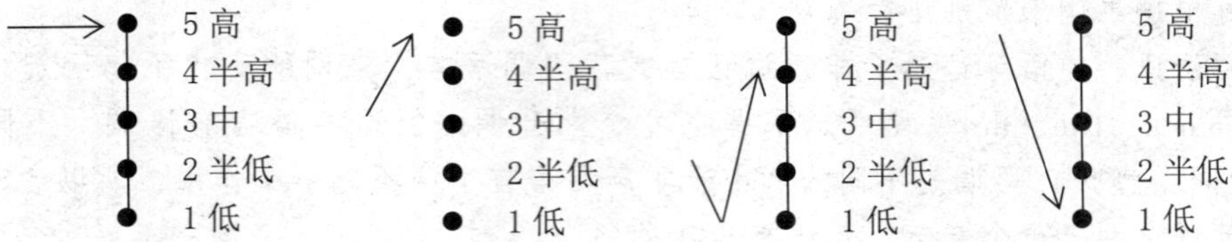

（a）阴平　（b）阳平　（c）上声　（d）去声

图2-1　不同声调的调值

【小贴士】

五度标记法

五度标记法由我国“现代语言学之父”赵元任创制，用以记录语言声调调值。它不仅应用于汉语及其方言的研究，还能够应用于其他语言的研究。虽然将语言音高分为五度并非完全精准，但对于体现相对音高、研究语言调值有很大运用性。在五度标记法的基础上，赵元任还曾定义八度标记法，用以研究其他语言。作为对五度标记法的延伸，郑骅雄曾于20世纪末将其细化为九度标记法。

（二）调类

调类是指声调的种类，是根据声调的实际读法归纳出来的。普通话有阴平、阳平、上声和去声四个类型的声调。

1. 阴平

阴平读高平调，调值为55［见图2-1（a）］，其特点是起音为高音，声音基本上高而平，无明显的升降变化，声带始终紧绷，保持高音。

例词：心胸、东风、春天、花开、深思、星期、丰收、参加、开车、欢呼、编织、商标。

2. 阳平

阳平读高升调，调值为35［见图2-1（b）］，其特点是起音为中音，然后升到高音，声带由不松不紧逐渐绷到最紧。

例词：文明、学习、团结、人民、循环、前途、文学、职责、儿童、勤劳、昂扬、豪情。

3. 上声

上声读降升调，调值为214［如图2-1（c）所示］，其特点是起音为半低音，先降到低音，再升到半高音，声带从略微紧张到放松，再紧绷。

例词：领导、总理、理解、勇敢、舞蹈、剪纸、举手、产品、水果、表演、只有、处理。

4. 去声

去声读全降调，调值为51［如图2-1（d）所示］，其特点是起音为高音，然后降到低音，声带由最紧开始，然后逐渐放松，直到完全松弛为止。

例词：锻炼、利益、正式、重要、世界、秀丽、创造、任务、计划、秘密、现在、胜利。

值得注意的是，四种声调的音长从短到长依次为去声、阴平、阳平、上声。阴平发得过高，会使阳平难以上升；阴平发得过低，可能会使去声降不下去。调号是调类的标记符号。阴平、阳平、上声和去声的调号依次为“ˉ”“ˊ”“ˇ”“ˋ”。声调的高低变化主要体现在韵腹（主要元音）上，因此要将调号标在韵母的韵腹上。

普通话声调调值、调类及调号（见表2-3）。

表2-3 普通话声调调值、调类及调号

调 类	调 值	调 号	例 字
阴平	55	ˉ	灯 dēng　兵 bīng　书 shū　衣 yī
阳平	35	ˊ	蚕 cán　求 qiú　排 pái　沿 yán

续表

调类	调值	调号	例字
上声	214	ˇ	凯 kǎi　伞 sǎn　小 xiǎo　走 zǒu
去声	51	ˋ	乐 lè　去 qù　上 shàng　跳 tiào

三、声调发音训练

普通话声调的训练，按单音节字、双音节词语、四音节词语、声调发音对比练习、绕口令练习等由易到难、由简到繁的顺序依次进行。练习时应注意阴平、阳平、上声、去声四声调值的准确性，遵循规律，符合规范要求。

（一）单音节字的练习

练习过程中，在对声调进行针对性训练的同时，也要注意声母、韵母的发音。另外，也可进行4声夸张训练，强化4声调值的准确性，锻炼气息的控制力和持久度。

巴　拔　把　罢　　猫　毛　卯　帽　　方　防　纺　放

猜　才　彩　蔡　　姑　轱　古　故　　科　咳　渴　课

（二）双音节词语的练习

双音节词语练习时，除调值准确到位，可根据词义注意每个词的情感变化，避免枯燥、乏味。

阴平—阳平：安然　天年　欢迎　飞翔　宣传　濒临　苍茫　军权　加强　书籍。

阴平—上声：思考　专款　根本　方法　烟卷　高考　开采　香港　生产　娇小。

阴平—去声：波段　端正　机要　相像　夫妇　公众　欢乐　希望　私自　播送。

阳平—阴平：田间　人参　台湾　读书　袭击　时光　职称　革新　洪钟　良乡。

阳平—上声：博览　联想　如果　红肿　民警　营养　群体　图谱　劳保　难免。

阳平—去声：年代　玩味　柔韧　园艺　洁净　详细　涤荡　学校　革命　勤奋。

上声—阴平：纺织　老师　体贴　可惜　史诗　总监　损失　影星　引申　演出。

上声—阳平：主持　老农　品牌　仿佛　袅娜　走卒　野营　厂房　旅程　改革。

上声—去声：匹配　举荐　老路　想象　首饰　养育　午夜　琐碎　本质　损坏。

去声—阴平：越发　抗击　窃听　变迁　吊销　气息　陌生　自尊　建交　故宫。

去声—阳平：命名　外援　事实　拒绝　壮年　降临　现钱　复合　辨别　未来。

去声—上声：后悔　恰巧　谚语　忘我　迫使　故土　赛跑　作品　下雨　剧本。

（三）四音节词语声调发音训练

练习时，需做到四声调发音准确到位。同时可开展拓展音域的练习，以“高原广阔”为例，在自身条件允许的范围内，将该词语用“低—中—高”三跨度的音高分别进行适当延长夸张练习，训练时注意气息饱满，力争做到低音气不断、高音不破音。

1. 同调相连

江山多娇　　息息相关　　居安思危　　卑躬屈膝　　和平繁荣　　闻名全球

提前完成　　儿童文学　　变幻莫测　　意气用事　　爱护备至　　创造纪录

2. 四声顺序

高原广阔　风调雨顺　中国伟大　千锤百炼　七侠五义　阴阳上去
花红柳绿　深谋远虑　山明水秀　中流砥柱　三国鼎立　飞檐走壁
光明磊落　山盟海誓　身强体壮

3. 四声逆序

破釜沉舟　厚古薄今　调虎离山　痛改前非　万马齐喑　热火朝天
妙手回春　大好河山　墨守成规　弄巧成拙　兔死狐悲　刻骨铭心
异口同声　耀武扬威　驷马难追

4. 混合交替

名不虚传　推陈出新　咫尺天涯　日新月异　喜笑颜开　沧海一粟
力挽狂澜　大快人心　谈笑风生　再接再厉　高瞻远瞩　满园春色
慷慨激昂　继往开来　生龙活虎　当机立断　鸟语花香　蝇营狗苟
老当益壮　前仆后继　赴汤蹈火

（四）声调对比练习

1. 字的对比

包—鲍　边—卞　福—府　黄—恍　戈—葛
火—霍　母—穆　吴—武　黎—李　王—汪

2. 词语的对比

新意—信宜　鲜鱼—闲语　佳节—假借　整洁—政界
鸳鸯—远洋　指导—知道　展览—湛蓝　冲锋—重逢
贺信—核心　中华—种花　面前—棉签　灰白—回拜
题材—体裁　乘法—惩罚　天才—甜菜　无疑—武艺
司机—四季　医务—遗物　艰巨—检举　化学—滑雪
时节—使节　实施—事实　主体—主题　大雪—大学
申请—深情　大锅—大国　回想—茴香　劫机—阶级
时节—世界　机关—籍贯　会议—回忆　职业—枝叶
按时—暗示—安适　边界—变节—辩解　补发—步伐—不法
餐具—残局—惨剧　传统—串通—穿通　初期—出奇—出气
抵制—地址—地质　赋予—富裕—抚育　管理—官吏—惯例
理解—礼节—历届　声称—生成—省城　实际—史记—时机
同志—通知—统治　陷阱—仙境—险境　谣言—耀眼—妖艳

3. 音节的对比

给下列音节标上声调，使之成为意义不同的词语。

shengli—shengli　lianxi—lianxi　mianmao—mianmao
gushi—gushi　zhengqi—zhengqi　jiaotong—jiaotong
youxian—youxian　caiyuan—caiyuan　lijie—lijie
huanqi—huanqi　baowei—baowei　guli—guli
xiuli—xiuli　zhishi—zhishi　jinqu—jinqu
shujia—shujia　gexing—gexing　changfang—changfang

shishi—shishi　　xingming—xingming　　dayi—dayi

【练一练】

（1）珍珍绣锦枕，绣枕用金针，双蝶枕上争，珍珍的锦枕赠亲人。

（2）铜钉和铜板，铜钉钉铜板，铜板钉铜钉，钉钉铜，铜钉钉。

提示：这里的“钉”字是个多音字。作名词用读阴平调，作动词用读去声调。

（3）扁扁娃背个扁口背篓，上扁扁善拔扁豆。拔了一扁背篓扁豆，扁扁娃背不起一扁背篓扁豆，背了半扁背篓扁豆。

（4）苏州有个玄妙观，观里有两个判官，一个判官姓潘，一个判官姓管。是潘判官先去打管判官呢，还是管判官先去打潘判官呢？

读一读
由一个音节构成的短文

任务四　语流音变

语流音变是语言流动的结果。人们平时在说话、朗诵、播音主持等言语活动时，语音并不是一个个孤立地发出，而是连续地发出的。在这连续的语流中，一连串音紧密连接，发音部位和发音方法不断改变，有时难免相互影响，产生明显的变化。这种变化，语音学上叫“语流音变”。普通话中的语流音变主要有轻声、儿化、变调等。语音在单读时，不会发生音变，而在连读时，很有可能发生音变，如单读“和”时，没有轻声，但连读“软和”时，“和”读“huo”，即发生了轻声音变。任何语音都有轻声、儿化和变调等音变现象，它们是学习普通话的难点之一，掌握其规律可以使语音变得自然、和谐、不生硬。

一、轻声

普通话中的每个音节都有其独立的声调。可是在语流中，许多词或句子中的音节，会在一定的条件下读成又短又轻的调子，这就是轻声。一般来说，任何一种声调的字，在一定的条件下，都可以失去原来的声调，变读轻声。例如，“西”在“山西、陕西、归西、西方”等词语中读它的本音阴平调，而在“买东西”中则变读轻声。轻声只是一种连读时所产生的音变现象而不是一种独立的调类，《汉语拼音方案》中规定轻声不必标调。

（一）轻声的性质

轻声音节的变化与语音的四种物理属性都有关系。主要表现在音长变短，比非轻声音节短一半。音色也变化不定，听感上显得又短又模糊。音强变弱。音高受前一个字声调的影响也发生了变化，具体有以下 4 种情况。

一是阴平后面的轻声调值是 2 度。发音时，可以发成一个轻短的去声。例如：

知道 zhīdao　蹲下 dūnxia　先生 xiānsheng　山上 shānshang

二是阳平后面的轻声调值是 3 度。发音时，可以发成一个轻短的去声。例如：

便宜 piányi　桃子 táozi　云彩 yúncai　河上 héshang

三是上声后面的轻声调值是 4 度。发音时，可以发成一个轻短的阴平。当轻声字原来的声调是阴平时，轻声必须轻短一些，否则容易与阴平混淆，甚至发成阴平。例如：

讲究 jiǎngjiu　暖和 nuǎnhuo　稳当 wěndang　晚上 wǎnshang

四是去声后面的轻声调值是 1 度。发音时，可以发成一个轻短的去声。例如：

木头 mùtou　笑话 xiàohua　态度 tàidu　地上 dìshang

（二）轻声的作用

在普通话里，有些词或词组要靠轻声音节与非轻声音节区别意义和词性，把轻声音节读得又轻又短，而把轻声前的音节读得又重又长。例如，“这篇文章的段落大意很清楚”“办事情不能太大意了”，这两句话中，“大意”这个词，词义不同，词性也不同。“段落大意”的“大意”是名词，指主旨，“……不能太大意”的“大意”是形容词，念轻声，指疏忽，两句意义完全不同。类似的还有包涵（bāohán）—包含（bāohan）、报仇（bàochóu）—报酬（bàochou）、笔试（bǐshì）—比试（bǐshi）、买卖（mǎimài，指买与卖）—买卖（mǎimai，指做生意）、地道（dìdào，指隧道）—地道（dìdao，指纯正）、利害（lìhài）—厉害（lìhai）、蛇头（shétóu）—舌头（shétou）、本事（běnshì，指这件事）—本事（běnshi，指本领）等。因此，在播音或讲话时，应当特别注意有些必须读成轻声的音节，以避免造成词意不清，使人产生误解。

（三）轻声的音变规律

新词、科学术语一般没有轻声音节，口语中的常用词才有读轻声音节的。下面 10 种情况在普通话中读轻声（着重点号的字）。

一是助词“的、地、得、了、过”和语气词“吧、吗、呢、啊”，等等。例如：

好的　慢慢地　干得好　走着　算了　唱过　好吧　是吗　你呢　看啊　你吃饭了吧　他到哪儿去了呢。

二是叠音词和动词的重叠形式后面的字。例如：

老太太　妈妈　谢谢　弟弟和叔叔都来了　看看星星　读读小说　研究研究　合计合计。

三是构词用的虚词素“子”“头”“们”，等等。例如：

同志们　把孩子们叫过来　桌子上头有箱子。

但要注意实语素不能念轻声。例如：

原子、电子、中子、窝窝头。

四是用在名词、代词后面表示方位的语素或词有时读轻声。例如：

乡下　水里　屋里　桌子上　外面　山上　树下　地底下　你从这边往那边走。

五是用在动词、形容词后面表示趋向的“来、去、下来”等词。例如：

出来　回去　你走过去把桌上的东西拿下来。

六是量词“个”常读轻声。例如：

这个　五个　几个。

七是夹在重叠动词中间的“一、不”读轻声。例如：

想一想　试一试　来不来　去不去。

八是双音节形容词重叠时，第一个音节重叠部分读轻声，如“干净”（gānjìng）重叠后读“干干净净”（gānganjìngjìng）。

九是下面四字词语里的第二个音节，读轻声。

黑不溜秋　傻不愣登　糊里糊涂　啰里啰唆

十是有一大批常用的双音节词，第二个音节习惯上要读轻声。例如：

相声　马虎　庄稼　眼睛　名字　别扭　学生　堤防　知识　蘑菇　暖和　动弹
衣服　称呼　麻烦　事情　消息　西瓜　应付　招呼　阔气　大夫　玻璃　先生
歇息　窗户　明白　商量　秘书　打听　稀罕　石榴　吩咐　客气　扫帚　太阳
风筝　亮堂　关系。

【小贴士】

轻声在实际运用中应注意的问题

1. 用轻声来表示区分词义、词性时必须轻化。

2. 轻声音节在播音中要注意气息的控制。有些音要保持原韵母的音色不能含混，如“晚上（shàng）”的“上”不能读作 shang。

3. 轻声音节发音时不能把音拖得太长，又不能过于短促造成吃字，在练习中要注意把握。

【练一练】

（1）句子练习

· 他掀开帘子往里看，丈夫已把莲子剥完了。
· 他太大意了，把段落大意都写错了。
· 他本事可真大、把与本事有牵连的人查清了。
· 杨参谋的干事陆小林干事可真精明。
· 刘大麻子去粮店买大麻籽，一次就买了三十斤。

·张小虎在地道里挖了一条地道的排水沟。

(2) 绕口令练习

·葫芦胡同胡老三，晚上睡觉打呼噜。睡到半夜一糊涂，隔着窗户掉外头。护着屁股不护头，搬了块砖头当枕头。呼噜呼噜接着睡，一觉迷糊到正晌午。

二、儿化

儿化又称儿化韵，是普通话和某些汉语方言中的一种语言现象，即后缀“儿”字不自成音节，而是同前面的音节合在一起，使前一音节的韵母成为卷舌韵母。儿化韵不是在音节之后加一个单独的 er 音节，而是在音节最后一个因素上附加一个卷舌的动作，使韵母起了变化。儿化韵的汉字书写形式是“儿”字，用汉语拼音字母拼写儿化音节，只需在原有的音节之后加上“r”（表示卷舌作用）即可。例如，“鸟儿”——niǎor，“仙儿”——xiānr，“根儿”——gēnr。

（一）儿化的作用

儿化这种语音现象，跟词汇、语法有密切的关系，它具有区别词义、区分词性和表示感情色彩的作用。

1. 区别词义

例如，头（脑袋）——头儿（领导、首领、一端）；眼（眼睛）——眼儿（窟窿）；笑话（耻笑）——笑话儿（可笑的故事）；信（书信）——信儿（消息）。

2. 区分词性

例如，盖（动词）——盖儿（名词）；个（量词）——个儿（名词）；破烂（形容词）——破烂儿（名词）；尖（形容词）——尖儿（名词）。

3. 表示细小、亲切、轻松或喜爱的感情色彩

例如，小牛儿、针尖儿、宝贝儿、大婶儿、小李儿、小家伙儿、小脸蛋儿等。

4. 表示轻蔑、看不起的感情色彩

例如，败家子儿、小偷儿、浑球儿等。

（二）儿化的音变规律

儿化的音变规律体现在以下 7 个方面。

一是韵尾是 a、o、e、u 的，儿化时只要在原韵母后加上一个 r 就可以了，如“板擦儿（bǎn cār）”“花朵儿（huā duǒr）”等。

二是韵母是 i、ü 的，儿化时只要在原韵母后加上一个 er 就可以了，如“打旗儿（dǎ qíer）”“金鱼儿（jīn yúer）”等。

三是韵尾是 ng 的，儿化时只要去掉韵尾，并将前面的元音鼻化，同时加上一个 r 就可以了，如“帮忙儿（bāng már）”“吊嗓儿（diào sǎr）”等。

四是韵尾是 i 的，儿化时只要去掉韵尾，加上一个 r 就可以了，如“小孩儿（xiǎo hár）”“宝贝儿（bào bèr）等。

五是韵母是-i（前）和-i（后）的，儿化时只要将原韵母直接换成 er 就可以了，如“拔丝儿（bá sēr）”“小事儿（xiǎo shèr）”等。

六是韵母是 ai、ei、an、en、uai、uei、ian、uan、üan、uen 的，儿化时只要去掉韵

尾 i、n，在原韵母后加上一个 r 就可以了，如“男孩儿（nán hár）”“老妹儿（lǎo mèr）”“吸管儿（xī guǎr）”“脸盆儿（liǎn pér）”“土块儿（tǔ kuàr）”“唱片儿（chàng piār）”“门环儿（mén huár）”“手绢儿（shǒu juàr）”等。

七是韵母是 in、ün 的，儿化时只要去掉韵尾 n，加上一个 er 就可以了，如“手心儿（shǒu xiēr）”“合群儿（hé quér）”等。

小贴士

儿化在运用时应注意什么问题？

【练一练】

1. 句子练习

（1）小刚用一根儿铁丝儿捆了一堆儿小铁片儿。

（2）一位小女孩儿，扎了个红小辫儿，手里拿一朵小红花儿，正在和小朋友们玩儿。

2. 绕口令练习

（1）进了门儿，倒杯水儿，喝了两口运运气儿。顺手拿起小唱本儿，唱一曲儿，又一曲儿，练完了嗓子我练嘴皮儿，绕口令儿，练字音儿，还有单弦儿牌子曲儿；小快板儿，大鼓词儿，又说又唱我真带劲儿！

（2）人人都说我是个大忙人儿，乐得我天天儿合不上嘴儿。忙得我早晚歇不了腿儿，东家请我帮帮忙儿，西家请我挑桶水儿，老太太请我聊一会儿天儿，小孩儿们缠着我讲故事儿，哪家两口儿拌了嘴，还得请我去当个调停人儿。

三、变调

变调又称连接变调，是指音节连续发音时，某些音节的声调会发生一定变化的现象。普通话中的变调主要有上声的变调、“一”和“不”的变调、叠字形容词的变调。

（一）上声变调

上声变调属于语音学上的异化现象，因为上声的调值 214，变调比较复杂，单念或在末尾时念上声，声调不变。上声的变调规律速记口诀是：单读句末不变调；上声非上前半上；上上相连前读阳。上声变调具体体现在以下三个方面：一是上声在非上声（阴平、阳平、去声）前，其调值由 214 变为 211（半上声），如“每天”“感情”“广大”等；二是上声和上声相连，前一个上声的调值由 214 变为 35（阳平），如“领土”“领导”“美好”；三是三个上声相连，前两个上声有两种不同的变调：一是第一个音节的调值变为 211，第二个音节的调值变为 35，如“纸老虎”“洗澡水”“采访者”等；二是前两个上声的调值都变为 35，如“手写体”“展览馆”等。

（二）“一”和“不”的变调

1.“一”的变调

（1）“一”单念或用在词句末尾，以及在序数中声调不变，念阴平。例如：

统一　年初一　第一届　一楼一号　六月一日　一一述说

（2）“一”在与“亿、万、千、百”等数量词组合时，处在开头的位置就要变调。

例如：

一百一十元　一万一千一百一十元　一亿人　一千一百一十一点一千克

（3）“一”在非去声音节前变“半去”53 调值。例如：

一天　一层　一本

（4）“一”在去声音节前变阳平 35 调值。例如：

一次　一句　一下

（5）“一”在两个重叠动词之间变轻声。例如：

笑一笑　说一说　洗一洗

2.“不”的变调

（1）“不”在单念或处在词尾时按原调念去声 51 调值。例如：

不　决不　要不　行不

（2）“不”在去声字前变阳平 35 调值。例如：

不必　不要　不怕

（3）“不”在阴平、阳平、上声字前变“半去”53 调值。例如：

不听　不妨　不仅

（4）“不”处在两字中间或肯定否定连用时变轻声。例如：

说不说　对不起

（三）叠字形容词的变调

叠字形容词的变调有以下两种情况。

一是叠字形容词 AA 式第二个音节非阴平调为阳平、上声、去声再加上儿化韵时，声调一律变成高平调（55），可以表达一定的感情色彩。例如：

好好儿　满满儿　稳稳儿　慢慢儿　快快儿。

二是叠字形容词 ABB 式和 AABB 式，后两个音节非阴平调而为阳平、上声、去声时，声调一般可变成高平调（55）或保持原调。例如：

白茫茫、黑沉沉、绿油油、红彤彤、毛茸茸、软绵绵、热腾腾、湿漉漉、灰蒙蒙、亮堂堂、热辣辣。

慢慢腾腾、马马虎虎、稳稳当当、欢欢喜喜、陆陆续续、哭哭啼啼、实实在在、清清楚楚、吞吞吐吐、断断续续。

【练一练】

1. 词的练习

感动　请假　美术　马上　一头　不多　不说　不堪　跳一跳　读一读　好不好

差不多　一清早　一身胆　一刀两断　一筹莫展　不可一世　不义之财　不共戴天

不劳而获

2. 绕口令练习

（1）不怕不会，就怕不学，一回不会再来一回，一直到会，我就不信学不会。

（2）一二三四五六七，七六五四三二一，一个姑娘来摘李，一个小孩儿来摘栗，一个小伙儿来摘梨，三个人一齐出大力，收完李子、栗子、梨，一起拉到市上去赶集。

四、语气词“啊”的变化

“啊”是一个用来表示语气，增加感情色彩的叹词。它一般用在句头或者句尾。“啊”用在句首的时候往往单独念，不受任何音素的影响，读音是 a。声调可以根据感情的需要发生变化。例如，“啊！（ā）真伟大”“啊？（á）你没听清楚”“啊？（ǎ）原来是这样”“啊（à），怪不得”。“啊”用在句尾的时候常跟前面音节末尾的音素连读产生音变。例如，“啊”音在下列 6 种情况下要变化。

一是当前一个音节末尾的音素（有的是韵腹，有的是韵尾）是 a、o、e、ê、i、ü 时，“啊”变成“ya”，汉字写成“呀”。例如：

要注意呀！　原来是他呀！　好大的雨呀！

二是前一个音节的末尾音素是 u（没有韵尾）或 ao、iao 中的 o 时，“啊”变成“wa”，汉字写成“哇”。例如：

笑一笑哇！　真好哇！　你怎么还不走哇！

三是前一个音节的末尾音素是 n 时，“啊”变成“na”，汉字写成“哪”。例如：

你看哪！　大家加油干哪！　有没有我的信哪！

四是前一个音节的末尾音素是 ng 时，“啊”变成“nga”，汉字写成“啊”。例如：

大家一起唱啊！　你怎么不讲啊！　不行啊！

五是前一个音节的末尾音素是-i 前时，“啊”变成“za（z 发音为舌尖前浊擦音）”，汉字写成“啊”。例如：

我去过一次啊！　真自私啊！　你在写字啊！

六是前一个音节末尾的音素是-i 后时，“啊”变成“ra”，汉字写成“啊”。例如：

老同志啊！ 真及时啊！ 你还不赶快吃啊！

【练一练】

1. 句子练习

呵！好大的雪响！

小心啊，别把手指割掉。

太阳它有脚啊。

为什么白走这一遭啊？

可真是一方水土养一方人啊。

满桥豪笑满桥歌啊！

唱啊唱，嘤嘤有韵，宛如春水淙淙。

雪大路滑，当心啊！

是啊，我们有自己的祖国，小鸟也有它的归宿，人和动物都是一样啊。

人生会有多少个第一次啊！

他说：“行啊！”

2. 一段话语练习

这些孩子啊，真是可爱啊，你看啊，他们多高兴啊，又是作诗啊，又是画画啊，又是剪纸啊，又是唱啊，又是跳啊……啊！他们多幸福啊！

任务五 词的轻重音格式

一些来自方言地区和境外的朋友在说普通话时，即使能把每个字的声韵调都原原本本、清清楚楚、准确无误地说出来，但仍然感觉不自然，很生硬，不像纯正的普通话。这是什么原因呢？其实，普通话也存在词重音和句重音，只是由于声调在普通话中担负着较重的辨义作用，词重音和句重音有所淡化罢了。因此，掌握词的轻重音格式不仅对于说好普通话很重要，也是普通话水平较高的表现之一。

在有声语言中，由于词义、词性的不同，或由于感情表达的需要，一个词的几个音节便产生了轻重差异，这就是词的轻重音格式。有的人认为，词的轻重音格式与词的构成有关，在双音节词中尤为明显，如多数偏正、动宾、主谓式词组的后一个音节重读。由实词素和虚词素构成的词，实词素重读。词的轻与重是相对的，读起来自然流畅。轻重的差异可分为重、中、次轻、最轻四个等级。读起来时值较长，声音较响，声调清晰的为重等级音节，既不强用重读也不特别轻读的一般音节为中等级音节，又称“次重音”。比“中音”略轻，声调受到影响，调值不够稳定，时值较短，声音较弱，声调模糊的为次轻等级音节。比原调短得多，完全失去原调调值，重新构成自己特有的调值，变成特别轻读的音节为最轻音音节。最轻音音节就是普通话的轻声音节（最轻声音节在轻声部分已单独表述，这里不再赘述）。汉语的词，可分为单音节词、双音节词、三音节词和四音节词。单音节词绝大多数重读，只有少数用在名词、代词后面表示方位的词，用在动词后面表示趋向的词读作次轻音。助词、语气词读作最轻音（轻声）。

这里主要介绍播音员必须掌握的双音节词、三音节词、四音节词的轻重音格式的读法。

一、双音节词

1. 中·重音格式

双音节调中多数是中重格式。前一个音节读中音，后一个音节读重音。例如：

图画　国际　水平　飞机　语言　实现　工厂　军队　铁路　海洋　电台　古代　开放　环球

2. 重·中音格式

这类格式前一个音节读重音，后一个音节读中音。例如：

触觉　部位　后来　策略　事业　风气　春天　价值

3. 重·次音轻格式

这类格式前一个音节读重音，后一个词读次轻音。读次轻音的音节，声母、韵母一般没什么变化，声调调值仍可辨。偶尔重读，读音不太稳定。例如：

读者　战士　作家　观点　冬季　绝对　消息　干部　爱护　命运　任务　厌恶

4. 重·最轻音格式

这类格式为轻声词，前一个音节读重音，后一个词读最轻音，有些词的韵母、声调有了明显变化。例如：

丈夫　跟头　讲究　月亮　告诉　相声　动静　阔气　意思　值得　新鲜　价钱　庄稼　豆腐

二、三音节词

1. 中·次轻·重音格式

这类格式在三音节词中占多数。第一个音节读中音，第二个音节相对第一个音节要轻一些，读次轻音，最后一个音节重读。例如：

计算机　笔记本　工程师　传达室　自行车　招待会　劳动节　展览馆　红楼梦　办公室　抱不平　对不起　合不来　来不及

2. 中·重·最轻音格式

这类格式在三音节词中占少数。第一个音节读中音，第二个音节读重音，最后一个音节读最轻音。例如：

小伙子　枪杆子　没工夫　脑瓜子　拉关系

3. 重・最轻・最轻音格式

这类格式在三音节词中数量较少。第一个音节重读，后面两个音节都读最轻音。例如：

没什么 怪不得 绿油油 喝下去 圆溜溜

三、四音节词

1. 中・重・中・重音格式

大部分具有联合关系的四音节成语要读中・重・中・重音格式。例如：

丰衣足食 日积月累 无独有偶 轻歌曼舞 心平气和 五光十色 天灾人祸
年富力强 唇齿相依 屡见不鲜

2. 中・次轻・中・重音格式

大部分四音节的专用名词、叠音形容词和象声词要读中・次轻・中・重音格式。要注意四音节专用名词的第二音节只比第一音节稍轻，不可失去原调。例如：

社会主义 集体经济 大大方方 高高兴兴 漂漂亮亮 老老实实 黑不溜秋
慌里慌张 噼里啪啦 叽里咕噜

3. 重・中・中・重音格式

大部分具有修饰与被修饰、陈述与被陈述和支配与被支配关系的四音节成语要读重・中・中・重音格式。例如：

妙不可言 相形见绌 信口雌黄 诸如此类

4. 中・次轻・重・最轻音格式

这类格式在四音节词中占极少数。第一个音节读中音，第二个音节读次轻音，第三个音节读重音，第四个音节读最轻音。例如：

如意算盘 外甥媳妇

词的轻重格式在普通话语流中非常重要，一个格式错了，从听感上就容易造成一句话听着不顺耳，词的意思表达不准确。有些人词的轻重音格式掌握不好，一定要多听、多记、多练，逐步达到普通话要求。

【读一读】

1. 双音节词的轻重音格式练习

雷锋 爱国 年轻 史诗 得体 造福 唱歌 点播 满意 插曲 关心 铁路
帮助 拔除 后来 号召 教育 事业 谦虚 价值 杀手 春天 词性 部位
人物 质量 读者 光明 伟大 矛盾 语言 知识 榜样 记者 徘徊 参差
萝卜 豆腐 行李 灯笼 妹妹 妈妈 房子 认得 帘子 福气 熟悉 贸易

2. 三音节词的轻重音格式练习

党支部　红领巾　东方红　天安门　共产党　井冈山　唯物论　辩证法　国际歌
命根子　卖关子　小伙子　同志们　送信的　小姑娘　枪杆子　过日子　两口子
朋友们　放回去　降下去　爬进去　跑出去　听见过　看见过　拿过去　跳起来

3. 四音节词的轻重音格式练习

年富力强　耳濡目染　花好月圆　无独有偶　奇装异服　枪林弹雨
江山如画　事不宜迟　近在咫尺　稀里糊涂　吃吃喝喝　清清楚楚
妙不可言　相形见绌　信口雌黄　诸如此类　如意算盘　五彩缤纷

课后练习

1. 填空题

（1）按照发音部位的不同，可以把声母划分为________、________、舌尖中音、________、________、舌尖前音、舌尖后音 7 类。

（2）按发音时构成阻碍和解除阻碍的方式，辅音声母可分为________、塞擦音、________、________和边音 5 类。

（3）按声带是否振动，辅音声母可分为________和________两类。

（4）零声母可分为________和________两类。

（5）按音节结构的不同，韵母可分为________、________和________三类。

（6）按开头元音发音的唇形特点，韵母可分为________、________、________和撮口呼韵母四类。

（7）声调包括________和________两个方面。

（8）普通话有________、________、________和________四种声调。

（9）普通话中的语音流变主要有________、________和________等。

2. 判断题

（1）唇齿音有两个：m、f。（　　）

（2）g、k、h 是舌根音。（　　）

（3）塞擦音有 6 个：b、p、d、t、g、k。（　　）

（4）ang、eng 属于前鼻音韵母。（　　）

（5）声调又称“字调”，是指每个音节所固有的声音的高低和升降。（　　）

（6）去声读全降调，调值为 41，其特点是起音为高音，然后降到低音，声带由最紧开始，然后逐渐放松，直到完全松弛为止。（　　）

3. 思考题

（1）普通话中共有多少个声母？可根据什么来划分？

（2）你家乡的方言的声母与普通话声母有何不同？

（3）怎样分辨 zh、ch、sh 和 z、c、s？请举例说明。

（4）普通话一共有多少个韵母？请谈谈普通话韵母的分类。

（5）请分析每个单韵母的发音。

（6）请归纳出你所在家乡的方言韵母和普通话韵母的区别。

（7）什么是声调？它有什么作用？

（8）什么是调值和调类？两者有什么关系？
（9）请举例说明轻声在普通话中的作用。
（10）简述轻声的音变规律。
（11）什么是儿化？请简述儿化的音变规律？
（12）什么是变调？举例说明普通话中的变调情况。
（13）你所在家乡的方言和普通话在声调上有哪些差别？
（14）词的轻重音格式与轻声有什么不同？

4. 训练题

（1）恰逢节日，高铁上乘务员与旅客组织互动游戏，选取四名同学扮演乘务员，其他同学扮演旅客，模拟文字竞猜游戏。请猜出下面词语的读音：

脂肪　内疚　害怕　坎坷　八月　气氛　提供　徇私　处理　兴奋　哈尔滨　倔强
逮捕　创伤　炮制　鲫鱼　穴位　因为　玫瑰　乘务员　卫生　冠心病　广播　专横
暖和　结婚　开花结果

（2）请两两同学一组，进行以下飞机乘务情景模拟。

乘客：对不起，我不太舒服。我想我快吐了。
乘务员：在你前方的座位后面有一个晕机呕吐袋。
乘客：我之前一定是没看到。
乘务员：这是你第一次搭飞机吗？
乘客：是的。我要到大连去。
乘务员：哦，它是一个很美丽的海滨城市。我想你会喜欢它的。
乘客：嘿，我现在已经觉得舒服多了。
乘务员：有时候如果你不去想它，那种恶心不舒服的感觉会自己消失的。
乘客：谢谢你。

（3）朗读下列诗句，说说哪些字音有前面列出的声母。

b　黄金无足色，白璧有微瑕。
p　飘飘何所似，天地一沙鸥。
m　漠漠帆来重，冥冥鸟去迟。
f　淅淅风吹面，纷纷雪积身。
d　梨花院落溶溶月，柳絮池塘淡淡风。
t　江南可采莲，莲叶何田田！
n　袅袅城边柳，青青陌上桑。
l　离离原上草，一岁一枯荣。
g　月黑见渔灯，孤光一点萤。
k　客散青天月，山空碧水流。
h　夕阳无限好，只是近黄昏。
z　天平山上白云泉，云自无心水自闲。
c　谁言寸草心，报得三春晖。
s　一道残阳铺水中，半江瑟瑟半江红。

（4）请给下面这首唐诗中的字注出韵母。

咏　柳

〔唐〕贺知章

碧玉妆成一树高，万条垂下绿丝绦。
不知细叶谁裁出，二月春风似剪刀。

（5）读以下这首宋词，进行声调发音练习，注意情、声、气的结合，避免发出的声音千篇一律、单调乏味。

念奴娇·赤壁怀古

〔宋〕苏　轼

大江东去，
浪淘尽，
千古风流人物。
故垒西边，
人道是：
三国周郎赤壁。
乱石穿空，
惊涛拍岸，
卷起千堆雪。
江山如画，
一时多少豪杰。

遥想公瑾当年，
小乔初嫁了，
雄姿英发。
羽扇纶巾，
谈笑间，
樯橹灰飞烟灭。
故国神游，
多情应笑我，
早生华发。
人生如梦，
一樽还酹江月。

（6）阅读以下十条话语，进行音变综合朗读训练。
①想一想，哪一年的一月一日是星期一？
②我们不慌不忙，边走边谈，不知不觉已经到家了。
③我觉得身上不舒服，也许是中暑了。

④老五从楼上跑下来，手里拿着个包袱。

⑤我的钥匙忘在屋子里了，打不开门上的锁，没法儿进去了。

⑥公园里什么花儿都有：牡丹、月季、玫瑰、芍药，红的、白的、紫的、黄的，漂亮极了。

⑦新手绢儿上有一圈儿花边儿，中间儿有一对儿小熊猫儿。

⑧菜摊儿上的菜真全，有小葱儿、豆角儿、土豆儿、豆芽儿，还有小白菜儿。

⑨这个百货摊儿上的东西真不少，有背心儿、裤衩儿、手套儿、口罩儿、纽扣儿、松紧带儿，还有花床单儿。

⑩你要是有空儿，到我家来玩玩儿，咱们俩聊聊天儿。

（7）请两两同学一组，练习以下两组对话，注意语气词“啊”的变化。

第一组

甲：这是什么啊？

乙：吃的东西啊！面包啊，香肠啊，饮料啊，西瓜啊，瓜子啊，应有尽有啊！

甲：今天我们要大吃一顿啊！

乙：是啊，给你好好庆贺庆贺啊！

甲：给我庆贺什么呀？

乙：今天是你的生日啊！你怎么忘了？

第二组

甲：这件衣服好漂亮啊！

乙：它花了我半个月的工资啊！

甲：是吗？这么贵啊？

乙：你看这衣服上印的字啊，是进口货！

甲：这可骗不了我，这明明是英文“中国制造”啊！

乙：啊？

5. 党的二十大报告播报

同志们！新时代的伟大成就是党和人民一道拼出来、干出来、奋斗出来的！在这里，我代表中共中央，向全体中国共产党党员，向全国各族人民，向各民主党派、各人民团体和各界爱国人士，向香港特别行政区同胞、澳门特别行政区同胞和台湾同胞以及广大侨胞，向关心和支持中国现代化建设的各国朋友，表示衷心的感谢！

新时代十年的伟大变革，在党史、新中国史、改革开放史、社会主义发展史、中华民族发展史上具有里程碑意义。走过百年奋斗历程的中国共产党在革命性锻造中更加坚强有力，党的政治领导力、思想引领力、群众组织力、社会号召力显著增强，党同人民群众始终保持血肉联系，中国共产党在世界形势深刻变化的历史进程中始终走在时代前列，在应对国内外各种风险和考验的历史进程中始终成为全国人民的主心骨，在坚持和发展中国特色社会主义的历史进程中始终成为坚强领导核心。中国人民的前进动力更加强大、奋斗精神更加昂扬、必胜信念更加坚定，焕发出更为强烈的历史自觉和主动精神，中国共产党和中国人民正信心百倍推进中华民族从站起来、富起来到强起来的伟大飞跃。改革开放和社会主义现代化建设深入推进，书写了经济快速发展和社会长期稳定两大奇迹新篇章，我国发展具备了更为坚实的物质基础、更为完善的制度保证，实现中华民族伟大复兴进入了不可逆转的历史进程。科学社会主义在二十一世纪的中国焕发出新的蓬勃生机，中国式现代化为人类实现现代化提供了新的选择，中国共产党和中国人民为解决人类面临的共同问题提供更多更好的中国智慧、中国方案、中国力量，为人类和平与发展崇高事业作出新的更大的贡献！

课程思政指南

课程思政的基本要求

1. 一条主线

坚定学生理想信念，爱党、爱国、爱社会主义、爱人民、爱集体。

2. 课程思政的立体化构建策略

（1）遵循育人规律，推进教学理念的同向性和同行力。

（2）加强队伍建设，提高教师教学的专业性和引导力。

（3）完善教材体系，增强教材内容的系统性和说服力。

（4）改进教学方法，提升思政教育的针对性和亲和力。

（5）丰富教学载体，打造学习方式的多样性和吸引力。

（6）关注学生学法，重视学生的主体性和成长力。

电子活页：普通话水平测试中的命题说话

一、命题说话题目30则

二、命题说话须知

三、命题说话例文：学习普通话的体会

四、命题说话例文：谈谈服饰

学生工作页（二）

普通话水平测试中的命题说话					
任务一	明确命题说话题目 30 则				
任务二	明确命题说话须知				
任务三	朗读命题说话例文：学习普通话的体会				
任务四	朗读命题说话例文：谈谈服饰				
班　级		学　号		姓　名	

学生自评

我的心得：

建议或提出问题：

教师评价

项目三

发音训练

> 发音是一种表达，它展现你的潜能，需要持之以恒的努力。
>
> ——作者

学习目标

了解其呼吸器官和呼吸原理，掌握三种主要呼吸方式，掌握气息控制的要领；明确吐字的要求，了解吐字器官的机能，掌握吐字归音要领和口腔控制要领；掌握喉部控制要领；了解共鸣器官及其作用，掌握共鸣的主要方式；掌握声音弹性的定义、特点和作用，明确获得声音弹性的途径和声音弹性对比训练方法，获得声音弹性；了解练声的根本任务，明确练声常见问题并能够纠正，掌握嗓音卫生与保健的方法。

项目导入

方明谈语音发声

作为一个播音员、主持人，你的声音应该是美的，是好听的，更应该能够吸引人听，给人以美感；不应该声音嘶哑，不应该有睡觉味儿，不应该有感冒味儿。

我比较强调在工作之前，一定要把自己各个部位的肌肉都活动开。我曾听到一些播音员嗓子还没有拉开栓就播音。这是对听众的不负责任，对自己也没有什么好处。因为你声带和周围肌肉都还处于睡眠状态就让它们正式工作，就想要指哪儿打哪儿，那是不可能的，只能是事倍功半，只会使自己的嗓子容易出毛病，出现炎症或者是产生器质性病变。体操运动员必须做好充分的准备活动，才能去比赛；芭蕾舞演员，也必须做好充分的准备活动，才能上场去跳舞，播音员同样如此，你得做好充分的准备活动，才能做到指哪儿打哪儿，才能做到声音想高就高，想低就低，嗓子也才不容易受伤。

其实，这些都是很浅显的道理，或者说都是“小儿科”。但可别小看小儿科，在中医里面，小儿科是最不容易把握的病。老一代播音员，从齐越老师那儿，就很看重练声。齐越老师、夏青老师上早晨《新闻和报纸摘要》的时候，从来都是很早就起来，然后做一做准备活动喊喊嗓子。听他们的播音，从来都没有早晨刚睡醒后的那种睡觉味儿。那时，他们也要求我们每天练声。

另外，播音绝不单纯是嗓子的展现，绝不是像有些人所说的‘俩嘴唇一碰’那样简单的事情。它是全身运动，也是重体力劳动。不练声的话，很多发声部位的肌肉就会萎缩，也就会增加你主要用声部位的负担，使你用声不持久，嗓子也容易坏。

前不久，我到天津广播局去讲课。从早晨 8 点半开始，一直讲到中午 12 点，中间也没喝水，用的声音又比较大。他们问我累不累，我说很正常。最后还朗诵了《唐诗宋词》的开篇，也没有感觉到累，我觉得这就跟练声有直接关系。练的目的是使全身各个部位应该发挥作用的都让它发挥起作用，这样就减轻了嗓子的负担，着力点不全都集中在嗓子，而是分解到各部位。我连说带比画，各部位都动员起来了，这就能够保持一个比较长久的用声时间。

上面这部分文字是我国著名播音艺术家方明在《方明谈播音》这本书的“语音发声”部分，希望能给民航、高铁播音员以及热爱播音的朋友们带来一些启示。

播音发声是播音员在播音时的发音和用声方式，是播音机能的基本组成部分。我们知道，播音员要想做好播音工作，仅靠先天幼稚的嗓音是远远不够的，还要进行充分的播音发声训练。正如著名播音艺术家方明曾说的那样：“播音员、主持人的声音不仅应该是规范的，也应该是美的，应该能给人以美的享受。这是经过长期艰苦的科学训练而得来的。”

民航、高铁服务人员，特别是播音员在进行发音训练时，要学会正确地使用发音方法，掌握播音发声的技巧，以便在播音时能够得心应手。

任务一　气息控制

“气者音之帅也”，古代声乐理论中有“气动则声发”的说法，提示人们要注意气息的作用。声音是声带振动的结果，声带振动依靠的是气流推动，气流是由呼吸产生的。所以，要想侃侃而谈或豪言壮语，必须有“呼吸”保驾护航。

气息的强弱变化对字音的清晰度、声音的响亮度、音色的圆润度、声音的持久性、情绪的饱满度和共鸣状态产生直接影响。练声先练气，气足声才亮。只有加强对呼吸的控制，才能发出理想的声音，只有控制了气息，才能控制声音。对气流要进行控制，这就是平常所说的“气息控制”，把握住气息的运用是民航、高铁服务人员，尤其是播音员提高播音艺术水平的根本要求。

【小贴士】

气息控制训练的好处

气息控制训练，其实在生活中不可或缺，原因有三种。一是有助于口语交流。养成良好的呼吸习惯后，有助于美化声音，能够更好地运用气托声出、声随情传的技巧。你们见没见过这样的讲述者，说话时上气不接下气，有时得停下来深吸一口气才能继续讲下去，这种情况通常是由于紧张和没有进行过气息训练造成的。二是有助于身心健康。气息训练就像练气功，要全身放松，有一种愉悦感，是吐故纳新、增加氧气的过程，无论是在心理上还是生理上都对健康大有裨益。三是简便易行。气息训练很简单，并不费时费力，在很多时候、很多地方都可以练习。比如，走路、等车、坐着、躺着时都可以进行气息训练。

综上所述，气息控制训练势在必行，“气乃声之本也”。

一、呼吸器官与呼吸原理

（一）呼吸器官

呼吸器官是发音的动力系统，由肺、气管、胸腔、横膈膜及腹肌组成。其中最主要的是肺、胸腔及横膈膜。它们是呼吸运动的联合体，播音发声需要的胸腹式联合呼吸就是靠这些器官来完成的。

1. 肺

肺分左、右两侧，是由含有许多弹性纤维的上皮组织组成的。肺叶内布满了空的肺泡，状如海绵，具有明显的伸展性和弹性。肺上端是气管，和口腔通连。气管入肺的地方分成两个气管支，气管支再分成若干小气管支，每个小气管支又派生出许多微气管支，最后通向肺泡，布满肺的全部。肺长在胸腔中，表面有一层胸廓。吸气时，胸廓扩张，肺也随之扩张，气通过口、鼻、气管，支气管吸入肺中，肺的容积增大。呼气时，胸廓回收，肺回缩，容积减小，气就从肺里排出体外，这呼出的气息就是发音的动力。

2. 胸腔

胸内的体腔部分是胸腔，胸腔外部是胸廓，它是十二对弓形的肋骨、肋软骨、胸骨和胸椎等构成的骨支架。肋骨之间有两层肌肉，肋间内肌在里层，肋间外肌在外层。吸气时，肋间外肌收缩，肋骨向上、向外扩张，胸腔的前后径左右径增大；呼气时，肋间内肌收缩，肋骨回到原位，胸腔缩小。肋间内外肌是呼吸运动中较容易感觉到的肌肉，它们协同吸气肌肉群和呼气肌肉群构成了人类的胸式呼吸。

3. 横膈

横膈亦称膈肌，位于肺的下面，边缘与肋骨相连，把胸腔和腹腔隔开，是一层可以上下活动的弹性膜，它有两个穹隆部，顶峰都朝着肺底部，吸气时，膈肌收缩下降，胸腔容积增大；呼气时，膈肌上升恢复常态，胸腔容积缩小。生理实验显示，膈肌下降 1 厘米，胸腔容积能增大 250~300 毫升，膈肌的高低位置最大可相差 3~4 厘米。膈肌属吸气肌，它对吸气量的增加起了不可忽视的作用。

（二）呼吸原理

肺是呼吸的重要器官，呼吸主要靠肺容积的扩大和缩小来实现。通常我们把使胸腔扩大的肌肉称为吸气肌肉群，它包括膈肌、肋间外肌、上后锯肌、横突肋骨肌及胸大肌等。把使胸腔缩小的肌肉称为呼气肌肉群，它包括肋骨内肌、下后锯肌、腹横肌以及腹直肌、腹内肌和腹外肌等。

当吸气肌肉群收缩时，由于膈肌下降，弓形的肋骨提高和扩展，胸腔扩大，空气经口、鼻、咽、喉、气管、支气管进入肺泡，人就完成了吸气的过程。呼气时呼气肌肉群收缩，胸腔缩小，气流排出体外，这就是呼吸的一般原理。在生活中人的呼吸是一种自然的自律性生理活动。平静呼吸时，成年人每次吸入和呼出的气体量相等，约为 500 毫升，言语发音时每次吸入和呼出的气体量为 1 000~1 500 毫升。经过训练后的发音呼吸量可以更大，气息呼出时间可以更慢，这就为呼吸控制训练提供了广大的空间。

二、呼吸的方式

学会科学的运用气息，首先要了解呼吸的方式。生活中每个人都有自己习惯的呼吸方式，常见的有胸式呼吸、腹式呼吸和胸腹式联合呼吸三种主要呼吸方式。

（一）胸式呼吸

胸式呼吸是一种浅呼吸，主要靠肋骨的活动扩张胸腔的前后、左右径来吸气。是以扩大胸廓为主的呼吸方式，吸气时肩头耸，上胸部上抬，肋骨下缘胸廓周围径基本不变。因此又称肩式呼吸法、锁骨式呼吸法或高胸式呼吸法等，使用这种呼吸方式的多见于女性和体弱多病者。由于在胸式呼吸中，膈肌基本不参与呼吸活动，膈肌下降的幅度很小，胸腔扩张不充分，进气量小，呼气发音时气流较弱、缓，强度变化小且难以控制，表现为声音尖、高、飘、虚，没有根基，所以单纯的胸式呼吸是非正常的呼吸方式。它往往出现在腹式呼吸受阻的时候，如紧张、吃得过饱、姿势不端正等。播音时，如果采用这种呼吸方式进行艺术语言表达，气息浮在上胸部，容易出现上气不接下气，胸腔快速运动来进气的现象，会造成肩胸紧张、喉部负担重、易疲劳、声音涩等问题，发音者不能发挥出自己本来的音质，宽厚的嗓音条件也会因吸气不当而显得单薄。由于这些弊端的存在，播音发声不宜采用胸式呼吸。

（二）腹式呼吸

腹式呼吸是一种深呼吸方式，是以横膈肌活动为主的呼吸方式。吸气时，由于横膈膜下降使腹部内脏向前向下移动，扩大了胸腔的上下径。由于呼吸时胸肌不积极推动胸廓，得不到胸部呼吸肌群的支持，因而胸廓没有明显的活动，而腹壁却一鼓一瘪地波动。腹式呼吸的吸气量大、较深，生活中一般男性采用腹式呼吸的方式多些。这种呼吸法比胸式呼吸法呼气力量强一些，具有声音深沉的优点，声音听来不那么吃力，但因为腹肌不能完全发挥作用，容易产生较闷、暗、空的音色，影响了音域的扩大和声区的统一，要调节明亮的音色也非易事。所以从艺术语言的发音要求来说，腹式呼吸显然也不是我们需要的最科学的呼吸方法。

（三）胸腹式联合呼吸

1. 胸腹式联合呼吸的含义

胸腹式联合呼吸是胸式呼吸和腹式呼吸的联合应用，是靠肋骨和横膈膜的协同运动来实现的，也叫“胸膈呼吸法”。这种呼吸法使胸腔在吸气肌肉群的作用下，使肋骨提高扩展，扩大了胸腔的前后径和左右径；横膈的收缩、下降又增加了胸腔容积的上下径，气息的呼吸量大，比较稳健，利于控制。用这种气息状态去发音，容易产生坚实响亮的声音。

2. 胸腹式联合呼吸的特点

胸腹式联合呼吸并不是胸式呼吸和腹式呼吸两种呼吸方式的简单相加，而是指胸腹所有呼吸器官都参与呼吸运动，不但扩大胸廓的周围径，而且扩大胸廓的上下径。这种呼吸法有以下两个显著的优点。

（1）进气量大。这种方法的关键在于胸和腹的联合，它使胸腔、横膈及腹部肌肉控制呼吸的能力得到了合作，参与的部位多，它不但使胸腔周围加大，而且使胸腔的上下也得到了伸展，因而可以吸进足够的气息，气息的容量大。

（2）易于控制。由于能够稳定地保持两肋、膈肌的张力和来自小腹的收缩力量所形成的均衡对抗，有利于形成对声音的支持力量，增强了呼吸的稳健感，易于产生坚实、响亮的音色。

从生理上来说，它容易控制呼吸，具有操纵和支持声音的能力，为气息均衡、平衡地呼出提供了良好的条件。这种方法是符合人类用气要求的。从呼吸机制来看，我国传统戏曲艺术所提出的丹田式呼吸，主要使用腹部肌肉力量，应该是较深的腹式呼吸或胸腹式联合呼吸。

3. 胸腹式联合呼吸——理想的播音呼吸方式

播音发声的特点决定了对呼吸控制的要求：能够运用胸腹式联合呼吸调节呼吸，让气息顺畅，均匀，深浅适中，运用自如。胸腹式联合呼吸，是较为理想的艺术语言发音的基础呼吸方式。胸腹式联合呼吸已经不是人们的生理需要满足气体交换的一种呼吸方式，而是主要为了满足心理需要，即发音需要，尽可能提高发音效率而调动呼吸器官协调运动，增大进气量，增加对呼出气流的控制能力的一种呼吸方式。

胸腹式联合呼吸总的感觉是，随着气流从口鼻被吸入肺下部，两肋向两侧扩张，腰带渐紧，小腹控制逐渐增强；呼气时，保持腹肌的收缩感，以牵制膈肌与两肋使其不能回弹，随气流呼出，小腹逐渐放松，但最后仍不失去收住的感觉。这种呼吸方式往往要经过有意识的训练才能自如使用。

当然，播音发声也不排斥前两种呼吸方式。播音发声是运用有声语言作为表情达意的手段的。在发音过程中为表情达意的准确，有些声音色彩的表现也需要运用胸式呼吸或腹式呼吸方式才能得到恰如其分的体现，这两种呼吸方式的运用可作为胸腹式联合呼吸发音的一种辅助或者补充的手段。

【练一练】

胸腹式联合呼吸基本训练

姿势：肩平颈正，全身放松。

吸气：以鼻为主，快而轻柔，吸气后两肋扩张，横膈膜下降，腰腹部向外扩张，胸腔扩展，小腹微微收缩以控制气息。

呼气：用嘴呼气，均匀平缓，收紧小腹，控制声门，注意调节气息输出。注意事项，说话时保持挺胸收腹的状态，不可以“端肩”，不可以有“喝气声”，呼吸要“开源节流”。

三、气息控制要领

气息控制是学习发音用气的第一步。掌握气息运用的基本状态，对气息进行动态把握，在语言表达过程中能够灵活调节和控制气息，使声音稳定，富有丰富的弹性和色彩变化是学习气息控制的目的。所谓气息控制的要领，是指胸腹联合呼吸状态下的气息控制。主要指吸气肌肉群和呼气肌肉群相互对抗、相互制约的过程，具体表现为两肋与小腹的对抗。有控制的气息要求吸气肌肉群不仅在吸气中起作用，还要在呼气的过程中继续保持一定的紧张度，协同呼气肌肉群形成对抗来控制气流呼出的强弱急缓。在民航、高铁播音时，要坚持气托声出，声把情传，气息的控制和运用要随着内容及感情的表达而变化，做到“吸气一大片、吐气一条线，气断情不断，声断意不断”。

气息运用的两个基本阶段是吸气和呼气，此外，在吸气和呼气的过程中（气息的使用过程中）还有一个换气的阶段。

（一）吸气要领

吸气时要无声，全身放松，肩不要耸起来，口鼻同时进气，吸气肌肉群收缩，为了使气和声更好地结合，吸气要及时，在开口之前的一刹那吸进去。把气吸到肺的底部，感觉两肋得到充分的扩展，膈肌下降，腰部鼓起来，裤腰渐紧，腹部肌肉向小腹丹田处呈收缩的感觉，腹部保持不凸不凹的状态，腹壁“站定”，为呼气控制做准备。

概括起来，其要领就是：吸到肺底部—两肋开—腹壁站定。这三条要领是在一次呼吸动作中同时完成的。所以在分解体会的基础上，还应获得综合感觉，以建立胸、膈、腹在呼吸过程中的相互联系。

◆【练一练】

吸气练习

吸气时，肩胸放松，保持良好的精神状态，正所谓“兴奋从容两肋开，不觉吸气气自来”。可以通过以下方法练习吸气。

（1）闻花香。想象在春光明媚的日子里，走进植物园，到处是鲜花，姹紫嫣红、芬芳怡人，你不禁深吸一口气，心里感慨着：“嗯，好香啊！”再缓缓吐出。也可以想象眼前是一桌你最爱吃的美味佳肴，总之只要能调动你想深深闻一闻愿望的情景都可以用来想象和练习。

提示：闻花香吸气同时要感觉气息沿着后脊梁柱而下吸入肺底，后腰部有向两侧打开撑住的感觉。保持几秒后，再缓缓呼出气体。

（2）抬重物。意念上准备搬起一个重物（如一个大大的行李箱），先深吸一口气，憋住，感觉气满胸胀，然后想象将重物从左手边搬起，再轻轻放置在右手边，放下过程中徐徐呼气。

提示：人在准备抬起重物的时候总要深吸一口气，保持住力量，此时腰部、腹部的感觉和胸腹联合式呼吸时吸气最后一刻的感觉相近。

（3）数葫芦。深吸气后说：“一口气数不了几个葫芦，一个葫芦，二个葫芦，三个葫……”最好能够数到 25 个葫芦以上，越多越好。

（二）呼气要领

呼气是整个气息控制的关键，我们发音吐字就是在呼气过程中完成的。呼气时，吸气肌肉群不能马上松动回弹，小腹仍保持收缩状态牵制膈肌和两肋，随着呼气肌肉群回弹式的全面回缩，两肋才缓缓回缩，膈肌缓慢上升。小腹逐渐放松，气流缓缓地均匀地呼出，呼气的过程是吸气肌肉群和呼气肌肉群相互对抗的过程。在这个过程中起主要作用的是膈肌和小腹，由于膈肌不可随意调节，所以我们要用小腹的收缩力量来控制呼气。为什么要用小腹呢？因为小腹属于随意肌，可以经过训练来调节它。在中国传统戏曲和声乐中，小腹这个部位往往和“丹田”挂钩。“丹田”指的是人体脐下三指的地方。从古至今戏曲、歌唱等艺术发音非常讲究用“丹田气”。所谓“丹田气”并不是“丹田”部位能够产生气流，或者扩大气流，而是指加强“丹田”这部分肌肉的作用，用它来顶住气息的回收，增加呼气的力量。

◆【练一练】

呼气练习

（1）吹手心。自然站立，肩松、头正、目平、臂前伸，掌心朝向脸部，均匀吐气，时间越长越好。

（2）吹粉笔灰练习。今天你是值日生，课间在讲台上擦完黑板正要擦讲台，可是没有抹布，于是你深吸一口气，准备把讲台上落得满满的粉笔灰吹个干净，吹的时候又要避免吹到前面的同学，所以要轻轻地吹……

提示：在轻吹的时候，体会气息均匀、舒缓地呼出，气息要缓慢、量小且集中。要训练气息呼出的集中感，可以在练习呼气的时候将手掌放在距离嘴巴 20 厘米左右的位置，掌心朝内，撮口呼气，感觉气流打在手心上面而不是整个手掌上。

（3）吹纸条练习。要垂直观看气流的作用，可以吹纸条。将 A4 纸裁成一条条 2 厘米宽的纸条，用手捏住一端，垂放在面前，呼气吹纸条。

提示：纸条要被吹起一个角度，并持续保持在这个角度，切忌大起大落。

（4）持续发“s”音。想象一下自行车胎或气球漏气的声音，假设你在给漏气声做配音，缓慢、持续地发出“s”的声音。

提示：先按照吸气练习的方法吸气，一口气持续发音的时间尽量长，可以计时。发音时声带不颤动，控制好音量的大小。还可以用“嘘”（xū）音做这个练习。

（三）换气要领

微课堂
换气要领

换气既是生理需求，也是出于表情达意的需要，换气时要兼顾生理和心理，人们可以通过练习增加气息的持续长度。但在语言表达时，不要有意识地憋气维持发音，这不仅对身体健康不利，也会使语言的流畅度受到影响。在表达时找到合适的“气口”进行换气，也就是说，需要打破书面语言的标点，按照逻辑重新组织语言，不能看见标点就换气，看不见标点就一气读下去，这是不符合有声语言表达规律的。掌握正确的换气方法，可以使语言流畅自然。

换气的总要求是，句首换气应无声到位，句子当中应小量补充，句子之间应从容换气，句子结尾应该余气托送。要达到此要求，除了掌握基本状态时的“保持两肋支撑感时调节腹肌的吃力状态控制呼吸”，还应掌握一些常用的换气、补气的技巧。

换气主要有正常换气、偷气、抢气、就气等方式。

1. 正常换气

播音主持时的正常换气，要求播讲者打破原有标点符号的限制，根据内容、感情的需要进行换气。不要见到标点就换气，要确定合适的气口，气口是语言或歌唱中换气的地方。通常，换气是以一个完整的意思为单位，可以是句子，也可以是句群。气口会因人、因表达而异，并没有固定标准。例如：

和中国的大多数城市一样，吉林市也有一条商业繁华的步行街，这条街叫河南街。一百多年前，河南街因建在一条不知名的小河南岸而得名。

上面这段话中，“一百多年前”的前面可以正常换气，因为前后意思比较完整。

2. 偷气

偷气是发音过程中一种无声补充气息的方式。以极隐蔽的方式，不为人所察觉地迅速进气，是播音时常用的补气方式。在长句子中，往往没有较大的停顿来换气，这时可以利用短暂的顿挫无声地补充气息。在实际掌握时，只要呼吸通道保持通畅，偷气只是腹肌在一瞬间的松弛动作。偷气常用于句子当中的小量补气和紧凑的句首换气时。例如：

保障性住房是与商品性住房相对应的一个概念。保障性住房是指政府为中低收入住房困难家庭所提供的限定标准、限定价格或租金的住房，一般由廉租住房、经济适用住房和政策性租赁住房构成。

在“保障性住房是指政府为中低收入住房困难家庭所提供的限定标准、限定价格或租金的住房”这个长句子中，可以在“所提供的”之后利用短暂的顿挫补充少量气息。偷气之后不会影响句子的完整与连贯。

3. 抢气

抢气是情感和内容表达需要时，不顾及有没有杂音，明抢气口，是发音过程中一种带有吸气声的补气方式。在长句子、节奏急促或感情强烈的时候，常用抢气方式来补充气息。抢气不仅可以补充气息，气流的摩擦声也可以作为表达感情的一种手段。抢气用得好可以使语言更具表现力，使用不当会破坏语言的完整性。例如：

你从雪山走来，春潮是你的风采；你向东海奔去，惊涛是你的气概。

——《长江之歌》

在朗诵这段歌词的时候，可以在“春潮”和“惊涛”之前用一个抢气的方式，表达情感的激动。

4. 就气

就气虽然像换气，但是实际上并没有补充进来气息。听感上有停顿而实际上不进气，它是虽有停顿，但由于表达连贯性的需要，不急于补气，而是运用体内余气予以补贴，“就气”说完后一句话，以达到语意连贯的效果。例如：

到底要不要走上前去和他解释清楚，她思索着。

在这句话中，“解释清楚”之后需稍作停顿，但是不换气，用余气继续说完“她思索着”这样使用气息，不但整句意思连贯，语句节奏也与思考状态相吻合。[①]

① 杨静，李广春．民航播音训练［M］．北京：清华大学出版社，2017.

◆【练一练】

换气练习

在进行练习时，念每个字的气息要饱满，千万不能憋气，要学会找气口补换气息。开始训练时速度可以放慢些，用气托声、托字加强控制，气息变化循序渐进，然后速度加快，变化节奏，层层推进，最终达到流畅自如的目的。

1. 一只蛤蟆一张嘴，两只眼睛四条腿，扑通扑通跳下水。两只蛤蟆两张嘴，四只眼睛八条腿，扑通扑通跳下水。三只蛤蟆三张嘴，六只眼睛十二条腿，扑通扑通跳下水。四只蛤蟆四张嘴，八只眼睛十六条腿，扑通扑通跳下水。

2. 报山名：河北狼牙山、山西太行山、内蒙古阴山，黑龙江黑山、吉林长白山、辽宁千山、山东泰山、江苏紫金山、安徽黄山，浙江雁荡山、江西庐山、福建黄岗山、台湾阿里山、河南嵩山、湖北大巴山、湖南衡山、广东南岭、广西阳朔山、陕西华山、宁夏六盘山、甘肃祁连山、青海昆仑山、新疆天山、四川峨眉山、贵州苗岭山、云南横断山、西藏喜马拉雅山。

3. 报花名：红牡丹、白牡丹、粉红牡丹、芍药、玫瑰、蔷薇、朱槿、米兰、昙花、樱花、桂花、茶花、金银花、金芙蓉、金鸟花、月光花、鸡冠花、凤仙花、杜鹃花、喇叭花、玉簪花、玉兰花、玉蝉花、燕子花、蝴蝶花、天女花、八仙花、海棠花、海桐花、蜡梅花、石榴花、石楠花、石菖蒲、十样锦、夹竹桃、美人蕉、虞美人、洋绣球，晚香玉、百里香、满天星、一品红、千日红、月月红、满堂红、紫丁香、紫茉莉、紫罗兰、紫藤萝、水浮莲、子午莲、菖蒲莲、并蒂莲、西番莲、半支莲、半边莲，仙人掌、仙人鞭、仙人球、仙客来、春兰、蕙兰、剑兰、珠兰、君子兰、一叶兰、夏菊、翠菊、洋菊、墨菊、藤菊、千日菊、佛头菊、金鸡菊、延命菊、万寿……

任务二 口腔控制

口腔是人类发音吐字的重要器官。在大脑的支配下，口腔中的唇、齿、舌、腭加工出负载一定社会意义和感情的语音，并加以扩大和美化。没有口腔中各器官的有序配合，任何字音都不可能产生出来。口腔控制实际就是讲究吐字，因此加强口腔机能训练，对吐字和共鸣都具有重要意义。

一、吐字的要求

吐字是语言艺术中的一个重要环节，这种有声语言不仅是生活语言，也是生活语言的扩大和美化，是在生活语言基础上的艺术化，吐字这一环节看起来简单，会说话的人都会吐字，但实际运用中却大有讲究。戏曲界有“千斤念白四两唱”的说法，用来说明“说”比“唱”还需要功力。还曾有“咬字千斤重，听者自动容”“清晰的口齿沉重的字，动人的声韵醉人的音”的说法。吐字极为重要，如果吐字不清楚，即使声音很好，意思也会含混不清，只有字音清楚、准确才能把要表达的意思明白确切地表达出来，使观众、听众明了无误。语言艺术是通过发音传情达意的，播音员必须具有扎实的吐字基本功，它也是使有声语言加以艺术化的条件之一。因而“字正腔圆”就成为人们对播音员吐字的要求与衡量的标准。民航、高铁播音员运用有声语言进行创作，必须充分重视这一环节。要做到“咬字如虎噙仔，既不咬死，也不掉地，用巧劲。”概括起来，吐字发音准确、清晰、圆润、集中、流畅是艺术语言对语音的基本要求。

（一）准确

准确，是指字音的准确、规范，即“字正”。播音员必须按照普通话语音规律吐字发音，在了解和掌握普通话语音特点、发音部位和发音方法的基础上，结合正确的用声，发准每个音素，发准每个音的声调。此外，还要正确掌握语流音变的规律，矫正方言、杜绝错字，不但把字音发得比一般人更准确、更规范，而且更完美、更悦耳，符合普通话的语音规律。

（二）清晰

字音清晰是播音员发音的一大特点，也是成为播音员的必备条件和最基本的要求。清晰的吐字建立在发音准确的基础上，字音念准了才能清晰。普通话的音节由声、韵、调构成。要想让听众听到细致、鲜明、字字入耳的语音，在吐字时就不能含糊滚字、口齿不清。只要是语言艺术工作者，无论他的声音条件如何，都必须达到吐字清晰的要求。字头、字腹、字尾连发时，不仅要分得清楚，还要连得好，像一个完整的枣核形。因此，只有在了解和掌握吐字归音的方法和技巧的基础上下功夫，才能达到吐字准确、清晰的要求。

此外，播音员的声音在通过电子设备输出的过程中会产生一定的损耗，因此，在播音实践中，提高吐字的清晰度显得更为重要。

（三）圆润

圆润，是对吐字的审美要求。主要指每个字在发音过程中，字头、字腹、字尾要连接自如和润滑，字字要吐得饱满如珠玉。那样能获得丰富的泛音共鸣，既做到“腔圆”，又悦耳动听，充分发挥普通话语音富有音乐性的优势。发音给人以一种圆润动听之感，容易吸引听众，圆润动听的吐字才能保证语音中信息和情感的含量。假如吐字不圆润，字音就显得干、涩、扁，缺乏润泽，不悦耳，听着没有美感。所以，圆润是艺术语言吐字过程中追求的较高境界，只有通过艰苦努力的训练，才能练就吐字如珠玉的本领。

（四）集中

集中指的是声音集中，具有“音束”的感觉。声音集中才能提高语音清晰度，获得较为丰富的泛音共鸣，使字音圆润、悦耳、动听，假如语言艺术工作者在话筒前声音散漫，字音不集中，再大的音量也达不到好的效果，不但会影响字音的清晰度，还会使人感到精神不饱满，既妨碍了语言的表达，又会降低发音的效率，而一旦声音集中了，即使音量小也能在电子设备的作用下，把声音充分完美地体现出来。吐字过程中声音集中既省力又保证了声音质量，同时，集中的声音更易于入耳，能够唤起听众的注意，打动人心。

为了使声音集中，我们在训练吐字时，应尽量使声音走口腔“中纵线”，声挂前腭。

（五）流畅

流畅自如是对发音的总体要求，指听感上自然、熟练，没有刻意、呆板、机械的感觉。普通话中一个汉字代表一个音节，有特殊的节律性。我们发出的每个音节、词语，都是融汇在语流中的，听者不是通过单独的音节来获取信息，而是通过语流片段来获取信息，所以播音员吐字必须轻快流畅，语流顺畅无阻，如果不注意语言的连贯畅达，咬字太死，一字一疙瘩，就大大降低了普通话语音的韵律美和丰富的表现力。所以，吐字的流畅感非常重要，在听感上不能有蹦字的感觉，每个字音要求发得像一连串饱满的珠子，晶莹、润泽、轻快如流，使听者字字入耳，既获得信息又获得美感。

在吐字训练中，把音节拆分成一个个音素进行练习，其目的是修正、解决发音问题。在实际运用中，要避免只练字音而忽略字音和语流的关系，导致语流有“字化”的倾向。这就需要把握好个体与整体的关系，发音时既不生硬，囫囵吞枣，又能保证如珠如流。经过严格训练的吐字技巧，最后必须返璞归真，自然、生动地表达。

总体来说，民航、高铁服务人员，尤其是播音员吐字要颗粒饱满，轻快连贯，如珠如流；字字皆入耳，字字皆入心；播音不费力，听者有美感。

二、咬字器官的机能

口腔中的各个器官，如上下唇、上下齿、舌、软硬腭，被称为咬字器官。这些器官互相关联，各司其职，协调动作，能灵活地节制声束，使其形成各种不同的语音。吐字的功力就来自对咬字器官的灵活控制。要达到播音员对吐字的要求，就必须锻炼咬字器官。

（一）唇

唇分上唇和下唇，是声音的主要出口，吐字的重要器官，唇的控制力的好坏直接对吐字质量产生影响。汉语音节发音中，双唇是较为活跃的吐字器官，有许多音都是以唇的活动为主的。单韵母发音时，由于唇形圆展的不同，就能造就不同的音色。比如，一口气连发 a 到 i 到 u，就能体会到随着唇形的变化，口腔状态也发生了变化，音色从 a 就变成了 i 又变 u。而韵母的四呼，开、齐、合、撮与开始发音时的唇形更有着密不可分的关系。开口呼发音时唇比较放松，上下唇之间的裂缝较宽；齐齿呼开始发音时唇形扁平；合口呼开始发音时唇呈圆形，有合拢之感；撮口呼开始发音时唇形较圆，有撮唇之感。另外，在辅音的构成中也离不开双唇的作用。比如，双唇音 b、p，发音时，上下唇紧闭构成阻碍，节制了呼出的气流，等上下唇突然打开时，积蓄的气流就爆破成音了。唇形变化还对声音的音色有重要影响。唇的收撮力的强弱，能使声音集中或者松散，唇的动作也会影响笑肌、额肌、颊肌的状态，进而影响整个口腔的共鸣状态。

唇是发音吐字的最后一道大门，要兜得住、放得开、收得拢。发音时，双唇不能过分地向前突出，否则字音不容易清晰，听着像是在唇齿之间又加了一道“嘴”子，使声音带有 u 的色彩。一定要唇齿相依，那样字音容易出口，声音才能听着明亮、清晰。此外，还要加强唇收撮的练习，以达到发音集中准确的要求。

（二）齿

齿包括前门齿和后槽牙两个部分。齿在这里主要指的是前门齿，前门齿是舌尖前音成阻的部位。上下门齿的运动是由口腔两侧的后槽牙开合引起的。牙关的开合直接关系到口腔的开度以及口腔容积的大小，它是声音由咽腔进入口腔的必经通道，直接影响声音的顺畅与响亮。牙关打开，声束由咽腔向前进入口腔通道，使口咽部的共鸣充分发挥，声音通透响亮；牙关咬紧，口腔容积变小，共鸣减弱，舌体的活动受限，声音就会挤、扁、压、闷，同时由于声束不能顺畅前行，还容易冲上鼻腔产生字音鼻化。一般情况下，艺术语言发音口腔的开度要大于生活语言，口腔开度越大泛音越充分，但不是没有度，牙关可以根据需要起控制作用。如在发不同元音时，口腔不同的开合就是牙关控制的。另外，牙关打开也给口腔内的器官特别是舌的活动提供了场所。所以播音中，要使字音清晰、圆润、饱满，对于口腔开度的不断变换，牙关就要进行灵活控制。

（三）舌

舌是活动最积极、影响最大的咬字器官。舌附于下颌骨，分上、下两面。舌体的前$\frac{2}{3}$段位于口腔内，后$\frac{1}{3}$段参与咽前壁的构成，称“舌面后”，也就是吐字中所说的“舌根”。舌主要由横纹肌构成，分为舌内肌和舌外肌两部分。舌内肌与舌外肌协同动作，使舌能进行复杂而灵活的伸缩、卷翻、凹凸等动作，对构字起了重要的作用，因此，对舌的积极活动进行控制训练是吐字中最重要的一环。

舌在使用时，可分为舌尖、舌面和舌根三部分，舌尖又可分成前、中、后三部分，如舌尖前、舌尖中和舌尖后等。舌体上、下、前、后的不同变化及着力点的位置，决定字音的形成，舌与上腭的不同部位接触，可以形成大量的辅音，如舌尖音、舌面音和舌根音等。接触的方式不同，又可以发出爆破音、摩擦音和边音等。无论发辅音还是元音，都要锻炼舌的中纵线的力量，舌的力量加强了，声音就集中，如果舌头无力，字音就模糊、散漫。另外，舌是口腔内体积与表面积较大的无骨质肌肉组织，它的状态对整个口腔共鸣也会产生影响。如果舌根抬起势必影响咽喉部的声音到达口腔。压舌根又会导致喉部肌肉的紧张，两者都不利于口腔共鸣的发挥，因而发音时的舌头后部平展一些好。假如平坦的舌面松软无力，音波就会吸收得多一些，声音容易暗。如果舌比较有韧性、有力量，音波打上去就不容易被吸收，声音就响亮一些。而从整个吐字来讲，舌的滑动还决定了字音的美感程度。舌头的滑动感越强，幅度越大，字音就越圆润饱满。所以字音的准确、清晰、集中、圆润、响亮与舌的活动关系很大。锻炼舌的灵活、力量是播音员的重要任务。

（四）腭

腭俗称口盖，分前、后两部分，前$\frac{2}{3}$是硬腭，后$\frac{1}{3}$是软腭，它们像一块“隔板”分隔口腔和鼻腔。硬腭呈穹隆状，周围有一圈牙弓，由上颌骨腭突和腭骨水平板构成支架，表面覆有软组织中纵线由前向后明显突出，用舌可以明显地触摸到，它是气流挟带声音挂于硬腭前的通道。软腭是能活动的肌性膜样隔，约 1 厘米厚，发音时软腭能升能降，软腭上升时堵塞鼻腔通路，气流从口腔出。软腭下降时堵塞口腔通路，气流自咽壁到达鼻腔从鼻腔出，形成鼻音。

腭对口腔共鸣和构字有着不可忽视的作用。每个人的口腔构造不同，腭的形状就有差异。一般情况下，腭的穹隆状态决定了共鸣的状况。腭拱宽长，低泛音共鸣较充分，腭拱短深，高泛音共鸣较充分。发音时，硬腭前部是声音的内感区，当声束沿着腭的中纵线到达这里时能感觉到声音集中、明亮。假如此时适当地提软腭打开后声腔，就能较好地发挥后声腔的作用，使声音宽厚结实，整个口腔共鸣得以充分发挥。除此之外，在吐字过程中，许多字音都是舌与软硬腭构成不同阻碍形成的。比如，翘舌音 zh、ch、sh，舌根音 g、k、h 等。发音时，软腭的升降比较灵活，它控制着咽口的大小和鼻腔通道的开闭，鼻音和口音完全是靠软腭的升降来决定的，所以锻炼对软腭的控制也是必要的。

三、吐字归音要领

（一）何为吐字归音

吐字归音是源于我国古典戏曲声乐艺术的一种发音方法。根据汉语音节的结构特点，将一个音节分为字头、字腹和字尾三部分，把吐字过程分为出字、立字和归音三个阶段，并提出具体要求，以达到字正腔圆的效果。语言学家从吐字归音总结出，字头是声母+韵头，字腹是韵腹，字尾就是韵尾（表 3–1）[①]

表 3–1　普通话字音结构

例子（类型）	字头		字腹	字尾
	声母	韵母		
		韵头	韵腹	韵尾
变（头腹尾全）	b	i	a	n
班（头腹尾全）	b		a	n
烟（头腹尾全）		i	a	n
安（无字头）			a	n
别（无字尾）	b	i	e	
巴（无字尾）	b		a	
啊（无字头、字尾）			a	

为什么字头中还包括韵头呢？因为韵头介于声母和主要元音韵腹之间，是一个过渡音素。在实际的发音中与声母的关系密切，直接影响了出字时的口形。如发“广 guǎng”时，“g”的唇形已受到 u 的影响变成圆形了。再拿“电”与“但”的发音进行比较就更清楚了，发“电 diàn”时，因受到 i 的影响，d 的唇形变成扁的。而发“但 dàn”时，d 的唇形就呈自然状。所以字头必然包含声母及韵头两部分。

由表 3–1 可知，不是所有的字都有头、腹、尾，吐字的时候就要注意这一点。

（二）吐字归音的方法

吐字归音的方法可以用 6 个字来概括，即出字、立字、归音。

1. 出字：对字头的处理，要求叼住弹出

字头是汉字的始发阶段，对字头的处理关系到全字的质量。字头的弹发要有力度，部位要准确无误。咬而无力，则字音含糊；咬得过狠，则字音笨拙而呆滞。所谓吐字要做到“字正腔圆”，字正即指字头的发音首先要准确。

为什么咬字要叼住弹出呢？“咬住”是就声母的成阻与持阻阶段而言的。字头是整个字音的着力点，有句话说得好，“咬字千斤重，听者自动容”，字头不着力就不能造成准确优美的声音，从生理上来说，声母成阻的时候，成阻部位的肌肉要有一定的紧张度。这样才能

① 杨静，李广春. 民航播音训练［M］. 北京：清华大学出版社，2017.

造成声腔内压力的增强，使舌头相应地紧张，把咬字的力量集中在中纵部，比如发“爸 bà”时，字头是 b，发音时双唇紧闭，阻气，引起口腔内部和舌肌的紧张，气流在口腔蓄积成一定的压力，然后双唇突然打开，声音爆发而出。这就是吐字的第一个阶段，也就是咬字的阶段。怎样把握咬字的力量呢？有人用这样的比喻比较恰当，即“咬字要像大猫叼小猫那样，既不能把小猫咬死，又不能把小猫掉在地上。如果用猫叼耗子的劲儿，就把字咬死了”。发“字头”的时候，发音器官成阻的两部分部位接触或者接触的面积不要太大，否则，口腔肌肉及舌肌容易松弛，字音不能清晰响亮。“弹出”是指声母的除阻阶段，也叫吐字阶段。要求把字送出去轻捷有力，就像弹出弹丸，干脆利落，不使拙劲。字音叼住弹出是瞬间的事，叼住为弹出做准备，在发音练习时要好好体会。

2. 立字：对字腹的处理，要求拉开立起

立字是指吐字归音过程中对字腹的处理，要求字腹立字饱满，拉开立起。立字的过程是韵腹的发音过程，一个音节能否发得圆润、响亮、饱满与韵腹的发音关系很大。字腹是字音里口腔开度最大的部分，它的音程长，响度大，最富色彩。“拉开”是指字头弹出后要迅速打开口腔，使气流在口腔内形成较为丰富的共鸣，口腔开度要大，有展开的感觉。“立起”是指字腹发音时间要足够，让音节听起来响亮、圆润，使字立起来有饱满的感觉。立字的过程就是突出字腹的过程。充当字腹的主要元音开口度相对其他元音要大而响亮，且发音完整，持续时间较长，使字腹在整个音节中明显突出。

3. 归音：对字尾的处理，要求干净利索，到位弱收

归音是指吐字归音过程中对字尾的处理，要求字尾归音，干净利落，到位弱收。归音时，音节和发音到了收尾的时候，气渐弱、力渐松、口渐闭、声渐止，要给人字音完整结束的感觉，不能字音发到一大半就没了。所以归音与出字、立字比较，难度更大。字尾处于口腔由开渐闭，肌肉由紧渐松的阶段，“字尾”收得恰当与否对“字正”起着重要作用。要使字音圆润、动听就要掌握“字尾”收的尺度，一定要到位弱收。弱收是指字尾的发音渐弱趋止的过程，在这个过程中要保持发音动作的完整，保持字音结束的趋向。如果收得重而紧，听起来僵硬、呆板，会影响吐字的流畅及语言的节奏。到位是指尾音应归到应该到达的位置，舌位的动程要有鲜明的趋向，咬字器官应该有逐渐闭合的过程。一定不能“拖泥带水”，而要“趋向鲜明”，唇舌的动作要到位。如 i 做韵尾时，舌位收在高舌位。u 做韵尾时，唇形拢圆。n 做韵尾时，舌尖抵住上齿龈，ng 做韵尾时舌根收到软硬腭交界处。假如字尾是以字腹结尾的，如 ba，口腔的状态就应该一直保持 a 的开度，不能中途缩小口形，或者把口腔肌肉放松，一定要在声音停止后口腔才能恢复常态。字尾元音若开口度较小，容易产生归音不到位的现象，尾音模糊，容易引起歧义，所以在发音中应该积极调整，克服归音不到位。

【小贴士】

吐字归音要领概括

吐字归音三个阶段的要领可以概括如下。

出字要做到：叼住弹出　部位准确　气息饱满　力度适中

准确自然　定型标准　短促敏捷　清晰自如

立字要做到：拉开立起　气息均匀　音长音响　饱满圆润

窄韵宽发　宽韵窄发　前音后发　后音前发

归音要做到：归音到位　尾音轻短　完整自然　避免生硬

弱收适度　送气到家　干净利落　趋向鲜明

（三）吐字归音的形象表现——枣核形

“枣核形”是民间说唱艺人对吐字过程的形象描述，指头、腹、尾俱全的音节的吐字状态，字头叼住弹出，字腹拉开立起，字尾到位弱收，合起来形成一个两头小、中间大的“枣核”（图 3-1）。它涉及音节各部分口腔的开合度及其所占时值的长短。

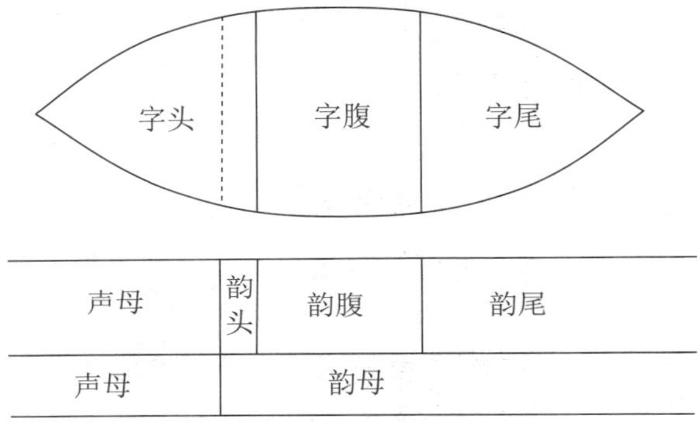

图 3-1　枣核形

字头、字腹、字尾构成了字音的三个组成部分，它们相互联系共同构成了字音不可分割的整体。在练习吐字归音时必须叼住“字头”滑到“字腹”拉开立起再滑到“字尾”弱收，中间没有间歇，但每一部分的特征却要表现清楚。它以声母为端，以韵腹为核心，从发音时口腔开度的变化来看，恰恰是一个由闭到开又到闭的过程，两头小、中间大，两头短、中间长，这恰似一个“枣核”的形状。“枣核形”是出字、立字、归音的基本要求，是发音规范化的必需过程，体现了清晰集中、圆润饱满的审美要求。“枣核形”必须有气息的支撑，整个字音要有滑动感、整体感，不能听出头、腹、尾。像“guǎng”这个音节头、腹、尾俱全，只要把握住整体感，“枣核形”就不难体会。如果碰到零声母音节 a、o、e 时，喉头要稍加阻塞，好像出现个喉部清塞音［ʔ］作为“字头”。（注：［ʔ］是表示喉部闭塞的国际音标符号，发音时喉部闭塞，然后突然打开，和后面的元音相接）比如“安 ān”“欧 ōu”“鹅 é”。碰到零声母音节 i、u、ü 时要稍加摩擦，比如“衣 yī”“乌 wū”“雨 yǔ”。y、w 是汉语拼音增加的两个声母，它表示“零”声母，前头有个“字头”存在。对艺术语言来说，利用这两个声母，嘴唇才能使得上劲，才能带动“字腹”和“字尾”产生力量。

“枣核形”不是一成不变的，作为一种吐字的技巧，它最终是为了表达思想感情服务的。要根据内容、形式、对象等不同要求而灵活运用，切忌形成一字一拍的呆滞强调，避免为了“枣核形”的完整而破坏发音的自然流畅。

【小贴士】

吐字的综合感觉

吐字的综合感觉，前人概括为5个字，即拢、弹、滑、挂、流。

拢，指发音有关部位着力点向口腔中纵部集中；

弹，指字音从口腔出去时灵活轻快弹发有力；

滑，指吐字过程中唇舌对音素的过渡要有滑动感；

挂，指字音出口前要“挂”在硬腭前部；

流，指字音在口腔内要有沿中纵线向前流动的感觉。

总之，吐字的技巧是每个语言艺术工作者必须掌握的。在练习吐字过程中，一定要了解方法，把握要领，细细体会，才能吐字归音精准到位，充满生命力。

【练一练】

吐字练习

①爆发音（b/p）：咬字时，吸足气流，紧闭双唇，然后爆发吐送字音。

拼搏　　摆拍　　澎湃　　编排　　乒乓　　喷薄

②弹舌音（d/t）：用舌头的弹力将字音富有弹性并有力地吐出。

打倒　　动听　　探讨　　掉头　　谈谈　　对答

③开喉音：口张大些，让发音部位后移，气满口，用较强的气流吐送字音。

空旷　　宽广　　大河　　夸口　　壮阔　　耍酷

④震牙音：气流富有力量，产生震动牙齿的感觉，使语音响亮。

激起　　融入　　蜘蛛　　戏剧　　挑剔　　从戎

⑤展唇音：唇角微微展开，呈扁平状，收尾音“ui”“ei”时，要收得干净。

每回　　美味　　外汇　　退税　　妹妹　　泪水

⑥聚唇音：适当延展韵腹后，较快地收敛双唇。

小偷　　数落　　忧虑　　煮粥　　骷髅　　语录

⑦抵舌音：收前鼻音“n”的音节时，舌头有稍抵上牙床的动作。

艰难　　谏言　　变现　　坚贞　　甘甜　　探监

⑧穿鼻音：收后鼻音“ng”的音节时，气息要穿鼻而出。

影像　　英雄　　臃肿　　阳光　　想象　　昌盛

我们在练习这些字词的发音时，一定要注意唇、齿、舌的位置，有些发音不标准，是因为唇、齿、舌的位置不对造成的。在初期训练时，要让发音器官做比较夸张的动作，可以对着镜子或手机进行练习。吐字归音需要进行较长时间的练习才能形成固化的技能，因此，需要有持之以恒的耐心和毅力。

四、口腔控制要领

吐字的过程就是各个咬字器官互相配合、协同灵活动作的过程。为了达到播音发声对吐字的要求，使字音清晰、饱满、有力，就应调整口腔状态，做到提上口盖，打开口腔，加强唇舌的灵活度和力度，找到字音“挂”于上口盖的感觉。

（一）打开口腔

艺术语言发音吐字的要求高于生活语言，为了充分发挥共鸣的作用和提高吐字的质量，播音发声状态下，口腔的开度比日常生活语言要大，但打开口腔并不是张大嘴，嘴张大时口腔的形状像喇叭前大后小，并不符合发音要求，正确的要求是口腔的前后都开呈“U”形，为字音的饱满创造条件。这个状态通过提颧肌、打牙关、挺软腭、松下巴来实现。

1. 提颧肌

颧肌是人的面部表情肌肉，使人的表情呈现笑容。播音当中的提颧肌并不是指简单地上提、收缩颧肌，呈微笑状，而是指在播音的过程中，以颧肌为主，保持口面部肌肉的适度紧张，颧肌提起时，口腔前部以及上腭顶部有展宽的感觉，鼻孔也会略微张大，同时唇尤其是上唇展开贴住上齿，使唇的运动有了依托，容易发挥力量。颧肌提起时面部呈微笑状，这种微笑区别于心里高兴引起的微笑，它仅仅是咬字时的一个动作，目的是增强唇齿的力度，改善声母和韵母的发音状态，获得清新、明亮、有色彩的音色。在体会提颧肌的时候，可将两个手指轻轻放在上唇上方颧肌的位置上，体会微笑时肌肉的运动方向，然后反复快速地提颧肌，手指就能感到肌肉的活动，并觉得颧部发酸。练久了以后颧肌的力量就增大，说话时也会不自觉地提颧肌。

2. 打牙关

牙关指上下颌之间的关节，打牙关是提上腭的中部动作。牙关打开，口腔内部空间加大，有利于舌体运动和口腔共鸣。打开牙关，就是使上下槽牙在咬字时有一定的距离，颌开度比日常谈话开得略大些，上腭的后槽牙有一种始终上提的感觉。这样不仅可以丰富口腔共鸣，还能使咬字的位置调整得适中有力，使字音在口中有“立”起来的空间。打开牙关并不是指简单地张大嘴巴，增大门齿间的距离，而是指打开后槽牙，也就是打开口腔的后部。整个状态是下巴放松而略微向后退，上下槽牙间保持一定距离地打开、闭拢。由于打开牙关扩大了口腔后部的容积，可以为舌体的活动提供更充足的空间，同时利于形成好的口腔共鸣，满足播音发声对口腔开度的特殊要求，所以必须有意识地进行打开牙关的训练。

训练时上口盖要稍稍提着，感觉上下槽牙没碰在一起还可塞糖，并提起颧肌、反复咀嚼，体会两腮力量与牙关咬劲配合运动的感觉。发音吐字练习时，可先用开口度较大的音素如 ɑ 来体会打牙关的感觉。然后再练一些开口的字词或开口音较多的句段。例如，大妈、发达、腊八，等等。用练开口字、词时的牙关感觉去带别的音节。

3. 挺软腭

软腭连接在硬腭的后部，软、硬腭的前后比例大约为 1∶2。播音发声当中挺软聘，是指软腭适度抬起，并保持适度紧张的状态，但也要注意不可过分挺起。软腭挺起后可以加大口腔后部的空间，改善共鸣，并缩小鼻腔入口，避免声音过多地进入鼻腔造成鼻音。软腭挺起来时口腔后部呈倒置的桃形，可以用夸张吸气和“半打哈欠”来体会，或者用提颧肌发舌根音 g、k、h 的词及绕口令来体会。发舌根音的方式更容易体会和掌握日常吐字时软腭挺起、口腔打开时的状态。

4. 松下巴

松下巴，就是主动放松下颌骨，目的是打开口腔，扩大口腔的空间，同时放松下巴也可以使喉头得到放松，从而减轻喉部的负担，改善喉部着力的问题。松下巴打开口腔，比提上腭更有实际效果。从生理上来说，松下巴比较容易，只要用牙疼的感觉来体会就会感到下巴使不上劲，口腔也就可以明显地打开了。咬字过程中力量主要用在上腭，下巴不要主动去帮忙，自然内收就可以了，不然舌根容易紧张，口腔变扁把字咬“死”。在打开口腔的前三个要领中，都要求加强肌肉的力量与控制训练，只有松下巴不需要训练力度，只需要放松即可完成。

（二）吐字集中

吐字集中是播音主持语言的一项重要要求，所谓吐字集中在听感上是指字音清晰、明确、集中，能形成一定的声束，主要体现在唇舌的力度要集中。唇的力量分散，是造成字音松散的主要原因。发音时要把力量要集中到上唇中央三分之一的部位。除了唇部力量集中，适当的“唇齿相依”，也就是缩短唇齿的距离，以减少双唇松弛形成的唇齿间腔体的气流，使声音明亮而集中。舌的力量的集中，体现在发音过程中舌体要取收拢之势，舌的力量要集中在舌的前后中纵线上。发音时，舌与口腔有关部位成阻，成阻部位要呈点状接触而不是片状接触，力量要集中，这样字音才不松散。

吐字集中可以有效地改善、调节音色，也可以在实际运用中提升话筒的音质，改善声音形象。

（三）声挂前腭

声音发出的线路，即中纵线，是声音由喉部发出，沿着软腭、硬腭的中纵线推到硬腭的前部，硬腭的前部就是字音的着力位置。发音时声音向硬腭前部流动冲击，声音仿佛“挂”在硬腭上的感觉，由上唇以上的部位透出口腔。这样的声音显得集中、明朗、清晰、穿透力强。

小贴士
来做做口腔操和唇操

任务三　喉部控制

喉头和声带是人类发音器官的重要组成部分，是声源，通常人们称为“嗓子”。每个人的嗓音条件各不相同，都需要通过训练掌握正确的发音方法。声音色彩的变化很大程度上取决于声带的不同活动状态，取决于各发音器官运作协调与否。播音主持运用的虚实结合的声音就是靠喉部控制来实现的。喉部及声带的松紧影响着声音色彩层次及共鸣的运用。有成就的播音员并不是因为他一定具备天生好的嗓音条件，而在于其运用声音的能力比较强，方法得当。而没有经过发音训练的人喉部控制的问题就多一些，如发音时，喉部容易用力紧张，捏挤嗓子、压喉等。声带比较娇嫩，如果发音方法正确可以提高它的适应能力和发音能力，改善它的音色；如果使用方法不恰当，则容易出现声音嘶哑，声带边缘不齐，长小结、息肉或病变。因此，我们要了解和掌握喉部发音机制，科学地进行喉部发音控制，科学地使用声带，以保证喉部的健康和嗓音的完美。

发音是气息冲击声带振动的结果。气流的强弱和声音高低及响度的大小有着密不可分的关系。发高音、响音的时候，需要用强而有力的气流才能实现。气流越强，声带靠拢得越紧，声带挡气的力量就越大，声音听上去比较生硬，声带容易疲劳。发低音时，气流的需要量也很大，只是由于发低音时声带靠得不是很紧，只稍稍接触，降低了声带挡气的作用，有一部分气息漏掉了，声音听上去就显得暗，显得弱。而发中音时，气流的强弱和声带松紧的配合很好，声带靠拢得既不像高音那么紧，也不像低音那么松，气流的强弱也比较适中，所以声音听起来就能够持久、悦耳，嗓子也不容易疲劳。因而我们在训练喉部控制的时候一定要考虑到喉部肌肉的松紧和气息的协同动作，发出圆润优美、富于弹性的声音。喉部控制主要从以下两方面着手。

一、放松喉部

喉部放松的目的是声带可以自如地振动，发出丰富悦耳的声音。在喉部的构造中，声带处于喉室中央，它振动发音时必然受到外面喉头的限制，受到喉部肌肉即环甲肌、甲杓肌、环杓后肌、环杓侧肌、杓横肌、杓斜肌的影响。且这些“声带外张肌”“声带肌”“声门外展肌”“声门闭合肌”非常紧张，彼此连动收缩，就妨碍了声带的正常发音，声音听着就觉得紧、窄，甚至发颤。有的人为了追求声音的厚度不惜压低喉头，使声音生硬、虚假、涩，缺乏表现力和美感。对一名播音员来说，声音形象的好坏很大程度上取决于声带和喉头松弛的程度。放松喉部用较小气息使声带振动，可以大大改善声音的质量，提高发音效率。但是放松并不等于声带失去应有的张力，而是要学会用吸气的感觉去放松喉头，使喉部有上下松开的感觉，两声带轻松靠拢，而不是紧紧闭合，这样发出的声音音色介于实声与虚声之间，既不像实声那么尖锐，也不像虚声那样飘。它比实声柔和，又比虚声结实，让人觉得喉部没有用力的负担，能较长时间发出圆润的声音而不疲劳，而且音色丰满、柔和，泛音丰富，声音虚实变化自如、富于弹性。

总之，放松喉部的结果是使声带有一个良好的发音环境，可以发出虚实声，这种虚实声较接近于日常谈话的发音状态，听起来亲切自然。

二、调节气息

对用声的人来说，最重要的一点是要以气托声。有控制的气息是使声带轻松、稳定工作的基础。在日常的播音发声训练过程中，经常会出现这样两种现象。一种是声气脱节，另一种是发高音时扯着嗓子喊，要解决这些问题就要注意喉部与气息控制的配合，以减缓声带承受力。为此要注意掌握以下四个原则。

第一，呼出的气流形成一定的密度才能在声门下造成适当的压力。呼气量小了密度不够，声音就不扎实，或者声音在“嗓子眼”里出不来。

第二，根据表达的需要来控制气息的流量和流速。气息如果失控，无节制地外溢，喉部自然要紧缩来节制气流，从而造成嗓子的捏挤、声带的疲劳，加重喉部的负担。

第三，普通话最有特点之处是它有四个声调，每个音节的高低升降都要求声带在气息的压力下作相应的调节。比如去声字，声音从高到低，声带由紧而松，气息不好控制，一下就泄出去，造成声“劈”或者调值不到位。发上声字的时候，尤其在上声音变为 21 调时，声音最低，声带最松，如果气息托不住，很容易使声音“噎住”或者调值不到位。所以在字词训练的时候，一定要注意气息与喉部控制的平衡。

第四，发音时，气息与声带在时间上要协调配合好，气到声门闭，不能有早晚。如果吸气方法不正确，发音动作不协调，声门先闭，要冲开声门就要增加气息压力，造成喉部紧张，声音直而且费力。如果气流先到声门再闭，就容易漏气，发音效率低，声音不干净，发沙。所以在发音的时候，尤其要注意开始发音时的状态，音节起音时要协调好气息与声带的配合，这样才能完整地发好每个音节。①

◆【练一练】

喉部放松的训练

(1) 发气泡音。气泡音是喉部发出的微弱的颤音，对锻炼声带振动的平衡，增加声带肌的力量都是有效的。发音的时候两条声带微微靠拢，用轻微的气息振动声带，那声音就像空气在水中起泡儿一样。发音的时候，口腔和喉部的肌肉要放松，呼吸状态要正确，气息较缓，只要能吹动声带振动就行。发音时可结合元音 ɑ 和 i 来练习。发 ɑ 和 i 的气泡音时，口腔开合对声带振动的均匀度非常有意义。气泡音练习时间不用太长，但一定要均匀，气泡不能时大时小，时有时无，一定要一个泡连着一个泡，否则就失去了意义。

(2) 用较弱的气流发 ü 时，喉部也没什么负担，发“绿 lü”这个音延长 ü 时，很容易找到 ü 的气泡音。

(3) 用鼻音 m 进行哼鸣练习。哼鸣练习可以使两片声带靠得更紧些。气流的冲击力量比气泡音更强，乐音成分多，发 m 哼鸣延长时感觉软腭下垂，鼻腔通路打开、双唇闭，上下牙没碰到一起、双唇在发音时均衡紧张振动，在气流的作用下有麻酥感，同时口鼻联合共鸣，声音悦耳。可以结合气息的强弱，使声音从高到低，从弱渐强，体现出发音练习的综合效果。

任务四　共鸣控制

民航、高铁服务人员由于工作性质的特殊性，除了掌握基础的语音知识、气息控制、口腔控制以及喉部控制，还需要掌握一定的共鸣控制。评价一个人有声语言运用的好坏，除了判断声音本质，还需要看其对共鸣掌握和运用得怎样。好的民航、高铁播音员在工作时，之所以不费力且自然、舒展，就是运用了共鸣，共鸣起到了关键作用。在声学上，这样定义共鸣，即当某一物体发生振动时，影响了另一物体，如果另一物体的自振频率与原物体的振动频率相同或形成一定比例，便与之产生共振的现象，称为共鸣。我们这里所说的共鸣也同此理，是指声带振动时影响到其他临近的器官或器官内部的空间所产生的声响效果。如果这些器官的振动率与声带的振动率相近或相同，那么这些器官会同时振动，从而加强声带的振动。研究发现，好的用声者使用在声带上的能量只占总能量的$\frac{1}{5}$，而$\frac{4}{5}$的力却用在了控制发音器官的形状和运动上面。声带发出的喉原音很微弱，在经过共鸣后得到扩大、美化，形成不同的语音音色和声音色彩。共鸣的作用除了形成字音外，还能美化声音，使声音泛音丰富、清晰圆润。共鸣控制在播音发声中也很重要，而且是区别于其他艺术语言发音，独具特色的一环。虽然一个人的发音器官是天生的，但共鸣却可以训练调节和改善。掌握共鸣调节的方式是提高发音效率，改善声音质量的重要环节。发音过程中呼吸、振动、吐字以后只有通过共鸣才能形成发音的整体感觉。共鸣训练的目的是通过共鸣的调节来改善声音的色彩，提高声音的质量和表现力。

---

① 林鸿．普通话语音与发声［M］．4 版．杭州：浙江大学出版社，2014.

一、共鸣器官

人们发音过程中利用的共鸣腔体主要有口腔、鼻腔、咽腔、喉腔、胸腔和头腔。一般把鼻腔、头腔有固定容积的腔体称为上部共鸣腔，把其形状容积可在一些器官的牵动下随意调节变化的口腔、咽腔、喉腔、胸腔称为下部共鸣腔。下部共鸣腔与语言的关系非常密切。按音响学原理，下部共鸣腔靠下的部分对声带所发的音起“基音”共鸣的作用，决定发音的“音高”。上部共鸣腔及下部共鸣腔靠上部分（咽上部及口腔）则起泛音共鸣的作用，以影响声音的音色。理想的共鸣方式是声音在通过共鸣腔体时与各共鸣腔形状大小、共鸣条件相配合，得到基音共鸣和泛音共鸣的帮助，以致最后由口透出的时候音色大大改进，音量也有显著增强。此外，共鸣器官的调节还起到保护声带的作用。良好的共鸣可以减轻气流对声带的冲击，起到延长声带寿命的作用。

我们只有在了解共鸣腔体构成和机能的前提下，才能熟练地运用并获得良好的共鸣。对共鸣器官及其作用介绍如下。

（一）鼻腔

鼻腔由外鼻、鼻腔和鼻窦三部分构成。鼻腔是上呼吸道的入口，正中由鼻中隔分为左右相同的两部分，底部是硬腭，外面是鼻甲。鼻腔前方由鼻孔与外界相通，是除口腔外呼吸的另一条通道，后面与鼻腔、咽腔相通。鼻窦是鼻腔四周颌骨和面骨内的含气空腔，体积较小，共有四对，分为上颌窦、筛窦、颌窦和蝶窦。由于腔体很小，对高频声波共鸣作用明显，发音时在高音区会产生头面部的振动感，这就是通常指的“头腔共鸣”。如在发高窄音 i、u、ü 时，由于口腔窄，声音位置高，声波不容易送出口外，气流在腭部形成的力量较强，使颅骨受到振动，于是人们就可以明显地感到头腔“窦”的振动感。有些人发 ü 的时间过长，会感觉头晕就是因为这个道理。相反，发元音 ɑ、o、e 时，气流就容易从口腔送出去，颅骨的振动感就少一些。如果要寻找头腔共鸣的感觉（头腔“窦”振动的感觉）可用发音区偏高一点的 i、ü 来体会。

鼻腔有固定的容积，属不可调节共鸣腔。鼻腔的大小、形状是固定的，发音时，依靠软腭的挺与垂，来改变鼻腔的共鸣状况。鼻腔共鸣的作用主要由以下三种方式实现：①发鼻辅音时，软腭小舌下垂，打开鼻腔通道、气流颤动声带，声音完全从鼻腔透出。②发鼻化元音时，软腭小舌下垂，声波分两路从口腔与鼻腔通过，取得共鸣。普通话里没有单独存在的鼻化元音，只是发鼻韵母中接近鼻韵尾时的发音状态与鼻化元音相似。③发音时，软腭小舌上升但阻塞不完全，让气流的一小部分从鼻腔透出去，产生鼻腔共鸣。但要注意鼻音色彩不能太重，不然就像得了感冒一样。

（二）口腔

口腔是最复杂、动作最灵活的腔体，是人类语音的制造场，它既能充当共鸣器官，又担负咬字器官的职能。口腔分为上腭和下腭两部分。上腭部分有上唇、上齿、上齿龈、硬腭、软腭和小舌。下腭有下唇、下齿和舌头。口腔是非常重要的共鸣腔，又称“中音共鸣”“中部共鸣”。口腔的共鸣主要通过各个器官的配合产生的变化来调节，口腔由于下颌的运动可以开合，又因舌形状的变化而改变容积，并可被划分为若干小的腔体。同时强调各咬字器官的力量集中，尤其是唇、舌力量的集中，舌位要准确鲜明，动程要流畅、完整。

口腔的形状对共鸣有重要影响。口腔上通鼻腔、头腔，下通胸腔，口腔共鸣正处在上部共鸣和下部共鸣的连接处，控制调节得好，也便于向上或者向下调整共鸣的比配，播音发声以口腔共鸣为主，其他腔体共鸣必在口腔取得良好共鸣的基础上实现，使声音能够适应多样化的要求。

口腔共鸣在言语发音中起重要作用，它能使字音圆润清晰，声音得到扩大和美化，变得明亮结实。它还辅助其他共鸣腔体在发音中发挥作用。运用好口腔共鸣是语言艺术工作者语音发声的关键。

（三）咽腔

咽腔位于口腔后面，与喉腔、鼻腔相通，形状是个前后略扁的漏斗状肌管。后壁附于脊柱，好像是个容积较大的岔路口。咽腔由上到下可分为三段，软腭以上接近鼻腔的部分称为鼻咽，中间和口腔连通的部分称为口咽，下段与喉腔相连的部分称为喉咽。咽腔是人类发声的重要共鸣腔。除鼻咽腔外，咽壁通过肌肉的收缩，可以改变咽管的粗细和咽壁的“坚硬度”，对语音发声产生作用。发音时，除了三个鼻辅音 m、n、ng 声波自鼻腔出，大部分声波都要经咽壁自口腔出。为了保持口咽弯道的通畅就必须提软腭，使口咽的上部弯度适中，舌根不能后缩，免得口咽垂直管道变窄变细，阻碍声波前行。下巴要适当放松，这样舌根才能略微下降，使声波在口咽处由垂直向上转而水平前行，完成口咽共鸣。

（四）喉腔

喉腔是指介于声带与假声带之间的喉室及位于假声带之上的喉前庭部。喉室的容积较小，是音波形成后的第一个共鸣腔体，由喉口肌肉收缩，扩大喉室来增加共鸣。在发音中如果我们压迫喉部器官，喉腔被挤扁，声音就发紧，或者捏在嗓子里出不来，发噎，原始共鸣得不到发挥，还会丧失一部分泛音 ，所以放松喉部是获得喉腔共鸣的关键。另外，发音时还要保持喉头的稳定性，喉头经常频繁地上下活动，容易使喉肌疲劳，不利于声带养护。

（五）胸腔

胸腔，位于声带以下胸部肋骨内，是由肋骨支撑的胸廓，它有固定的容积和空间，胸腔容积大，对低频声波共鸣作用明显，也叫“低音共鸣”或“下部共鸣”，同时是不可调节的共鸣器官。胸腔共鸣需在口腔共鸣的基础上加以调节，发出的声音浑厚、宽广。由于共鸣的部位低，有人把它看作一个低音喇叭。胸腔共鸣不参与语音的制造，但可以扩大音量，增加低泛音，使声音听起来洪亮、浑厚、结实，是一个纯粹的“美声区”。胸部在发音时的振动是沿着胸骨上下移动的，随着声音由低到高，震撼集中点由胸骨的下缘上移至喉的下方。发音时把手放在前胸壁能感到胸部在振动，声音越低振动越明显。我们称胸部的振感点为胸部响点或发音的胸部支点。胸腔共鸣能使音量增加，声音听起来洪亮、浑厚而有力。

二、共鸣方式

一般来说，声带发出的“喉原音”是单调乏力的，经过共鸣控制才会悦耳动听，声带所产生的音量是很小的，只占人们讲话时音量的 5% 左右，其他 95% 左右的音量需要通过共鸣腔放大得来。共鸣腔是决定音色的重要发音器官，直接引起语音共鸣的是口腔共鸣。此外，胸腔和鼻腔也有共鸣作用。

民航、高铁服务以及播音发声应做到以情带声、音色自然，相对于朗诵来讲，它的变化更多样，但任何一种发音方式都是有方法可循的，我们仍可以对其进行总结和归纳，从而更灵活地加以运用。播音的发音共鸣方式主要有口腔共鸣、鼻腔共鸣、胸腔共鸣三种。

（一）口腔共鸣

口腔共鸣属于中音共鸣区，是声音的制造场。有声语言表达以口腔共鸣为主，应当充分发挥口腔共鸣的作用，以提高声音的质量。与其他共鸣的声音相比，口腔共鸣最接近人们日常说话的声音，其音色自然、质朴、直白，是一种常用的共鸣方法。

由于每个人的口腔大小、形状以及发音时打开的状态各不相同，因此不同的发音者所发出的口腔共鸣的音量是不一样的。对民航、高铁服务者、播音者来说，先天的骨骼相貌不可改变，但是可以通过改变口腔打开的程度来改变自己的音量甚至音色。口腔共鸣的音色是最自然、最贴近生活的一种音色。用这种共鸣的音色来进行播音或服务会呈现一种真实的、不矫揉造作的亲和之感。

【练一练】

口腔共鸣练习

（1）发 a、i，感觉气流越来越集中到硬腭前部，从听觉上感到声音越来越集中、圆润、响亮。

（2）打开牙关，发复韵母 ai、ei、ao、ou，体会声束沿上腭前行，“挂”在硬腭前部的感觉，或者用“飞”这个音来体会硬腭发响的感觉。反复发“飞”，能感到气息集中打到硬腭的响点，发音越集中越响亮，可以逐渐地体会气息与共鸣之间不可分的关系，从而把握共鸣的变化，并且应用于播音实践中。

（3）发较短促的 ba、bi、bu、pa、pi、pu、ma、mi、mu，使声束打到硬腭前部，这时鼻腔也有微弱的振动，可体会一下微量的鼻腔共鸣。ba、ma 两个音用中声区短促发时，胸腔、口腔、鼻腔的共鸣结合得非常好，可反复发，试着体会。

（4）诵读以开口最大的元音 a、ai 为韵脚的诗词《天净沙·秋》，体会口腔共鸣技巧。

天净沙·秋

〔元〕白朴

孤村落日残霞，
轻烟老树寒鸦，
一点飞鸿影下。
青山绿水，
白草红叶黄花。

（二）鼻腔共鸣

鼻腔共鸣属于高音共鸣区，它产生的生理结构位置是在鼻腔上方，是通过软腭来实现的。当软腭放松，鼻腔通路打开，口腔的通道关闭，声音在鼻腔得到共鸣，就产生了标准的鼻辅音 m、n、ng 等。若鼻腔和口腔同时打开，产生的是鼻化元音，少量的鼻化元音可以增加音色的明亮度，但过多的鼻化会形成“鼻”音，是发音的大忌。鼻腔共鸣需要深呼吸，以保证发音时气息的强度和密度，同时稳住喉头，控制其上下频繁运动，通过自然舒适的呼吸状态保证喉头稳定。

鼻腔共鸣虽然在发音时不费力，但比较挤，声音听起来比较单薄，不够圆润、优美，因此我们一般在民航、高铁服务和播音中运用鼻腔共鸣较少，而在一些外国电影配音的影片中经常能听到鼻腔共鸣的运用。这并不是说在民航、高铁服务和播音的过程中完全不能运用鼻腔共鸣，而是要注意运用的方法，一定要将鼻腔打开，鼻腔打开得越大，则声音越饱满；如果鼻腔空间狭小，音色就会扁而刺耳，毫无美感。

【练一练】

鼻腔共鸣练习

（1）体会鼻腔共鸣。体会鼻腔共鸣，可用 i、a 做练习。为此设计这样的情境：假设你给动画片配音，要扮演一个三岁的小孩子，孩子是受了委屈后，奶声奶气地叫“妈妈”，对着家里的宠物猫叫“咪咪—”。这个情境的设计有助于找到鼻化元音的发音状态，因为小孩子说话的特点是鼻音较重、发音偏前。模拟练习时，可以减小音量，不要捏嗓子。

（2）练习鼻腔共鸣。鼻腔共鸣少的人可使用这个练习，但切勿使鼻腔共鸣过多而导致鼻音色彩过重。可用 m、n 开头的音做练习，体会鼻腔共鸣，然后再发其他音。

妈妈　买卖　弥漫　奶奶　南宁　男女　美满　呢喃
猫咪　门面　木讷　牦牛　闽南　每年　农民　纳闷
阴谋　隐瞒　戏迷　分秒　妇女　困难　温暖　接纳

（3）减少鼻音色彩。鼻腔共鸣过多形成习惯鼻音的同学，可用练习来改善音色。首先应确定鼻音是否过多。有鼻音习惯的发音常常将韵母的元音部分完全鼻化。可用手捏住鼻子，用下列音来检查是否过分使用鼻腔共鸣，如果鼻腔从元音开始就振动，表明鼻腔共鸣使用过度，应减少元音的鼻化程度。

渊源 yuān yuán　黄昏 huáng hūn　间断 jiān duàn　湘江 xiāng jiāng
光芒 guāng máng　荒凉 huāng liáng　中堂 zhōng táng　中央 zhōng yāng

（4）下面诵读鼻音韵尾 n、ng 为韵脚的诗歌《清明》，体会鼻腔共鸣的技巧。

清　明

〔唐〕杜牧

清明时节雨纷纷，
路上行人欲断魂。
借问酒家何处有，
牧童遥指杏花村。

（三）胸腔共鸣

胸腔共鸣属于低音共鸣区，能量最大，发出的声音有深度和宽度，声音听起来深厚、宽广，给听众以庄严、深沉、真实、可信感，是共鸣不可缺少的基础。胸腔是由肋骨支撑的胸廓，是不可调节的共鸣器，由于容积大，对低频声波共鸣作用明显。胸腔共鸣不参与语音的制作，但可以扩大音量，增加低泛音，使声音听起来洪亮浑厚、结实有力。要想获得良好的胸腔共鸣，首先应该使声音在喉、咽、口、鼻各腔体得到很好的共鸣。由于发低音时声带是整体振动，且变长变厚，所以应尽量放松声带，在发音时能感到声带在振动。发音时注意两肋打开、撑住，以维持胸廓的积极状态，产生较好的共鸣效果。

胸腔共鸣的音色比较浑厚，一般来讲，男士运用胸腔共鸣的情况比较多，胸腔共鸣塑造的音色是一种富有磁性的声音，振动胸腔共鸣时，能够感觉到声波在胸腔的明显振动，在播音中胸腔共鸣有助于表达深沉、厚重、忧伤等情感；在民航、高铁服务和播音时胸腔共鸣塑造的音色会给人一种安稳、可信的感觉。

这三种共鸣方式不是孤立存在的，而是互相联系、互相作用的。只有在实际使用过程中，根据情况，选择恰当的共鸣方式，才能在民航、高铁服务和播音时更好地表情达意。

◆【练一练】

胸腔共鸣练习

（1）用高、中、低三个声区发单元音 ɑ、o、e、i、u、ü 的延长音，体会上下贯通的共鸣状态，以及不同声区胸腔共鸣的强弱。尤其是发 ü 音时把手放在胸前，可较强地体会到胸腔振动的感觉。

（2）发上声字来体会胸腔振动的感觉，发慢一些。如“米 mǐ”“海 hǎi”。

（3）发 hèi、hà 由低到高一声声地弹发，体会声音从胸部发出来，胸部响点随着声音高低的弹发而上下移动，同时还可以体会膈肌的运动。

（4）下面诵读《临江仙·滚滚长江东逝水》体会胸腔共鸣技巧的运用。

临江仙·滚滚长江东逝水

〔明〕杨慎

滚滚长江东逝水，
浪花淘尽英雄。
是非成败转头空。
青山依旧在，
几度夕阳红。
白发渔樵江渚上，
惯看秋月春风。
一壶浊酒喜相逢。
古今多少事，
都付笑谈中。

（5）下面这组韵母为 ang、iang、uang 的绕口令对于找到胸腔共鸣的感觉很有帮助，可以反复训练。

大和尚、小和尚

大和尚常常上哪厢？大和尚常常过长江。过长江为哪厢？过长江看小和尚。大和尚原住襄阳家姓张，小和尚原住良乡本姓蒋，大和尚和小和尚，有事常商量。大和尚说小和尚强，小和尚说大和尚棒。小和尚煎汤，请大和尚尝，大和尚赏小和尚好檀香。

任务五　声音弹性

民航、高铁服务人员，由于工作岗位的不同，在不同的环境中，表达内容也不尽相同。为了准确表达语言内容及其蕴含的感情色彩，民航、高铁服务人员应当具有丰富的声音变化能力以适应表达情境的需要。如果其日常服务语言、客舱（列车）播音、与乘客的沟通等场合都是“一个味儿”，就说明“声音弹性差、适应面窄”，不利于有声语言艺术的传播。声音，是表达有声语言最重要的工具，是一种艺术化、规范化的表达方式。人们的思想感情总在不停地运动变化，这种思想感情的运动状态是语言表现的内在动力。这就要求民航、高铁服务人员，尤其是播音员，气息、声音随之产生变化，以声音形式来体现其所感受到的一切，在面对不同的稿件、不同的语境和场景时能够准确细腻地表达情感，使声音呈现不同“弹性”，最终形成二度创作的有声语言表达形式。

一、声音弹性的定义和特点

（一）声音弹性的定义

“弹性”是物理学中的一个概念，是指“物体受外力作用变形后，除去作用力时能恢复原来的性质”，比喻事物可多可少、可大可小的伸缩性和可变性。一般具有柔韧性的物质才可能富有弹性。声音的弹性是借用“弹性”这个物理名词来指“声音的外在表现形式对内在蕴含的内容实质和思想感情的适应和变化能力”，即声音随情感变化而来的伸缩性和可变性。为了表达一定的思想感情，播音员对自己的气息、声音要加以控制，这种控制收纵自如的性质表现在声音的变化上也就是声音的弹性。在表演艺术中，将这称为“声音化妆”。虽然播音语言对声音弹性的要求与表演语言的角色化要求不尽相同，但对声音的变化性、丰富性、感染力的追求却是一致的。因此，可以说播音发声或其他有声语言艺术训练的一个很重要的目的，就是获得声音弹性。

（二）声音弹性的特点

1. 气随情动，声随情变

声音弹性首先是与稿件的思想感情相联系的，因为艺术语言创作是以稿件为依据、以情感变化为中心的。这种变化从根本上来说，是播音员依据文本对语言表达的要求，在播音主持创作中，随着思想感情的变化，对声音形式的一种创意性的设计和把握。气随情动，声随情变，艺术语言的表达过程就是把对稿件内容的不同感受通过不同的声音形式表现出来的过程。声音弹性就是声音色彩在丰富的感情色彩的作用下，所呈现出的可变性、层次性、对比性。在这个过程中，语言艺术工作者必须加强对稿件情境的感受能力、语言的造型能力，用声音表现出丰富的思想感情。比如，稿件的感情色彩是欣喜的，声音是明快的，感情色彩变化是复杂的，声音自然也随之改变。张颂先生在《朗读学》中，就对不同感情色彩引起而产生的相应气息状态和声音形式做过精确的概括和具体的描述：

爱的感情——气徐声柔。　　　　憎的感情——气足声硬。

喜的感情——气满声高。　　悲的感情——气沉声缓。
欲的感情——气多声放。　　惧的感情——气提声凝。
急的感情——气短声促。　　冷的感情——气少声平。
怒的感情——气粗声重。　　疑的感情——气细声黏。

相反，如果一篇精彩的稿件用缺少弹性变化的单调的声音去表现，那么稿件所包含的深层的思想感情就不能通过丰富的声音形式淋漓尽致地表现出来。

尽管丰富的感情色彩，有其相对应的声音色彩，但并不是每个有声语言表达者都能准确地运用这些色彩，而是需要其通过长期的语言实践才能获得。因此，民航、高铁服务人员，尤其是播音员一定要把自己的声音当作画家手中的调色板，训练自己具备把握声音色彩变化的能力，以适应情感表达的需要。

2. 起伏变化，比较呈现

声音弹性所涉及的声音变化是通过比较呈现出来的。有高才有低、有慢才有快、有实才有虚。一篇稿件中丰富的思想感情所支配的声音的起伏变化，无不体现其对比的特性。

3. 声音要素，综合对比

声音弹性所涉及的声音变化还体现在音高、音强、音长、音色这四个声音要素上。在思想感情的作用下，声音的高低、虚实、刚柔、强弱和快慢实际上就是各声音要素结合在一起的综合对比变化。

4. 发音过程，密切联系

声音弹性与发音过程的各个阶段都有密切联系，涉及的发音器官很多，像气息、用声状态、吐字力度等对声音的变化都会产生不同的影响。

简言之，声音弹性就是声音的伸缩性、可变性。有声语言的表达要求有声语言工作者的声音对变化着的思想感情有极强的适应能力、“造型”能力，播音发声要以情感为基础，以声音和气息的控制为关键。了解声音弹性的定义和特点，对我们进行声音的弹性训练有很大的帮助。

二、声音弹性的作用

语言学者林鸿在其编著的《普通话语音与发声》（浙江大学出版社，2014 年第 4 版）一书中将声音弹性的作用概括为以下三个方面。

（一）声音弹性是人们表达稿件丰富的思想感情的一种手段

人们的思想感情是丰富的，也是具体的，其承载的声音形式也是多样的、可变的。播音员要将稿件更深层的含义及感情色彩表现出来，没有具有弹性变化的声音形式是不行的。单一的声音形式难以表现人们丰富细致的内心感受。由于声音弹性所涉及的声音变化呈现可变性、层次性、对比性、复合性等特点，它可以与不同的感情色彩相适应，所以声音弹性就为表现多种多样的思想感情提供了坚实的基础。

（二）声音弹性是声音训练与表达结合起来的重要环节

声音弹性强调声音形式的变化要与感情色彩相适应，而不是单纯地使用声音。在基础发音训练过程中，吐字和发音方法都构成声音变化的要素。但在声音的实际运用中这些要素是结合在一起的。在表达过程中声音形式必须能准确地表达出特定的感情色彩，而不是随意使用声音形式，应该从表达需要的更高层次上来把握声音。声音弹性与其他单纯声音要素不同之处在于它不仅仅是一种声音变化，而是与某些感情色彩联系在一起的内容和形式相结合的更高阶段的声音表现。

(三) 在发音过程中，声音弹性把气息、用声状态、吐字等各要素结合起来

声音弹性与发音过程的各个阶段都有密切联系，涉及的发音器官很多，不仅气息和用声状态对声音变化有直接影响，吐字的力度变化也是构成声音变化的重要因素。虽然单一的声音要素音高的变化也可形成声音高低对比的变化，使声音具有弹性。对声音弹性变化来说，最重要的是把多种声音要素结合在一起的综合对比变化。如刚与柔的声音变化，与气息的强弱、吐字的力度、音色的虚实变化及音高、音量、音长、音强的协调变化有关。表现刚毅的语气，气息的运用就较强，吐字较有力度，音色也较实。因此在表达过程中把握声音弹性变化是使发音各阶段各个要素达到良好结合状态的关键。

三、声音弹性的获得

如何才能获得声音弹性呢？这就要求民航、高铁服务人员，尤其是播音员一定要掌握获得声音弹性的技巧，并加强声音弹性的对比训练。

(一) 获得声音弹性的途径

人的思想感情在一定的语言环境中是不断运动的，而人的声音通过控制调节是可变的。这是取得声音弹性的必要条件。声音的可变又要依靠气息自如、喉部放松、口齿灵活。

1. 对感情深刻的体验是获得声音弹性的内在依据

人们的感情是丰富的，对感情深刻的体验，是取得声音弹性的先决条件，是声音色彩变化的内在依据。只有细腻丰富的真情实感，才能体现与情感相适应的真实的声音。任何声音弹性训练绝不能脱离一定的语言环境，而只去训练音高、音强、音长、音色等物理量。作为一名播音员，要具有丰富的思想感情及细腻的感受，要善于根据栏目、稿件、话题的内容，深入体会情感运动中的细微变化，并将之自如地运用到播音中。

2. 气息随感情运动是获得声音弹性的重要基础

气息是发音的动力，是由情到声的桥梁。“气随情动，声随情变”是由内及外，由情及声的过程，要使声音富于弹性，必须注意气息随感情的运动，处理好情、气、声之间的关系。气息的运动是由内部体验到外部体现的贯穿性技巧。

【小贴士】

李延国的报告文学《在这片国土上》片段

这是一个多雪的冬天。燕山银装素裹，引滦战士住的营帐变成了一只只巨大的白蘑。指导员陈庆辉踏着积雪从工地回来……（此处感情是含蓄平衡的，呼吸也是平稳的）

他撩起三班帐篷的门布，顿时被一幅景象惊住了：许冠群，那个颧骨高高，平日看来老实巴交的壮族同胞，正纠合着六七个壮族老乡在喝酒！……“许冠群，工班前喝酒，这是纪律决不允许的！”（由于惊讶、气愤，呼吸的速度加快了，不那么平稳了，“许冠群”说出之后急吸一口气，后面的语言节奏也加快了。“工班前喝酒”前呼吸沉下来，吐字的力度加

强了，以示问题的严重）

呼吸随着内容的推进随时有细微的变化，这种变化是不间断的。要体会呼吸与感情运动的关系并能自觉运用，就会使语言表达跃入一个新阶段，找到一条贯穿内部体验与外部表达手段的桥梁。通过呼吸把各种表达技巧组织成为一个有活力的有机体。这样的表达是内在的、没有雕琢痕迹的。感情越深刻、越细致、越具体，气息的变化越生动多姿、越有活力，声音色彩的变化也越丰富、越鲜明，声音也就越有表现力。

3. 良好的发音控制能力是加强声音弹性的必要条件

声音是在气息的自如控制下，放松喉部，口齿灵活运动的情况下变化的。要加强声音弹性，就必须在发音各个环节的控制上留有余地。音量不能过大过小，音调不能过高过低，口腔开度不能过大过小，口腔肌肉不能过紧过松，字音的着力点不能过于靠前靠后，等等，弹性是柔韧的表现，发音控制的核心就是要把握好分寸。只有具备一定的声音控制能力才能体现出声音色彩的各种对比变化，提高语言表达能力。

（二）声音弹性的对比训练

声音弹性是在对比当中表现出来的，加强声音的对比训练是提高声音弹性和丰富色彩的有效办法。声音弹性对比训练包括强与弱、高与低、虚与实、快与慢、刚与柔、放与收、厚与薄和明与暗等。声音弹性不只是以单项对比形式出现的，而常常是以复合形式出现的。例如，“刚”与“明”、“高”与“强”、“虚”与“柔”的复合形式等。气息的深浅、徐急，声音的高低、强弱、快慢、虚实、明暗、刚柔、厚薄等，都是通过对比体现出来的。不仅有音色的虚实变化，同时也伴随着音高、音量，甚至音长的变化。这种变化涉及的声音要素和发音器官较多，对声音控制的技巧性要求较高，需要长时间的综合训练才能获得。

1. 强与弱

音强的变化影响着音量的大小，主要表现为气流和发音强度的变化。坚定、有力、激昂、高亢的感情色彩常表现出较强音量，而软弱、无力、消沉、悲伤的感情色彩则需要较弱的音量来表现。

（1）声音有层次地由弱到强。音高不变，先用弱声，一遍比一遍略强，到最强时不能有喊的感觉。例如：

伟大的祖国，伟大的人民。

（2）逐渐增加由弱到强的中间层次。例如：

花红柳绿春色满园，花红柳绿春色满园，花红……

（3）小音量练习，读一个小段子，使字音保持一定的清晰度，不压、不噎、不吃字。例如：

参加这次决赛的中国选手胡晓平（注：她是我国第一位获得国际声乐比赛大奖的女歌唱家），走的道路是不平坦的。她比我们的共和国晚出生一年，懂事后，有一大半是在动荡岁月中度过的。……胡晓平固然有歌唱家的禀赋，但更具有惊人的毅力和刻苦的精神。“台上几分钟，台下十几年”，为了唱好每个音符，每个字母，胡晓平几十遍地反复练习，舞台上生动优美的那一刹那，台下却需要无数单调、枯燥的动作。

（4）弱中间强。随着文稿内容的发展，在小音量的基础上，加以较强音量。以下材料中文字下面划线处适当加强，练习时加强的幅度可略为夸张。

当乐曲的最后一个音符戛然而止时，会场突然鸦雀无声，一片沉静。帐幕缓缓闭合后，掌声、喝彩声骤然而起，人们起立欢呼。掌声长达三分钟，演员出来谢幕五次。“啊，中国！”“女主角是中国人，真没想到！”人们赞叹地在议论。

（5）强弱的远距离对话练习。一人分别饰演两个角色进行远距离的对话。在练习时，可以随时改变距离，但要确保声音的空间感合乎常理，体会不同距离下声音强弱的变化。例如：

甲：喂——，喂——，小芳——

乙：嗳——

甲：快——来——啊——

乙：怎么了——呀——

甲：一起去看——电——影——吧！

乙：好——啊！

【练一练】

请读出以下句子，注意其中的强与弱。

（1）（弱）他暗暗下定决心：（强）我一定努力学习，决不辜负党的培养。

（2）（强）他掏出手枪对准敌人的胸腔“叭叭”就是两枪。（“叭叭”声音较强）

（3）（弱）轻轻的我走了，正如我轻轻的来，我轻轻地招手，作别西天的云彩。

——徐志摩《再别康桥》

（4）（弱）第一锤打下来，他的双手感到有些震动。（稍强）第二锤，震得他虎口发麻。（强）第三锤打下来，他整个身子都弹了起来。

（5）他的心（较强）怦怦地跳着，（弱）他暗自下定决心（强）我绝不能那样做。

（6）呵，白雪飘飘，飘飘白雪。她，带给人间多少向往，她纵情欢呼新的岁月！

（弱）　（这句逐渐加强）　（这句强）

2. 高与低

这一声音变化主要指在本人音域范围内声音高低的变化。如激动、喜悦、紧张等情绪的声音呈升高趋势；向消极一端发展的感情色彩，如安静、悲伤、放松，声音倾向低沉。

（1）有层次地爬高降低。根据下面的句子，先用低调说，一级一级地升高，然后再一级一级地降下来。例如：

低：伟大的祖国，伟大的人民　　中：伟大的祖国，伟大的人民

高：伟大的祖国，伟大的人民　　中：伟大的祖国，伟大的人民

低：伟大的祖国，伟大的人民

（2）高低交替练习，使气息、声带做跳跃式的调整。例如：

高：伟大的祖国，伟大的人民　　低：伟大的祖国，伟大的人民
高：伟大的祖国，伟大的人民　　低：伟大的祖国，伟大的人民

（3）一句话中声音有高低变化。例如：

烟笼	寒水	月	笼沙		
（中）	（更低）	（高）	（低）		
碧玉	妆成	一树高，	万条	垂下	绿丝绦
（中）	（低）	（高）	（中）	（更低）	（低到中）
蓝蓝的	天上	白月飘，	白云	下面	马儿跑
（中）	（高）	（中到高）	（中）	（更低）	（低）

【练一练】

请读出以下句子、注意其中的高与低。

（1）（高）站住！你给我回来！不，（稍低）不，（稍高）我就不回去。

（2）（高）对面是高耸入云的大山，（低）脚下是波涛汹涌的急流。

（3）（低）奶奶把小女孩抱起来，搂在怀里。（高）她们两人在光明和快乐中飞起来，（更高）她们越飞越高。飞到没有寒冷、没有饥饿的天堂去……

——〔丹麦〕安徒生《卖火柴的小女孩》

（4）（低）它轻轻扇动翅膀飞起来，（高）越飞越高，（更高）越飞越高。

（5）老人伫立在窗前，（高）他举目遥望苍天，繁星宛若五色的百合漂浮在澄净的湖面上。（低）老人又低头看看地面，几个比他更加无望的生命正走向它们的归宿——坟墓。

——〔德〕里克特《两条路》

（6）（高）床前明月光，（次高）疑是地上霜。（次低）举头望明月，（低）低头思故乡。

——〔唐〕李白《静夜思》

3. 虚与实

这一声音变化表现为音色的变化，它是由声门开闭状态不同造成的。实声响亮扎实，多表达严肃、紧张、激动或兴奋的感情色彩；虚声音色柔和，常与亲切、轻松的感情色彩联系在一起，一般来说，适当的虚实变化会使表达更生动。

（1）选用新闻评论、报告类的文章练习偏实的声音。声带轻松闭合，声音扎实、响亮、清晰度高。

实声：2021 年 1 月 1 日，民法典正式实施。面对这份献给人民的“新年贺礼”，我们应当如何去拥抱它？实施好民法典，将纸面上的法典转化为现实中活的法典，让民法典真正融入我们的生活，让法典精神真正扎根中国土壤，使其中所蕴含的平等意识、契约精神、诚信观念等直抵民心，成为人们日常生活中的行为准则，化作市场经济的自觉遵循，才是民法典更为深远的时代价值之所在。

（2）选用文学作品中描述想象中的虚幻事物、说悄悄话等段子、语句来练习虚声。声门有一定的开度，气息逸出较多，要注意控制。

（实）她悄悄地问：（虚）“你什么时候带我去呢？”

叶子出水很高，像婷婷的舞女的裙。

——朱自清《荷塘月色》

（先用实声）（从高这儿开始虚）

月光如流水一般，静静地泻在这一片叶子和花上。（这句话稍微虚些）

——朱自清《荷塘月色》

（3）虚实结合对比练习。

（虚）“小卢——”“亚带——”（实）战友们追着洪水狂奔、呼叫……但再也听不到这位年仅21岁的战友的回音了。

【练一练】

请读出以下句子，注意其中的虚与实。

（1）（偏实）一种家用手动编织机，最近在湖南益阳通过鉴定。这种编织机，主要适用于粗的和中粗的毛线加工毛衣。

（2）（偏虚）悠闲的下午茶时光，感谢您的陪伴，接下来的节日我们一起聊聊温泉养生的话题。

（3）（实）他爬上山顶大声呼喊：（虚）“张华！你在哪里？”

（4）（实）我轻轻地问：（虚）“大夫来过了吗？”（这里用虚声表示声音轻和亲切的感情色彩）

（5）（实）她的一双小手几乎冻僵了。（虚）啊，（实）哪怕是一根小小的火柴，（虚）对她都是有好处的！

——安徒生《卖火柴的小女孩》

（6）（实）从局长办公室出来，余则成的眉头紧锁，陷入沉思中：（虚）局长到底发现了什么？（用虚声留下悬念，使人产生兴趣）

（7）（实）这些树有的笔直，像威武雄壮的战士。（虚实之间）有的端庄，像文静的书生。（虚）有的婀娜多姿，像是天上的仙女。（用不同音色加强景物的形象）

4. 快与慢

这一声音变化表现为发音速度，或发音长度的变化。发音速度的变化可形成声音的节奏，发音速度快，给人以匆忙、紧张的感觉，发音速度缓慢则给人以放松、平和的感觉，二者在语流当中的对比变化形成感情色彩的变化。

【练一练】

请读出以下句子，注意其中的快与慢。

（1）（慢）江姐从地上慢慢地站起来，用手捋了捋凌乱的头发，用轻蔑的眼神看了守卫一眼，走出门去。

（2）（快）他放下电话，跑出办公室，登上自行车飞一般地冲出大门。

（3）（慢）一望无际的草原上，只有羊群在静静地吃着草。（渐快）突然，天边出现一团乌云。紧接着，雷声大作，雨点噼里啪啦地掉了下来。（一开始的景色是安静祥和的，所以用舒缓的节奏，到了后面你可以想象雷阵雨的情景，让声音语速去贴合这个节奏）

（4）（快）他匆匆跑上楼，用力拉开房门，（渐慢）只见孩子正在床上酣睡着，他的一颗心才算落了地。

（5）（慢）她沉默了，眼神也黯淡下来，（更慢）只见她从地上慢慢地站起来，用手擦了擦还没干的眼泪，步履缓缓地朝门口走去。

（6）（快）他赶紧躲向路边，但飞驰而过的汽车还是溅起无数泥点打在他身上。（慢）他慢慢站起来，弹了弹身上的泥，缓缓朝村边走去。

5. 刚与柔

“刚”多是实声、音量较大、中高音，吐字有力；“柔”则与虚声、低音、弱音量，以及略松散的吐字有关。声音要能刚能柔，刚柔相济。也就是说，刚与柔既是对立的两个侧面，又是你中有我，我中有你；要刚中有柔，柔中有刚，使声音柔韧而富于变化。既不能硬邦邦地僵直，也不能软绵绵的像没有骨头似的，要知道“过刚则直，过柔则靡”的道理。

一般反映较重大政治事件及感情激越的稿件多是偏刚的声音，胸腔共鸣充分，气息和口腔控制比较有力；而抒情性的生活气息较浓的及服务性的稿件用声则较为柔和，气息和口腔的控制都比较和缓。一篇文章中刚柔经常是结合在一起的，训练时可找典型的稿件来练习。那种不问稿件需要，一味地刚或柔的做法都是不恰当的。

（1）刚的训练。以下是宋朝大诗人陆游的诗《书愤》，朗读前要了解历史背景，在朗读中用“刚”的声音体现诗人陆游胸中的郁愤之情。

书　愤

〔北宋〕陆游

早岁那知世事艰，中原北望气如山。
楼船夜雪瓜洲渡，铁马秋风大散关。
塞上长城空自许，镜中衰鬓已先斑。
出师一表真名世，千载谁堪伯仲间！

（2）柔的练习。这三首《忆江南》词描绘了如诗如画的江南美景，表达了大诗人白居易对江南的怀念之情，情感细腻、真实，读来朗朗上口。可以用“柔”的声音来朗读这三首词。

忆江南三首

〔唐〕白居易

其一
江南好，
风景旧曾谙；

日出江花红胜火，
春来江水绿如蓝。
能不忆江南？

其二
江南忆，
最忆是杭州；
山寺月中寻桂子，
郡亭枕上看潮头。
何日更重游？

其三
江南忆，
其次忆吴宫；
吴酒一杯春竹叶，
吴娃双舞醉芙蓉。
早晚复相逢？

【练一练】

请读出以下句子，注意其中的刚与柔。

(1)（刚）刘胡兰眼睛里射出愤怒的光芒，对敌人说："我自己走！"她坚强地迈出大步走了出去，像巨人一样挺立在广场上。

(柔）刘胡兰英勇地牺牲了。她的英雄事迹永远在人们中间流传。

(2) 方志敏同志具有革命的眼力，他想得一点不错。在白色恐怖弥漫的年代里，无论环境怎样险恶，鲁迅先生一直把密信和文稿珍藏着。他清楚地知道，这是共产党人用鲜血写成的最后的报告，其中有着中国革命的经验和教训。直到一九三六年四月，鲁迅先生在他逝世前半年，才找到了一个稳妥的渠道，把这些重要的文件迅速地转给了中国共产党中央委员会。

鲁迅先生不是中国共产党党员，可是，在所有共产党员的心目中，他永远是一个能以生命相托的，最可信任的同志。

(读本段需要用偏刚的声音，特别表现在下面划线处)

(3) 盼望着，盼望着，东风来了，春天的脚步近了。一切都像刚睡醒的样子，欣欣然张开了眼。山朗润起来了，水涨起来了，太阳的脸红起来了。

——朱自清《春》

(读本段需要柔和的声音)

6. 放与收

这是指以气息统领的声音的放开与收拢，是气息与声音的运动形态。为适应思想感情的不断运动，气息声音也在不断运动变化，时而纵，时而收。一般情况下，当思想感情处于递进上升状态时，气与声是放开的，气息流速较大，及时补充保持一定压力，声音具有一定力度，整个语流给人以"一往无前"感。而当思想感情处于沉静收束状态时，气与声是收拢的，气息较沉而缓，压力较小，声音也较沉稳。在气与声的纵或收的状态中，又包含若干小的纵收，这样就形成了言语的波澜起伏。这种气与声的纵与收的变化是随着对作品内容的具体感受而来的。如果气息声总是平稳的，不能根据需要或纵或收，言语就必然平淡无味。因此可以说，只有掌握了纵、收的技巧，声音才是具有活力的；否则，即使声音的高低、强弱、明暗等变化都是适宜的，也还可能是呆板、缺乏活力的。请看下面的例子：

白杨树是不平凡的树，它在西北极普遍，不被人重视，就跟北方的农民相似；它有极强的生命力，磨折不了，压迫不倒，也跟北方的农民相似。我赞美白杨树，就因为它不但象征了北方的农民，尤其象征了我们民族解放斗争中所不可缺少的朴质、坚强、力求上进的精神。

朗读矛盾《白杨礼赞》这一段时，气与声必须持“纵”的状态，虽然在两个“跟北方的农民相似”处略有小收，但总的状态是“纵”，读来才能铿锵有力。如果用“收”的状态朗读，必然会疲沓、沉重，达不到应有的效果。

鲁迅《社戏》中的这样一段，须用“收”的状态来读：

总之，是完了。到下午，我的朋友都去了，戏已经开场了，我似乎听到锣鼓的声音，而且知道他们在戏台下买豆浆喝。

而同一文章的另一段，却是一种“小纵”的状态：

我的很重的心忽而轻松了，身体也似乎舒展到说不出的大。一出门，便望见月下的平桥内泊着一只白篷的航船，大家跳下船，双喜拔前篙，阿发拔后篙，年幼的都陪我坐在舱中，较大的聚在船尾。母亲送出来吩咐“要小心”的时候，我们已经点开船，在桥石上一磕，退后几尺，即又上前出了桥。

由此可见，训练气与声的纵、收能力是取得声音弹性的重要一环。这种能力对朗诵感情起伏较大的作品尤重要。另外，在句子及层次处理中，也有气与声的相对纵、收问题。一般情况下，在句子进行中，气与声相对地处于“纵”，也就是“连绵不断”的状态，而当一个完整的意思结束时，气与声相对处于“收”的状态。该“纵”处“收”了，会使意思中断；该“收”处不收，又会影响层次的清晰。

（1）纵的训练。如毛泽东的词《沁园春·雪》，全词熔写景、议论和抒情于一炉，意境壮美，气势恢宏，感情奔放，胸襟豪迈，颇能代表毛泽东诗词的豪放风格，要用“纵”的声音来朗诵。

沁园春·雪

毛泽东

北国风光，
千里冰封，
万里雪飘。
望长城内外，
惟余莽莽；

大河上下，
顿失滔滔。
山舞银蛇，
原驰蜡象，
欲与天公试比高。
须晴日，
看红装素裹，
分外妖娆。

江山如此多娇，
引无数英雄竞折腰。
惜秦皇汉武，
略输文采；
唐宗宋祖，
稍逊风骚。
一代天骄，
成吉思汗，
只识弯弓射大雕。
俱往矣，
数风流人物，
还看今朝。

（2）收的训练。《声声慢》这首词，通过描写残秋所见、所闻和所感，抒发了李清照因国破家亡、天涯沦落而产生的孤寂寥落、悲凉愁苦的心情，具有浓厚的时代色彩。应用“收”的声音来朗诵。

声声慢

李清照

寻寻觅觅，
冷冷清清，
凄凄惨惨戚戚。
乍暖还寒时候，
最难将息。
三杯两盏淡酒，
怎敌他、
晚来风急！
雁过也，
正伤心，
却是旧时相识。

满地黄花堆积，

憔悴损，
如今有谁堪摘？
守着窗儿，
独自怎生得黑？
梧桐更兼细雨，
到黄昏、
点点滴滴。
这次第，
怎一个愁字了得！

【练一练】

请练读以下句子，注意其中的纵与收。

(1)（渐收）这是勇敢的海燕，在闪电之间，在怒吼的大海上高傲地飞翔。（收）这是胜利的预言家在叫喊：——（纵）让暴风雨来得更猛烈些吧！……

——高尔基《海燕》

(2)（收）黄河之滨，集合着一群中华民族优秀的子孙。（渐纵）人类解放，救国的责任，全靠我们自己来承担。同学们努力学习，团结、紧张、严肃、活泼，我们的作风。同学们积极工作、艰苦奋斗、英勇牺牲，我们的传统。（纵）像黄河之水，汹涌澎湃，把日寇驱逐于国土之东，向着新社会前进，前进，我们是抗日者的先锋。

——《抗日军政大学校歌》

(3) 我扑到指导员身上大声地喊："指导员，指导员……"好半天，他才微微睁开眼睛，嘴里叨念着："书……书……"（纵、收结合练习）

——林阿绵《珍贵的教科书》

7. 厚与薄、粗与细

厚、薄、粗、细的含义虽然有区别，但在发音中，厚与粗、薄与细可放在一起练习体会。厚、粗的声音往往音高偏低、音量较大，常用于深沉、庄重的语气；薄、细的声音一般较高、音量较小，多表现轻巧、活泼、欢快的情绪，是一种与声音共鸣变化有关的对比形式。厚、粗的声音可以用加深气息、加强胸腔共鸣来体会。薄、细的声音可以用提颧并通过较浅的气息、较少的胸腔共鸣来体会。一般地，可以用感情深沉的诗词、句段来练习声音的厚度；用轻松活泼的知识小品来训练声音的轻巧。

厚：人生的价值在于贡献，人才的贡献是闪耀着创造性劳动光辉的珍珠，因而它的比重是超常的，谁想摘取它，谁就要站在坚实的基础之上。

薄：胡萝卜是冬春季的主要蔬菜，同时又是珍贵的多汁饲料。许多国家都大面积栽培胡萝卜，它是根菜类蔬菜里分布最广的一种。

(1) 厚的训练。以下是历史纪录片《故宫 100》第一集"天地之间"解说词，读来要用"厚"的声音体现历史的沧桑和沉重感。例如：

气味、声音、光线，稍纵即逝，被时光切割的记忆构成了我们的生活。而对于这座城，我们几乎没有记忆。因为从前百姓不能进入这座城，他的记忆只属于皇帝。皇帝的记忆不能说，别人也无从知道。那些想象中已经褪色的历史，如今依然清晰地封存在这个空间散落的碎片里。一座城，一座大得令人茫然的城。它是大地上长出的天空之城。人在天地间，也在历史和现实间。秦时明月，汉唐风度，在这明清的城里，我们生活中那些被称为历史的东西可以被真实地触摸。走进这座城，不论是有心还是无意，都会留下与这座城彼此映照的影像，成为它记忆中一部分。紫禁城是一面镜子，天空、大地、记忆、未来，所有的地方，所有的时光，所有有情的生命都刻在这一刻的映照中被唤醒。

(2) 薄的训练。以下是寓言故事《谦虚过度》，里面有水牛爷爷、狐狸艾克、小松鼠等角色，艾克和小松鼠的语言可以用“薄”的声音体现，注意通过声音体现角色的性格。例如：

谦虚过度

水牛爷爷是森林世界公认的谦虚人，很受大家的尊重。小白兔夸它：“水牛爷爷的力气最大了！”“唉，过奖了，犀牛、野牛的力气都比我大”；小山羊夸它：“水牛爷爷贡献最多了！”它就说：“唉，不能这样讲了，奶牛吃下的是草，挤出来的是奶，它的贡献比我多。”

狐狸艾克很羡慕水牛爷爷谦虚的美名。它想：“我也来学习一下谦虚吧，这谦虚太好学了。”它想：“水牛爷爷的谦虚不就是这两点吗？一是把自己的什么都说小点儿；二是把自己的什么都说少点。嗯，对！就是这样。”

一天，艾克和一只小老鼠相遇了。小老鼠见艾克有一条火红蓬松的大尾巴，不禁发出了由衷的赞美：“哎呀，艾克大叔，您的尾巴真大呀！”艾克学着水牛爷爷的口气，歪歪嘴说：“唉，过奖了，你们老鼠的尾巴比我大多了。”“啊，什么？”小老鼠大吃一惊：“你长那么长的四条腿，却拖根比我还小的尾巴？”艾克谦虚地说：“哎，不能这么讲了，我哪有四条腿，三条了，三条了。”小老鼠以为艾克得了精神病吓跑了。

艾克的谦虚没有换来美名，倒换来一大堆谣言。大家说：“唉，森林世界出了一条妖怪狐狸，只有三条腿，还拖一根比老鼠还小的尾巴……”

【练一练】

请读出以下句子，注意其中的厚与薄。

(1) 春风像慈母的手抚摸着大地。小草被春风吹得翩翩起舞，好看极了，小动物也被春风吹得浑身舒服；农夫们在春风吹拂下开始撒播种子，为将来美好的收获而工作。(以薄为主)

(2) 突然狂风大作，天空乌云密布，黑压压地叫人透不过气来。不一会，狂风夹着暴雨倾泻下来。(以厚为主)

(3) 冬季，北国的兰州虽然寒气袭人，但市场上的新鲜蔬菜却碧绿嫣红，青翠欲滴。水灵灵的蔬菜中，最吸引买主的是洁白纯雅，营养丰富的冬令补品——百合。那层层鳞片组成的果实，宛如盛开的白牡丹，更像怒放的白莲花，格外惹人喜爱。在蔬菜家庭里，百合集多种养料于一身，含有丰富的蛋白质、糖、脂肪、矿物质、铁、磷、钙和多种维生素成分。炒菜，入饭，煮粥都可以，香甜适口，味醇开胃。如果把兰州的百合与兰州的玫瑰调制成“百合玫瑰羹”，风味别具一格，可以跟莲子羹比美。百合适应性强，祖国东西南北，山川

平原，不管冷热温燥，不择气候土壤，都可以种植。(以薄为主)

(4) 沉浸在往事中的妈妈，不由自主地攥紧了小静的手。小静抬起头，原想向妈妈提出抗议，一眼看见晶莹的泪水顺着妈妈的双颊滚淌下来，妈妈那瘦削的脸也因为痛苦和愤怒变得有些歪扭了。妈妈的额头上那深深的纹理，那由痛苦和屈辱结成的像蜘蛛网似的网络，更深了，而且颤抖着。看到这些，小静鼻子一酸，也哭了。(以厚为主)

8. 明与暗

一般朗诵多用较为明朗的声音，但要根据作品内容需要，明暗适宜。明朗声音共鸣的位置略靠前，声音偏高、略紧，切忌用捏挤嗓子或用上部共鸣的办法寻求声音的明朗；暗声共鸣位置略靠后，声音偏低、略松。明朗的声音易于表现开朗、欢快、赞颂等情绪，较暗的声音则有利于表现深沉、感伤等情绪。

(1) 选内容明快的句段，作轻松、明朗的声音练习。这是朗诵者使用最多的音色，一定要妥为掌握。例如：

(明) 朋友，你到过天山吗？天山是我们祖国西北边疆的一条大山脉，连绵几千里，横亘准噶尔盆地和塔里木盆地之间，把广阔的新疆分为南北两半。远望天山，美丽多姿，那常年积雪高插云霄的群峰，像集体起舞时的维吾尔族少女的珠冠，银光闪闪；那富于色彩的连绵不断的山峦，像孔雀开屏，艳丽迷人。

——碧野《天山景物记》

选用内容较为深沉或沉痛的句段来练习较暗的声音。朗诵作品时，虽然多用明朗的声音，而“暗”声也是绝不可少的。比如，朗读鲁迅先生的杂文《为了忘却的纪念》，如果用明朗的声音，必然导致情趣迥异，面目全非；只有较暗的声音才可能体现出作品的内涵。以下是这篇杂文的第一段，可用来做“暗”的声音练习。

(暗) 我早已想写一些文字，来纪念几个青年作家。这并非为了别的，只因为两年以来，悲愤总时时来袭击我的心，至今没有停止，我很想借此算是竦身一摇，将悲哀摆脱，给自己轻松一下，照直说，就是我倒要将他们忘却了。

——鲁迅《为了忘却的纪念》

(2) 用明朗或较暗的声音作对比练习。把“中国伟大，山河壮丽”这句话放在不同的语境下练习。用明朗的声音体现开朗、欢快、赞颂，用较暗的声音体现深沉的情感。

【练一练】

请读出以下句子，注意其中的明与暗。

(1) (暗) 黑暗的旧中国，地是黑沉沉的地，天是黑沉沉的天。灾难深重的人民啊，你身上带着沉重的锁链，头上压着三座大山，你一次又一次地呼喊，一次又一次地战斗，可是啊，夜漫漫，路漫漫，长夜难明赤县天……

——大型音乐舞蹈史诗《东方红》

(2) (稍暗) 雨依然哗哗地下着，风还在呼呼地刮着，火车在加速奔驰，李萧的身影在雨幕中消失了，我们何时才能再相会呢？

(3)（明）现在，果林里鲜花正盛开，火红的桃花，雪白的梨花，娇艳的海棠花，楚楚动人的樱桃花，都开得笑盈盈的。

(4) 总理的灵车缓缓地开来了。灵车四周挂着黑色和黄色的挽幛，上面装饰着白花，庄严、肃穆。人们心情沉痛，目光随着灵车移动。好像有谁在无声地指挥。老人、青年和小孩，都不约而同地站直了身体，摘下帽子，静静地望着灵车，哭立着，顾不得擦去腮边的泪水，舍不得眨一眨眼睛。(用较低沉、偏暗的声音，体现沉痛的情感)

——吴瑛《十里长街送总理》

(5)（明暗交替练习）一天下午，爸爸满脸悲伤地拿着一封信走进家门，把信递给我，沉痛地说："你表哥，他，他……他牺牲了。这是他临终前留给你的一封信。"犹如晴天霹雳，我简直不敢相信自己的耳朵，颤抖着双手拆开信："亲爱的妹妹：战斗越来越激烈了，也许最后的时刻就要到来了。妹妹，再送几朵山菊花给你，如果我牺牲了，就把我的骨灰撒在祖国的大地上，让山菊花开得更鲜美……"我的眼睛模糊了，情不自禁地失声痛哭……

总之，声音的弹性训练是一种与感情色彩结合的特殊的发音训练。声音训练的目的是达到情、声、气的完美统一。只有在气息和吐字技巧的把握上非常娴熟，才能适应思想感情运动的需要，才能用声音色彩的变化来表达稿件丰富的内涵。进行声音弹性的练习，要注意由简入繁，由浅入深，逐渐掌握声音的各种变化形式，使声音具有丰富的表现力。

【练一练】

语音发声综合训练

请运用本项目所学的语音发声知识和方法，朗读下面两首诗歌，进行语音发声综合训练。

假如生活欺骗了你

〔俄〕普希金

穆旦　译

假如生活欺骗了你，
不要忧郁，也不要愤慨！
不顺心的时候暂且容忍；
相信吧，快乐的日子就会到来！
我们的心永远向前憧憬，
尽管活在阴沉的现在。
一切都是暂时的，转瞬即逝，
而那逝去的将变为可爱。

当你老了

〔爱〕叶芝

袁可嘉　译

当你老了，头发白了，
睡意昏沉，炉火旁打盹，

请取下这部诗歌，
慢慢读。
回想你过去眼神的柔和，
回想它们昔日浓重的阴影。
多少人爱你青春欢畅的时辰，
爱慕你的美丽，假意或真心，
只有一个人爱你那朝圣者的灵魂，
爱你衰老了的脸上痛苦的皱纹！
垂下头来，在红光闪耀的炉子旁，
凄然地轻轻诉说那爱情的消逝。
在头顶的山上它缓缓踱着步子，
在一群星星中间隐藏着脸庞。

任务六 科学练声与嗓音保护

播音员在实际工作中，都必须大量运用有声语言。播音主持有声语言形象艺术的良好塑造可以让信息传播工作更好地开展，可以更好地满足信息传播要求，更好地满足受众获取信息的要求。面对高强度的播音作业，民航、高铁播音员通过合理、正确的方式发出声音，会使自身工作状态更加轻松。而错误的发音往往使播音员的专业状态更加疲惫，语音僵硬，声音问题频发，从而干扰了播音员工作心理，也无法实现人、声、气的融合，从而无法全面、流畅地实现每个稿件的播出。所以，正确练声以及嗓音保护对播音员、主持人的合理用音起着关键作用。

一、科学练声

“声音”是实现播音员、主持人与受众间“信息互动、情感互动、人格互动”的唯一或重要表现手段，“声音”是播音员、主持人引领社会语言典范与审美提升的重要呈现方式，“声音”质量直接影响节目的效果，“发音”能力直接影响播音员的职业寿命。科学练声，掌握发音技巧，熟练驾驭自己的声音，是播音员的基本功。

所谓练声，是指利用每天早晨的时间集中训练的学习环境，进行发音训练的过程。播音主持专业的学习者为什么要在每天早晨练声？首先，因为好的发音习惯并非一蹴而就的，而是必须日复一日地积淀和锻炼；其次，由于大家都在早晨有统一的空闲时段；再次，每日早晨练声还有助于养成学习者早睡早起的健康生活习惯以及努力工作和坚持不懈的优秀品格，从而为其日后走向工作岗位奠定了扎实的业务基础、体质基础和精神基础。对学习播音主持专业的学习者以及长期从事播音主持工作的人来说，坚实的基础是反映一个人专业知识水准的关键因素。要想让自己的嗓音更具有艺术魅力，正确练声就是必要的手段。民航、高铁服务人员，尤其是播音员只有通过科学而长期的练声获得扎实的基本功，才能更好地为旅客服务。

（一）练声的根本任务

1. 解决语音发声问题

“练声”首先要解决在学习及工作中遇到的语音发声等基础性问题，包括“普通话语音、呼吸控制、口腔控制、喉部控制、共鸣控制、声音弹性、情声气结合”等。练声的第一要义，就是要找到语音与发声的基础问题所在，明确改正方法，不断刻意纠正，最终实现有声语言表达规范自然。

2. 提升语言功力

“练声”在解决了语音发声等问题之后，不可就此止步，而应从“纠正字音”的功利性道路，转向“提升语言功力”的非功利性道路。练声是“曲不离口、拳不离手”的勤学追求；练声是“大珠小珠落玉盘”的悦耳追求；练声是“一语道破，豁然开朗”的明义追求；练声是“未成曲调先有情”的情感追求。作为学习者应以“方法得当的时时训练以触达语言本质含义”为宗旨，不为“练声”而“练声”，时时打磨，处处留意，不断提升有声语言表达功力。

3. 获得声音自由

声音自由是指表情达意时，因发音肌肉群的肌肉记忆而使下意识的声音恰切、准确。在真实的表达场景中，“声音自由”不仅是指声音的高低、快慢、强弱、虚实的随心转换，也包含喜、怒、哀、乐、欲、惧等情绪的外化贴切。要想获得声音自由，非“坚持科学练声”不可达到。

练声是播音员的必练基本功，这就像是一个大厦的基础，不能没有，而且是十分关键的，因此，民航、高铁服务人员，尤其是播音员既要认真练声，也要科学地练声，唯有如此方可适应民航、高铁服务中对旅客传情达意的要求，使声音充满活力、色彩鲜明。

小贴士
坚持练声对身体有哪些好处？

（二）练声常见问题及纠正

1. 闷暗

（1）音色：沉闷、缺少光泽（亮度）。

（2）原因：口腔肌肉松散，牙关不开。这样的发音没有共鸣，给听众有声无字的感觉。

（3）纠正：

①加强 21 个声母的重点练习，同时与开、齐、合、撮四呼结合起来练习，全面锻炼口腔；

②双唇音 b、p、m 与开口呼韵母相拼的音节练习，速度缓慢，吐字有力，韵腹拉开立起，收好字尾 b-ang—bang（棒）、p-ang—pang（庞）、m-ang—mang（忙）、b-ai—bai（百）；

③如果遇到发音部位靠后的声母、韵母，应该有意识地往前送，在不影响音色的前提下，发音部位前移，可做四字词练习：花红柳绿、锦绣河山、山明水秀、心知肚明；

④练习绕口令。

2. 喊叫

（1）音色：尖锐、刺耳、粗糙，有时跑音。

（2）原因：盲目追求高音造成的，呼吸部位浅，舌根、颌部、下腭肌肉紧张，喉咙被卡紧。

（3）纠正：

①调整好呼吸，吸气部位要深，呼气控制，提起软腭，舌根及下腭要松弛；

②不要加强高音，使声音向低宽发展；

③从自己最自然的中声区，发 a、o、e、i、u、ü 这六个主要元音的延长音，声音要拉开立住；

④平时多练习朗读一些柔和的诗歌、民歌、短句等。

3. 鼻音

（1）音色：暗淡、枯燥，像感冒声，鼻子堵塞。

（2）原因：口腔开度不够，软腭无力塌下，舌中部抬起使部分气流进入鼻腔，从而失去了那部分口腔共鸣。

（3）纠正：

①关闭鼻腔通路，用“半打哈欠”的感觉将软腭提起，放松舌根、牙关，让后声腔的开度加大；

②用上述感觉发 6 个单元音的延长音，发音总趋势是下行的感觉；

③将 16 个鼻韵母中的主要元音与鼻韵尾作拆合练习：ang—a－ng、uan—u－a－n、ong—o–ng、ing—i–ng；

④注意少练的音节：有鼻音的人初练声应该少练 m、n 声母开头的音节和 n、ng 结尾的音节。

4. 捏挤

（1）音色：单薄、发扁，声音像从口腔中挤出。

（2）原因：由于舌根下压或舌根僵硬造成喉咙捏紧。此时软腭放得太低，口腔打不开。也有人为了追求声音明亮、靠前的效果，喉咙自然吊高升起，产生挤捏。这样的声音加大声带负担，影响声带活动范围，很容易损坏嗓子。

（3）纠正：

①改变不正确的呼吸方法，采用胸腹式联合呼吸法，气息要有一定深度；

②发音时采用自然张口，下腭要放松，抬起软腭，放松牙关；

③练习 ba、pa、da、ta、bang、dang、zhang、chang、shang、bu、pu，注意字头发音短暂，主要时间用在“韵腹”的拉开立起阶段；

④短语练习：伟大中国、鸟语花香、惊涛骇浪、翻江倒海；

⑤夸大上声练习：好、美、满、想、养、厂、请、跑。

5. 喉音

（1）音色：生硬、沉重、弹性差。

（2）原因：气息短浅，上胸部紧张，舌根用力，后声腔开得过大。

（3）纠正：

①舌头活动部位要准确，一般舌头的活动主要在舌尖及舌的中部，注意放松喉咙；

②两肩放松，调整好呼吸，发音时，头位不要过于压低，让音波在口腔中轻轻上提；

③张口吸气或“半打哈欠”的感觉，体会喉咙、舌根、软腭放松的感觉；

④加强唇舌的练习，如 b、p、m、f、d、t、n、l 和韵母相拼的音节；

⑤短诗练习，如李白的《早发白帝城》。[①]

6. 发虚

（1）音色：声音单薄无力、发软发虚，没有亮音，缺乏气息控制和口腔共鸣。

（2）原因：声带过于松弛，气息缺乏动力，产生虚声；唇舌力量不足、缺乏字音前送。

（3）纠正：

①改变认识，发散过虚的声音是缺乏美感的，要增强声音表现力就要学会“虚实结合”，以情带声；

②要控制并调节好气息，这是发音的源泉。要加强对唇舌力度及灵活度的训练，尤其是要养成字音前送的习惯，明确声束冲击点，使声音集中有力地送出来。

发音位置靠前靠后，都会造成发音器官不必要的损伤，声音也变得暗沉。放松喉头、舌根，提高软腭，让声音在中声区位置发出，肯定是最舒服也是最自然的状态，音色也会更好。

【小案例】

央视主持人康辉的播音发声特色

（1）气息控制平稳，语势稳健，节奏明快。康辉无论是在演播室录制节目，还是在新闻发生的现场直播节目，气息控制均能够持久、稳定。在直播时，稿件长短不一，有时需要连续直播几小时，而长稿往往又是气势较大的文章，要求声音自始至终保持一定力度，不减不衰，从容不迫，这就要求对气息有持久的控制能力。康辉在重大灾难新闻的播报中，情感拿捏到位，及时传达了党和政府的声音，也通过新闻播报准确地展现了灾区人民重建家园的信心。康辉在整个节目播报过程中能够做到“一气呵成”，使观众在倍感亲切的同时，对其播报的新闻内容深信不疑，新闻媒体的权威性从而得到维护。

（2）发音状态积极自然，音色丰满柔和。康辉担任新闻杂志类节目《东方时空·早新闻》的主持人后，他丰满、柔和的音色以及清新、自然的播报风格征服了许多收看早间新闻的观众，他的积极播报状态总能使人感到轻松。经观察发现，这与康辉本人善于科学发音、放松喉部、达到自如状态有着密切的关系。在喉部放松的状态下，播音员的声带会自如振动，发出的声音泛音部分相当丰富，因而音色也会变得丰满、柔和，富于韵律感，非常符合早间节目的表达形态。播音员喉部放松，用较小的气流就能使声带振动，发音效率会比较高，嗓音保持持久，能长时间发出圆润的声音而不会感觉太疲劳；并且声音通畅，富于弹性，较接近日常谈话时的发音状态，听来亲切、自然。

（3）共鸣控制恰到好处。共鸣控制直接影响播音员的播报质量，进而影响他主播的整个节目风格的形成。无论是在《今天》《世界周刊》，还是在《新闻联播》中，我们都可以深刻地体会到，康辉很善于控制声道各腔体的共鸣，这使他的语音清晰、圆润、音色柔美。其中，口腔共鸣对于言语发音至关重要，发挥好口腔共鸣的作用，不但是其他腔体共鸣的基础，而且能使声音明亮结实，字音圆润、清晰，给人以美感。另外，康辉的胸腔共鸣把握也十分到位，虽然胸腔共鸣不参与语音的制造，但它能使音量增加，听起来洪亮、浑厚而有力

① 王晶．口才训练实用教程［M］．北京：清华大学出版社，2014.

度，给人以稳重和信任感，再加上他独特的喉音共鸣，都已成为其播音风格的一大特点。

(4) 吐字归音明晰干脆，连贯自如。规范或标准化的语音向来是播音主持界的一贯要求。有关专家认为，播音员和主持人首先应该过关的就是语音面貌，应该力求达到规范、明晰的程度。康辉的语音是相当标准的，基本上没有出过错，而且干脆、恳切、真实，毫无做作之嫌。康辉的播报十分连贯、流畅、自然，这与其播报语速有一定关系。经测算，康辉在《晚间新闻报道》中的语速大致为320字/分，语速比央视男播音员的平均速度295字/分稍快一些。在播报这类新闻时，采用稍快的语速播报，会使整档节目的风格较轻快，信息量较大，效果更好，受众更容易接受。而他在深夜播报新闻杂志类节目《今天》中的语速大约为300字/分，与平均速度相当，这种播音比较自由、随和，因为是总结性的一日新闻概要，所以速度应该适中，给人随和感，与新闻节目的整体风格是一致的，该快则快，宜慢则慢，不能单一化、僵化。①

二、嗓音保护

嗓音是我们每个人宝贵的用声资源。对歌唱、戏曲、语言艺术工作者，特别是对民航、高铁服务人员（尤其是播音员）来说，懂得如何用声、练声、养声就显得十分重要。嗓音保护已成为嗓音职业工作者的迫切要求，嗓音职业工作者由于工作的特点，容易患有与发音器官有关的职业病，直接影响到职业寿命。“工欲善其事，必先利其器”。因此练好嗓音，用好嗓音，科学地保护好自己的嗓子，是每位嗓音职业工作者都需要认真对待的事情。

在日常生活中，有些人无节制地用嗓，高兴时唱个不停、说个没完，生起气来争吵不休、大喊大叫，这很容易造成对发音器官的损害。特别是在睡眠不足或休息不够的情况下，滥用嗓音就出现声音和器官上的反应，如出现不同程度的声音沙哑，甚至失声。滥用嗓音会出现运动过渡性黏膜充血、水肿，甚至黏膜下出血，发音功能失调性声门闭合不良和精神心理方面的疲劳。这种损伤如得不到及时的治疗，会造成声带肥厚和声带息肉等病变。另外，某些刺激性食物对声带黏膜伤害较大，它会使嗓音发干、微血管充血，声带肥厚。因此注重嗓音的卫生，加强嗓音的保健非常重要。

【小贴士】

梅兰芳保养嗓子的秘诀

精神畅快，心气平和；
饮食有节，寒暖当心；
起居以时，劳逸均匀；
练嗓保嗓，都贵有恒；
由低到高，量力而行；
五音饱满，唱出剧情。

① 高晓文．谈央视主持人康辉的播音发声［J］．当代电视，2009（9）：82.

嗓音的卫生与保健应注意以下几个方面。

（一）正确发音，避免发音毛病

在实际工作中正确发音和提高发音技巧是保护嗓音最关键的一环，也是积极有效地预防声带病变的方法之一。要加强呼吸训练，掌握正确的胸腹联合呼吸法，对气息要加以控制，做到以气托声，声气协调配合，避免捏挤喉部、压迫喉部、声音过虚或喊叫的弊病，改善和提高用声能力。嗓子虽然是天生的，但使用的好坏结果是不一样的。优美、圆润、动听的声音并不完全是来自天生的嗓子，而是来自正确适当的发声方法指导下的磨炼，以及用声能力的培养，所以掌握正确的发音方法很重要。

俗话说："情取其高，声取其中，气取其深"，在声音训练中要情、声、气结合，有些人在朗读前要么过度紧张，要么满不在乎，情、声、气不能很好结合，没有"情"怎么能感染别人呢？所以有必要提前让自己做好准备，调整情绪，早一点进入状态，展现出良好的精神风貌。有的人，发声时状态、姿势不正确，比如，下巴太用力、嗓子喊，或者胸部拘谨，导致发出的声音挤、捏、窄、沉闷、暗哑。为了纠正这些不好的习惯，必须使用正确的方法坚持练声，循序渐进。练声时，声音由小到大、从近到远、从弱到强、由低到高，避免一开始就大喊大叫，损伤声带。民航、高铁服务人员，尤其是播音员只有把气、声、情互相配合、巧妙运用，才能既让声音吸引人，又能保护嗓子。

（二）合理地使用嗓子

为了保护嗓子，日常要学会使用适当的音量与音调、速度说话。环境温度过高或过低、空气干燥、环境粉尘浓度高等均可降低声带的耐受性，此时也不要用声过度。感冒时尽量减少说话，由于感冒引起的上呼吸道感染，使呼吸道充血，如果还要坚持用声，时间长了容易导致声带小结等病变。凡是和咽喉、声带有关的疾病需要尽早去诊治，不要乱吃药，有许多药物会产生副作用，导致声音嘶哑。有嗓音障碍时，闭嘴多休息是最好的方法。若此时仍过度用嗓，也可能导致不可逆转的声嘶。避免在运动时大量、高强度地用嗓子，因为运动时声带肌肉极易疲劳。

（三）保持愉快的心境

人的情绪对嗓音的影响很大，保持愉快的心境对经常用声的人来说不可忽视。不良的情绪会给人造成精神上的刺激，影响嗓音的健康。比如，有些人容易激动，暴跳如雷，吵起架来声嘶力竭；有些人高兴了大喊大叫，悲痛时号啕大哭。这些对嗓子的保养都是不利的。另外，在生活中无节制地高声谈笑，也会使喉肌疲劳，声带闭合不良，引起声门漏气，造成嗓子沙哑。所以要注意心理健康，不要过分的喜怒哀乐，保持良好的心态，才有利于嗓子的养护。

（四）保证充足的睡眠

喉部的保健与饮食、健康、睡眠和情绪都有关系，保证充足的睡眠是保护声带的最好措施。发音是全身心的运动，睡眠充足是人们恢复体力的关键。睡眠对嗓音的影响很大，睡眠充足嗓子就舒服，睡眠不足嗓子就发紧。如果睡眠不充分就没有充沛的精力，会感到体力不支，嗓子很累，影响工作。有些人一累，嗓子马上就嘶哑，一定要充分地休息才能恢复。假如早上要用声，晚上就一定要有充分的睡眠，不然声音肯定会干涩，感觉负担重。因此，为了保护嗓子平时也要保持充足睡眠，不熬夜。

（五）正确、适时喝水

许多嗓音职业工作者习惯边说话边喝水，这种习惯是不好的。首先，在发声当中喝水，会导致声音发生变化，音色接不上。另外，太冷或太热的水会使发音器官的肌肉受到强烈的刺激，不能自如地运动，严重的可能会造成短暂的失音。最好在工作中不喝水，喝水要在工作前 15 分钟和工作后 15 分钟，目的是让发音器官得到充分的休息。

（六）忌暴饮暴食、烟酒和辛辣

暴饮暴食不仅不符合生理卫生，有碍于身体健康，还影响发音器官的正常运动。艺术语言发声虽然不像乐器演奏或歌唱那样要“饱吹饿唱”，但饮食适度却是发音上的需要。假如吃得太饱使胃膨大，会妨碍横膈膜的运动，影响胸腔上下径的扩大，造成气短。另外刺激性较强的食物，如大蒜、大葱、辣椒等最好少吃，它们对嗓子会造成刺激。还要注意用声后不要马上喝凉水或吃冰棒，那样对嗓子损害更大。饮酒要少量，烟最好戒掉。酒对咽喉有直接刺激，而且扰乱神经。吸烟的危害很大，对嗓子不利。有些人抽烟后口腔内唾液增多，影响发音。常抽烟的人喉部痰多、咳嗽，声道干涩，声音变得暗且低，音质没有色彩。长期抽烟声带黏膜必然会充血、发炎甚至造成更严重的病变。炒货，如炒瓜子或炒花生等容易使嗓子发干，上火，注意尽量少食。所以语言艺术工作者饮食要适度，最好不近烟酒，保持良好的生活规律。有一些食物对嗓音保护有利，如金橘、萝卜、丝瓜、芹菜、紫菜和柿子等。

（七）坚持锻炼身体，谨防感冒

发音靠全身的力量。铿锵有力、纵收自如、富有弹性的声音，是建立在健康体魄的基础上的。所以，播音员应该坚持锻炼身体，如参加散步、广播操、太极拳、游泳、慢跑等活动，但是过于剧烈的运动不宜参加，因为伴随这些运动所需要的急促呼吸对嗓子不利。

播音员一定要谨防感冒，感冒容易引起上呼吸道感染，使咽喉部出现炎症，声带充血。这时候用声会使嗓子的病症更加严重，导致喉部更加疼痛，甚至造成声带病变。所以播音员要加强锻炼，提高身体的抗病能力，同时注意休息和保暖，积极预防感冒。身体保持强壮，嗓子的抵抗能力也自然加强。

（八）合理使用嗓音，不要忘乎所以

播音，尤其是时间较长的播音，要注意分配力量。不要一开始挺冲，越播越累，呼吸跟不上，嗓音逐渐干涩，这就很容易造成喉肌过度紧张，发出的声音不好听，也损伤声带。当嗓音状态好时，要悠着劲，不要忘乎所以；当嗓音状态差时，要就着劲，努力争取好一些的效果，又不损伤音带。这个自我掌握很重要。能合理使用嗓音，就有可能提高播音质量，延长嗓音的青春时光。

（九）患了职业性疾病，应该及时治疗

播音员的职业性疾病是指喉头和声带的病变，如咽炎、喉炎，声带的水肿、肥厚、息肉，等等。参加工作时间长了，轻度的咽喉炎是不可避免的，只要注意合理使用和加强保护，一般不会严重影响播音。由于工作繁重或是发音方法不当而引起的声带病变，则要充分重视，一旦嗓子感到不适要及时去医院检查，积极治疗，并且不宜坚持工作，否则容易造成不良后果。有条件的可作定期检查，掌握嗓音的状况，发现隐患及时诊治。

【小贴士】

保护嗓音的妙法

(1) 喉部按摩。用拇指和食指按住喉结两旁上下移动。指压力量以感觉舒适为度，不可用力过大，每次2~3分钟。

(2) 毛巾热敷。把毛巾用热水浸透后拧干敷在颈部（温度以不烫伤皮肤为宜），反复数次。以上保健法可以增进喉部血液循环，消除疲劳，增进分泌，减少咽干、喉痛，以及说话过多后喉部不适等。

(3) 吹唇练习。双唇闭合后，用微弱而均匀的气流吹动闭合的双唇，使之弹动发出清晰的嘟噜声，也称为弹嘴皮练习。

(4) 哼鸣练习。牙关松开，双唇轻闭，喉肌放松，用微弱而均匀的气流发出单纯的哼音。

(5) 气泡音练习。头部端正，双眼平视，张嘴松开牙关，用少量微弱均匀的气息平稳地从松弛的声带吹出，发出连贯的气泡音。

(6) 坚持每天早晚用温盐水漱口。不但有保养嗓子的作用，还可预防咽喉病。

以上(3)(4)(5)练习对声带振动的平衡、发音器官与呼吸器官的协调、增加声带的肌肉力量有一定的作用，还可以锻炼均匀呼气的能力。这些练习对声带闭合不良或闭合过强等嗓音病变，均有一定的预防和治疗作用。

课后练习

1. 填空题

(1) 呼吸器官是发音的动力系统，由________、气管、________、________及腹肌组成。

(2) 常见的呼吸方式有________、________和________三种。

(3) 概括起来，吸气要领是：________、________、________，这三条要领是在一次呼吸动作中同时完成的。

(4) 换气的总要求是：句首换气应________，句子当中应________，句子之间应________，句子结尾应________。

(5) 吐字发音________、________、________、________、________是艺术语言对语音的基本要求。

(6) 口腔中的各部分器官，________、________、________、________，被称为咬字器官。

(7) 一个音节分为字头、________和字尾三部分。

(8) 吐字过程分为________、________和________三个阶段。

(9) 吐字归音一般被形象地表现为________形。

(10) 打开口腔状态是通过________、打牙关、________、松下巴来实现。

(11) 对一名播音员来说，声音形象的好坏很大程度上取决于声带和喉头________的程度。

（12）发音时，气息与声带在时间上要协调配合好，气到________闭，不能有早晚。

（13）人们发音过程中利用的共鸣腔体主要有口腔、________、________、________、________和头腔。

（14）声音的“弹性”是指声音随情感变化而来的________和________。

（15）________是获得声音弹性的内在依据。

（16）喝水要在播音工作前________和播音工作后________，目的是让发音器官得到充分的休息。

2. 判断题

（1）腹式呼吸是较为理想的播音发音呼吸方式。（ ）

（2）抢气常用于句子当中的小量补气和紧凑的句首换气。（ ）

（3）立字是对字头的处理，要求拉开立起。（ ）

（4）一般把口腔、头腔有固定容积的腔体称为上部共鸣腔体。（ ）

（5）喉腔共鸣的音色是最自然、最贴近生活的一种音色。（ ）

（6）胸腔共鸣属于中音共鸣区。（ ）

（7）在发音过程中，声音弹性把气息、用声状态、吐字等各要素结合起来。（ ）

（8）播音主持专业的学习者要在每天晚上练声。（ ）

（9）在播音工作中可以喝水。（ ）

（10）练声可取得增加肺活量，改善呼吸的效果。（ ）

3. 思考题

（1）简述胸腹式联合呼吸原理以及吸气、呼气的要领。

（2）怎样才能实现气息的控制？

（3）在咬字过程中哪些器官起主要作用？

（4）什么是吐字归音？

（5）吐字的要求有哪些？

（6）如何加强喉部发音控制？

（7）共鸣器官有哪些，各有何作用？

（8）播音发声的共鸣方式是什么？

（9）什么是声音弹性？

（10）获得声音弹性最主要的途径是什么？

（11）嗓音的卫生与保健应注意什么？

（12）结合本项目学习，谈谈自己有哪些发音的问题，如何纠正？

4. 训练题

（1）爆发力练习——“狗喘气”。训练横膈膜的弹性，练“丹田之气”。口微开，小腹快速收缩、扩张，短促呼吸。请朗读下面这段话，体会小腹快速收缩产生的爆发力。

你劈吧，劈吧，把这黑暗的宇宙、阴森的宇宙，劈开！劈开！劈开了吧！

练习时，可把手轻放在腹部，感受腹部的剧烈运动。如果你在朗读的时候没感觉到腹部有什么变化，那说明你还没能掌握好使用爆发力的窍门，声音缺乏力度。这段话中哪儿需要有爆发力呢，你感受到了吗？是在读“劈”的时候，此时小腹需要快速收缩，短促有力地

发声，给人以强烈的震撼，

（2）气息测试。有一个测试气息训练效果的方法，深吸气后，发“啊”音，声音不间断，一般应达到25秒以上。我们来测一下，看着钟表的秒针，或是将手机调至秒表状态，先深呼吸2次，第3次吸气后开始计时发“啊”音，注意声音不要间断，不要过大或过小，看看你能坚持多长时间。

预备，深呼吸……，再深呼吸……，吸气，开始“啊”……

将每次时间记录下来，隔几天记录一次。普通人经过一段时间的气息训练后，都是可以将呼气时间控制到25秒以上的，这种控制气息输出的训练能够保证口语表达过程中气息的平稳。

将“啊”音时长记录在表3-2中。可测3次，取最长时间填，每隔1周填1次。

表3-2 时长记录表

测试时间	月 日	月 日	月 日	月 日	月 日	月 日
“啊”音时长	秒	秒	秒	秒	秒	秒

（3）强烈推荐《精忠报国》这首歌，歌手的吐字归音堪称典范，请多听、多体会。

精忠报国

作词：陈涛　作曲：张宏光　原唱：屠洪刚

狼烟起　江山北望　龙旗卷　马长嘶　剑气如霜
心似黄河水茫茫　二十年　纵横间　谁能相抗
恨欲狂　长刀所向　多少手足忠魂埋骨他乡
何惜百死报家国　忍叹息　更无语　血泪满眶
马蹄南去　人北望
人北望　草青黄　尘飞扬
我愿守土复开疆　堂堂中国要让四方　来贺

（4）音高变化的共鸣练习。

①拔音练习，由最低拔向最高发ɑ、i，体会共鸣状态的变化。

②绕音练习，用ɑ、i由低至高螺旋形上升，再由高至低螺旋形下降。

③用阶梯式由低到高、由高到低的方法发数字一到七，从音高变化中体会共鸣的变化。从中声区开始，一、二（二比一高）、三（三比二高），一直到七；从中声区开始，一、二（二比一低）、三（三比二低）往下发一直到七，有的人可能发不到七，只要能体会共鸣的变化就行。

（5）气息、口腔、喉部、共鸣控制以及声音弹性综合练习。飞机（高铁列车）在飞行（开行）途中会飞跃（经过）很多风景名胜，民航、高铁乘务人员要时常担任导游的角色，让旅客感受到山水与人文景观之美。这里选择一些民航、高铁广播中的中国著名风景介绍播音词，请模拟在飞机上、高铁上的播音，进行风景介绍，让乘客有身临其境的奇妙感觉。要求把字音读准，气息、口腔、喉部、共鸣控制及声音弹性符合要求，做到语音准确、清晰、圆润、集中、流畅，将语言表达技巧和具体的内容融会贯通。

①万里长城。万里长城是我国古代的军事性建筑工程。同时，它也是中华民族的象征，是中华民族的骄傲与见证。其规模浩大，工程艰巨，被誉为世界十大奇迹之一。对中国人来说，长城是意志、勇气和力量的标志，象征着中华民族伟大的力量。今天的长城成为连接中国人民和世界人民友谊的桥梁，是世界著名的游览胜地。

②颐和园。颐和园是清代的皇家园林，前身为清漪园，坐落在北京西郊，占地约 290 公顷，与北京大学、清华大学相邻，是国家重点旅游景点。标志性建筑有昆明湖、万寿山、长廊、十七孔桥等。颐和园是以杭州西湖为参考，模仿江南园林的设计理念而建成的一座大型山水园林，也是至今保存最完整的一座皇家行宫御苑，被誉为“皇家园林博物馆”。

③长江三峡。举世闻名的长江三峡，是中国十大风景名胜区之一，是瞿塘峡、巫峡和西陵峡三段峡谷的总称，三峡地跨重庆、湖北两省市。两岸崇山峻岭，气势恢宏，风景秀丽。三峡东起湖北宜昌市，西至奉节白帝城，被中外游客誉为“山水画廊”。

④西湖。西湖位于杭州市西部，三面环山，是中国首批国家重点风景名胜区和中国十大风景名胜之一，也是现今世界遗产名录中少数几个和中国唯一一个湖泊类文化遗产。西湖不仅风景如画，而且在这里可以找到很多学者和英雄的遗迹，岳王祠、白堤、苏堤、雷峰塔等都是著名的旅游景点。这些古建筑也是中国最珍贵的历史遗产，具有较高的艺术价值和历史价值。西湖在 1982 年被定为国家重点风景区。

（6）贯口。贯口是加强语言基本功训练的较好形式。训练贯口的主要目的是提高吐字归音能力，学会喘气和偷气，延长气息的使用，加强气息的控制能力。贯口的词罗列丰富多样、词语序列错落有致、情节发展高潮迭起、节奏生成循环往复。要求练习时给自己设定具体的情境，夸张地运月喜怒哀乐、悲欢离合等各种情感，语气要急缓顿挫、语调需婉转悠扬，快而不乱、慢而不断，声音要有弹性，达到贯口练习“准确清晰，一气呵成，一贯到底”的教学要求。

说兵

因为我要当个兵．所以今天光说兵，要说兵，净说兵，每句话里都带兵，新兵、老兵、男女兵，步兵、炮兵、坦克兵；铁道兵、工程兵；水兵、伞兵、航空兵；报话架线通信兵、汽车驾驶运输兵、灭火救灾消防兵、指挥道路交通兵、站岗放哨警卫兵、救死扶伤卫生兵、养猪做饭炊事兵、登台表演文艺兵，这个兵，那个兵，都是人民子弟兵。子弟兵，学雷锋，人人负责当好兵，冲锋陷阵是神兵，战胜困难是尖兵，完成任务是标兵，爱护人民是好兵，兵爱民，民爱兵，兵民团结一家亲，全国各地都有兵，有兵的地方就有像雷锋的好兵！①

报菜名

“有蒸羊羔、蒸熊掌、蒸鹿尾儿、烧花鸭、烧雏鸡、烧子鹅，卤猪、卤鸭、酱鸡、腊肉、松花、小肚儿、晾肉、香肠儿，什锦苏盘儿、熏鸡白肚儿、清蒸八宝猪、江米酿鸭子，罐儿野鸡、罐儿鹌鹑、卤什件儿、卤子鹅、山鸡、兔脯、菜蟒、银鱼、清蒸哈士蟆！

① 林鸿. 普通话语音与发声［M］. 4 版. 杭州：浙江大学出版社，2014.

烩腰丝、烩鸭腰、烩鸭条、清蒸鸭丝儿。

黄心管儿，焖白鳝、焖黄鳝、豆豉鲶鱼、锅烧鲤鱼、锅烧鲶鱼、清蒸甲鱼、抓炒鲤鱼、抓炒对虾、软炸里脊、软炸鸡！

什锦套肠儿、麻酥油卷儿、卤煮寒鸦儿，熘鲜蘑、熘鱼脯、熘鱼肚、熘鱼骨、熘鱼片儿、醋熘肉片儿！烩三鲜儿、烩白蘑、烩全钉儿、烩鸽子蛋、炒虾仁儿、烩虾仁儿、烩腰花儿、烩海参、炒蹄筋儿、锅烧海参、锅烧白菜、炸开耳、炒田鸡，还有桂花翅子、清蒸翅子、炒飞禽、炸什件儿、清蒸江瑶柱。

糖熘芡实米，拌鸡丝、拌肚丝、什锦豆腐、什锦丁儿，糟鸭、糟蟹、糟鱼、糟熘鱼片、熘蟹肉、炒蟹肉、清拌蟹肉，蒸南瓜、酿倭瓜、炒丝瓜、酿冬瓜、焖鸡掌儿、焖鸭掌儿、焖笋、烩茭白，茄干晒炉肉、鸭羹、蟹肉羹、三鲜木樨汤！

还有红丸子、白丸子、熘丸子、炸丸子、南煎丸子、苜蓿丸子、三鲜丸子、四喜丸子、鲜虾丸子、鱼脯丸子、饹炸丸子、豆腐丸子、汆丸子！一品肉、樱桃肉、马牙肉、红焖肉、黄焖肉、坛子肉。

烀肉、扣肉、松肉、罐儿肉、烧肉、大肉、白肉、酱豆腐肉！红肘子、白肘子、水晶肘子、蜜蜡肘子、酱豆腐肘子、扒肘子！炖羊肉、烧羊肉、烤羊肉、煨羊肉、涮羊肉、五香羊肉、爆羊肉，汆三样儿、爆三样儿、烩银丝、烩散丹、熘白杂碎、三鲜鱼翅、栗子鸡、煎汆活鲤鱼、板鸭、筒子鸡！”①

（7）分析自己的声音特点，自备一篇符合自己音色的稿件练习播报。

（8）模拟举办一次“班级好声音”，采用“盲选”方式，选手们可以自备稿件，进行播音及才艺展示。

5. 党的二十大报告播报

全面建设社会主义现代化国家，是一项伟大而艰巨的事业，前途光明，任重道远。当前，世界百年未有之大变局加速演进，新一轮科技革命和产业变革深入发展，国际力量对比深刻调整，我国发展面临新的战略机遇。同时，世纪疫情影响深远，逆全球化思潮抬头，单边主义、保护主义明显上升，世界经济复苏乏力，局部冲突和动荡频发，全球性问题加剧，世界进入新的动荡变革期。我国改革发展稳定面临不少深层次矛盾躲不开、绕不过，党的建设特别是党风廉政建设和反腐败斗争面临不少顽固性、多发性问题，来自外部的打压遏制随时可能升级。我国发展进入战略机遇和风险挑战并存、不确定难预料因素增多的时期，各种“黑天鹅”“灰犀牛”事件随时可能发生。我们必须增强忧患意识，坚持底线思维，做到居安思危、未雨绸缪，准备经受风高浪急甚至惊涛骇浪的重大考验。

…………

同志们！今天，我们比历史上任何时期都更接近、更有信心和能力实现中华民族伟大复兴的目标，同时必须准备付出更为艰巨、更为艰苦的努力。全党必须坚定信心、锐意进取，主动识变应变求变，主动防范化解风险，不断夺取全面建设社会主义现代化国家新胜利！

---

① 佚名．报菜名贯口［EB/OL］．（2022-07-14）［2023-07-14］．https：//www.chinansn.com/article-1-s20220714063-61198d4zu-0.html.

课程思政指南

挖掘“命题说话”里的思政元素

普通话水平测试中30则“命题说话”测查应试人在无文字凭借的情况下说普通话的水平，重点测查语音标准程度、词汇语法规范程度和自然流畅度。应试人应围绕一个话题连续说话三分钟，说话时按正常语速进行。测试时应认真对待，说身边的事，说自己的话，切勿备稿。说话题雷同、离题将被扣4~6分。

说明：这30则话题供普通话水平测试第四项——命题说话测试使用，只是对话题范围进行规定，并不规定话题的具体内容。

命题说话题型较为灵活，话题内容不固定，因此教师可将部分话题所包含的思政元素简要概括（表3-3）。教师每次可在课堂上专门安排此项练习。教师在分析命题说话时，要强化创新思维，多角度挖掘符合题意的思政元素，同时结合授课班级学生实际，因材施教。

表3-3　普通话测试中“命题说话”里的思政元素（部分）

命题说话	思政教育内容
我的愿望	理想信念，中华优秀传统文化，爱岗敬业，奉献社会
我尊敬的人	人际关系，健全人格，道德修养，文化素养
难忘的旅行	中华民族传统文化，生态文明，爱国主义，民族精神
我喜爱的书刊	中华优秀传统文化，宪法法治意识，道德修养
我所在的集体	劳动教育，家国情怀，情感认同，归属感，政治认同
我知道的风俗	家国情怀，中华民族传统文化，思想认同，情感认同
谈谈个人修养	仁义礼智信，忠孝悌慎廉，温良恭俭让，勤正刚直勇
谈谈卫生与健康	无私奉献，家国情怀，理想信念，劳动教育
谈谈对环境保护的认识	生态文明，人与自然，和谐友爱，劳动教育
谈谈社会公德（或职业道德）	诚实守信，爱岗敬业，无私奉献，遵纪守法，开拓创新

电子活页：命题说话的“讲故事”技巧

一、命题说话的“讲故事”技巧导言

二、命题说话叙述类话题“讲故事”技巧

三、命题说话说明类话题“讲故事”技巧

四、命题说话论述类话题“讲故事”技巧

学生工作页（三）

命题说话的“讲故事”技巧					
任务一	了解命题说话的“讲故事”技巧导言				
任务二	掌握命题说话叙述类话题“讲故事”技巧				
任务三	掌握命题说话说明类话题“讲故事”技巧				
任务四	掌握命题说话论说类话题“讲故事”技巧				
班　级		学　号		姓　名	

学生自评

我的心得：

建议或提出问题：

教师评价

项目四

播音技巧训练

> 播音技巧的运用是在“表情达意、言志传神”的显露中，赋予有声语言以精致优美的品格。
>
> ——张颂

学习目标

掌握情景再现的含义，了解情景再现在播音中的应用及注意事项；掌握内在语的定义，了解内在语在播音表达中的意义，明确内在语的分类，掌握内在语把握的方法；掌握对象感的定义，了解对象感的重要性，掌握播音过程中的对象感的练习方法；掌握停连的定义，了解停连的意义与作用，掌握停连的原则和表达方式，明确停连的类型；掌握重音的概念，了解重音的作用和分类，掌握重音位置的确定方法；掌握语气的概念，明确语气的把握方法和语气的种类；掌握节奏的概念，了解节奏的作用和基本类型，掌握播音节奏的转换形式。

项目导入

夏青的播音艺术

夏青老师堪称我国播音艺术发展史上的宗师巨擘。他的播音艺术经验，闪耀着璀璨的艺术光彩，永远引导、激励着新一代播音工作者不断地创新发展自身的技能技巧，在播音艺术之路上取得更大的进步。这里以重音把握的实例来看一下夏青老师对播音技巧的娴熟运用。

夏青老师播送过吴晗的《谈骨气》一文，开门见山地提出了文章的核心论点：“我们中国人是有骨气的”。所以这句话的播送效果，足以影响到对全稿播送的定调。而夏青老师就是采取了有机调控重音的方式，来准确地提示稿件核心观点的逻辑性。具体来说，他将全句的次重音定位到“中国人”一词，而将主重音定位到“骨气”一词。由于稿件的核心论题是“骨气”，所以将其定位为主重音，有效地营造了坚定的语气感，进而突出了稿件的核心论题；而夏青老师将“骨气”之前的“中国人”一词定位为次重音，并在其后还做了小小停顿来予以强调，这就在一方面凸显了作为核心论题的“骨气”是要谈论中国人的骨气；另一方面也为之后作为主重音的“骨气”一词做好了铺垫，构成了照应，从而达到了轻重主次相得益彰，共同服务于揭示稿件论题、明确播音逻辑性的生动效果。

在语言实践中，重音作为一个重要的播音技巧，直接关系到表情达意的效果。同样一句话，通过确定不同的重音位置，其所表达的思想情感甚至意义内涵都会表现出相应的差异。正是基于这一点，播音艺术尤其注重重音的把握，并将其作为播音员最基本的素养来加以要求和规范。在这方面，夏青老师善于把握重音这一播音技巧，来提示播音的逻辑性，他的播音实践为我们树立了示范性的榜样。

民航、高铁服务播音是一种再创造活动，播音员根据对文字稿件的理解把视觉形象转化为听觉形象，因此，播音技巧就显得非常重要。播音技巧是在播音活动中所运用的一切表达手段，是实现播音目的的必要手段，是播音时为了使声音清晰洪亮、有感染力、恰当地传情达意而使用的一些技巧和方法。播音技巧主要包括两部分：一是播音的内部技巧（包括情景再现、内在语、对象感），二是播音的外部技巧（包括停连、重音、语气、节奏等）。在本项目中，我们具体介绍这些播音技巧，为民航、高铁服务人员，尤其是播音员提高播音技能，做好乘务服务工作奠定基础。

任务一　内部技巧

学习民航、高铁播音，必须对相应广播词的具体内容与情感进行全面的了解，并且掌握内在情感在播音过程中的具体方法及运用。怎样才能把握好广播词的内在情感呢？这要通过语言表达内部技巧的学习才能实现。情景再现、内在语、对象感，是从备稿到播音艺术创作过程中，使思想感情处于运动状态的三种重要方法，它们被统称为语言表达的“内部技巧”（图 4–1）。

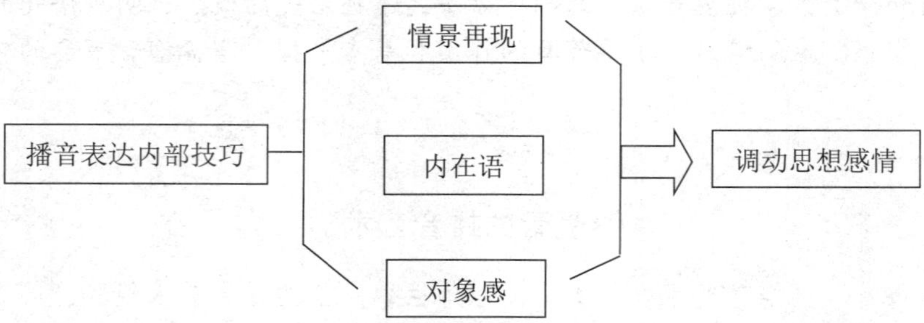

图 4–1　播音表达的内部技巧

当广播词中有形象性内容时（如小桌板、氧气面罩、行李架、衣帽钩、车票），播音员要在形象感受的基础上，运用“情景再现”，使播音富于鲜明的形象性；当广播词中有逻辑性内容时，播音员在逻辑感受的基础上，运用“内在语”，使播音富于严谨的逻辑性，更加生动、具体、准确；“对象感”则帮助播音员把广播词更积极、更生动、更清晰、更完美地表达出来，传播给每位旅客。

情景再现、内在语和对象感，在“播讲目的”的统率下，将广播词（稿件）的语言变成播音员自己要说的话。在这种运动状态下，播音创作才有灵魂，播音语言才有活力。

一、情景再现

很多人对播音主持有着很深的误解，认为播音员无非就是机械化地朗读稿子，并不具备专业化的技能，实则不然。播音员不仅需要深厚的播音技巧，更主要的是通过自己的播音使观众了解基本的播音内容并简单地形成自己的看法。而这一切离不开“情景再现”。播音员在播音主持过程中，应用“情景再现”，运用自己的专业知识，对稿件的内容进行合理化的想象，通过控制播音的节奏、音调、情感，使之更为立体、生动，画面感油然而生，使听众感同身受，与之形成感情上的共鸣，让其可以在收听的过程中，产生更多的认同感，从而显著提高播音效果。

1.“情景再现”的含义

小贴士

运用“情景再现”需要播音员具备怎样的素质？

播音主持中的“情景再现”是指播音员以稿件需要为依据，将稿件中涉及的人物、事件、背景、场面、情节以及情绪等内容在头脑中组织、浮现，进而拼凑成动态画面，探寻其中蕴含的情感与态度，然后将全部稿件内容融入相应的态度、感情后，用语音完整、明了地传递给观众，经过播音员对稿件进行自身消化、理解，传递给观众的画面就更为丰富、立体。在对稿件内容进行理解体会的过程中，稿件中描绘的人物、情节、事件、场面、感情等内容与个人感悟相融合，逐渐转变或能让人置身其中，仿佛正在亲身经历的事件。这种通过表面的文字去体会其内在客观世界的过程，就是进行“情景再现”的过程。①例如，“锅里的水吱吱地响，老大娘屋里屋外地忙，烧完热水，又端饺子、又端鸡蛋，香味儿伴着腾腾的热气在屋里弥漫”。如果我们仔细品味这几句话会感觉到，它不仅有视觉、有听觉、有味觉，还有方位。这是多么生动的一幅画面！如果播音员没有联想，只是平淡地播读，这富有生活气息的“图画”就不会跃然眼前，生动鲜活了。但如果播音员在播读时注意把握语句的节奏、音调的高低、情感的运用，就会把老大娘家热气腾腾的气息带给听者，这就是“情景再现”的魅力。

2.“情景再现”在播音中的应用

（1）“情景再现”在准备阶段的应用。“情景再现”的准备质量直接决定着接下来的应用质量，因此在实际准备的过程中，播音员可以采用以下几种方式展开准备工作。

①根据稿件进行准备工作。主持人在拿到稿件之后，需要根据稿件中的内容，确定“情景再现”的方式和内容，在此基础上展开联想，完成整个准备工作。主持人需要先对稿件进行全面的分析，保证稿件的层次分明，突出稿件的重点，确定其中的人物和事件发展方向，形成一个明确清晰的“情景再现”框架，这样可以让播音员在稿件的播报过程中抓住受众点。

②根据内容展开想象。在此过程中，需要从情感等方面入手，了解稿件内容的同时，要根据这些内容展开合理的想象，进行情感构思，进而将本次播音中想要表达的观点展示出来。在脑海中滚动出和内容有关的合理的场景，组成一个连续的动态画面，乃至形成完整的故事体验。例如，稿件中有湖水的时候，就要联想出是碧波荡漾的湖水还是雾气弥漫的湖水，是翻滚的湖水还是涓涓细流；稿件中的内容若是一位老者，就要想象出这位老人是精神矍铄、神采奕奕还是萎靡不振、病痛缠身，要根据稿件的内容选择合适的表达方式，由一个点展开联想和想象，营造良好的氛围，把各个画面融合成一个整体，就像是短片一样连贯合理，这种方式能够为接下来的情感提供条件。

① 王立君．“情景再现”在播音主持中的应用探讨［J］．视听，2017（11）：109-110.

③根据设置的情景，对想要表达的情感进行深化处理。这种方式能够为观众提供一个良好的体验环境，通过“情景再现”的方式，将自己带入相应的情景中。让观众能够根据设置的内容，体验到亲身经历的感觉，将自己充分融入情景中，通过这种方式激发出观众的情感共鸣，进而保证整个情感体验更加真实和生动。在限定的情境中要充分表达自己的情感，正所谓：“相由心生”，只有把自己置身于其中才能够有真情实感；只有从自身的角度看稿件中描述的事件，才能够真正地观察出稿件的内涵，在一定的情景中激发自己的情感，获得情感体验。当然想象不是凭空臆想，而是和本身的阅历、知识水平、理解能力息息相关的，有的人拿到稿件后只是会浅显地理解表面的含义，而有的主持人看到内容后就会有丰富的想象，在稿件内容的基础上能够结合具体生活让稿件更完整地贴近生活，从而使播音内容更深刻，让受众了解这些事情其实都发生在自己的身边，让那些看似不起眼的小事，承载着大道理，让受众能够与自身的情况相联系产生共鸣。同一稿件由不同的播音员播报也会有不同的效果，这主要是因为每个播音员的情感体验存在不同。

（2）“情景再现”在传递阶段的应用。将“情景再现”应用到播音主持中，能够提高整个节目的感染力以及丰富性，“情景再现”的方式就是将情感、情绪和情景相互结合，再将一个完整的整体传递给观众，因此不能仅将“情景再现”应用到准备阶段，还需要将其传递给观众。因此，主持人需要认识到“情景再现”的重要性，并将其价值充分发挥出来。对听众来说，自己能够接收到的信息主要来源于播音员，如果依旧采用传统的方式，则听众接收到的信息就是直白枯燥的，而采用“情景再现”的方式能够有效解决这一问题，因此“情景再现”的传递对整个应用效果来说非常重要。在该阶段，播音员需要把自己的所思所想透过声线传递给听众，充分发挥自身的专业素养，在自己完成整个稿件的深入理解和想象之后，把要播报的内容通过情感的融入，用受众易于接受的方式把内容和情绪传递出去，真正让听众感受到你所要表达的内容与情感，进而完成整个情感信息以及思想信息的传递。

通过以上分析能够看出，“情景再现”的准备过程与传递过程之间存在紧密联系的同时，还存在一定的差异性，准备过程是为接下来的情感传递过程进行良好的铺垫，准备过程的重点是在脑海中，而传递过程的重点在于传递方式和传递内容，并且保证播音的连贯性和稳定性，避免出现混乱、重复的现象。要想达到这一标准，播音员则必须对整个稿件的内容展开深入理解，合理安排各个层次中的内容，使观众能够对稿件形成一个清晰的架构和理解，进而保证整个“情景再现”工作开展的完整性和流畅性。

【小贴士】

播音员“情景再现”的步骤

情景再现的过程主要分为四个步骤，即厘清头绪、设身处地、触景生情、画面再现。

（1）厘清头绪。播音员在分析稿件时，首先要在头脑中厘清连续活动画面的开头是什么，接下来是怎么变化的，以后又是怎样发展的，结果是怎样的，哪里是重点的特写镜头，播音员对这些问题要做到心中有数，不能只是走过场，更不能思绪万千，将自己困在其中。

（2）设身处地。设身处地就是播音员在播音时将自己融入其中，并获得一种现场感，换句话说，就是播音员要把稿件中所描述的一切当作亲眼所见、亲耳所闻、亲身经历的事件，使自己就如置身在具体的情景中，这样才能使播音表达更加具有真实感。

(3) 触景生情。触景生情是情景再现的核心。播音所用的稿件是融情于景的，播音员在播音中应具备积极的反应，即在毫无准备的情况下，对一个具体的“景”的刺激，能马上引出具体的“情”，且完全符合稿件的要求。

(4) 画面再现。播音员在头脑中再现了稿件中的情景，并经过消化吸收和加工制作，最终使听众在头脑中出现某种情景，并从中受到感染。

3. “情景再现”的应用需注意的问题

(1)“情景再现”的使用要以传递主线情感为目的。播音员需要对文章描绘的画面和情节进行主次、详略的整体掌握，通过扎实的组织准备工作，细致体会文字内容，来确定应该开展详尽讲解的部分和应该进行简略介绍的部分。优秀的播音员需要在考虑稿件全局的基础上，精简部分旁支内容，对重点内容展开科学合理的分析处理，根据自身综合素养对播音内容进行灵活确定。生活中，人们正是因为个人的判断情况不同，才会对不同的事物产生不同的态度、情感。然而播音员不能仅依靠个人意愿对文章内容进行理解，而是需要深切体会文章内容所蕴含的情感和态度。“情景再现”一定要服从于播讲目的的制约和引导，不为“情景再现”而进行情景再现。播音员应对情景画面的详、略、主、次有一个明确的把握，知道哪些内容需详细介绍，哪些内容只要一笔带过即可，而这依赖于认真的案头工作，来对语言内容进行详尽的体会；播音员应考虑稿件全局，切忌见字生情，需要有的放矢、有主有次，而不应将读好每个词、每句话作为播音的全部内涵；实际生活中，不同的人对不同的事物看法不一、判断不同，而播音员的工作性质决定了其不能随心所欲地引发情感，应保持播音内容同自身情感的一致性，一切服从于播讲目的的制约和引导。

(2) 强调重点、难点的情景丰富，将关键放在触发点的获取上。情景再现是以稿件内容为依据，想象再造的过程，是播音员依靠自身积累来丰富其中情景的过程。但值得注意的是，并非所有情景均需要做出详细的补充，而是应抓难点、抓重点，将关键放在触发点的获取上，从而取得事半功倍的效果，反之则会对播讲目的的实现造成干扰和阻碍。

(3) 注重想象画面的动态性、形象性，且围绕稿件中心来进行情景再现。以稿件内容为依据所联想、想象的画面，应当是动态的、连续性强的、突出张力和形象感的、联系紧密的，不能静止、单板；同时，播音中情景再现的应用应以稿件事实为严格依据，遵循稿件所规定的性质、目的、任务和范围，并以此为基础来展开充分的联想，而不能离题太远，漫无边际。

总之，“情景再现”应用于播音主持中，能表达语言之外的思想内涵，增加播音主持节目的影响力、感染力。因此，熟练掌握“情景再现”成为播音员的基础要求之一。播音员要把握时机，正确使用“情景再现”。为完美使用“情景再现”，播音员还须在学识、技能方面不断地充实自己，将稿件内容和自身阅历相结合，合理发挥“情景再现”的作用，更有效地进行播音主持工作。

◆【练一练】

情景再现练习

在情景再现练习中，要求依据以下材料，展开联想、想象，以产生较为具体的心理感受，体会到其中的景与情，注意静态描写、动态描写的不同变化，以及人物心情或作者感情态度的变化，将自身与材料（稿件）中的情景融合，这样才能使语言更加有活力。

(1) 人们在倾听、倾听、倾听着震撼世界的声音：中华人民共和国成立了！中国人民从此站起来了！

(2) 宽阔的天安门广场沐浴在灿烂的阳光中，显得分外雄伟庄严。

(3) 啊！祖国明媚的春天，滋润着我的心田。春光洒遍了人间，春色布满了河山。

(4) 正在这时，大雨点噼里啪啦地打下来。

(5) “呜——”随着一声嘹亮的汽笛声，火车徐徐离开了月台。

(6) 霎时间，海上涌起滔天巨浪，无数海燕，冲天起舞。

(7) 招聘现场人山人海，每个人脸上都写满了期待，拿着厚厚一沓简历寻找适合自己的工作岗位。

(8) 天热得发了狂，太阳一出来，地上已经像下了火。院子里一点儿风也没有，闷得人透不过气来；柳树也像得了病，叶子在枝上打着卷儿；马路上干巴巴地发着白光，烫着人的脚；真是处处干燥，处处烫手，处处闷得人喘不过气来。

(9) 别嚷，快看呐！太阳露出头顶了，太阳露出眉毛和眼睛了，太阳跳出来了，太阳离开了大地，升起来了！升起来了！

(10) “女士们、先生们，我们的航班即将起飞，请您在座位上坐好，调直椅背，收起小桌板，系好安全带……”想必这段乘务广播，乘坐飞机的人已经耳熟能详了！但是多少人能认真去听，去履行呢？大部分乘客想必还是把它当作一段例行广播罢了。其实系上安全带，看上去只是“例行公事”，但是实际上却是对乘客的安全负责，航班上每条安全措施都是有着详尽的考虑的。以往，当飞机起降过程中紧急刹车或遇到强气流发生剧烈颠簸时，经常有未系好安全带而来不及防范的乘客受到意外伤害。

(11) “女生们、先生们！为确保铁路行车安全，动车组列车上严禁吸烟，也不要在卫生间内使用香水、发胶等喷雾型用品，上述行为，会引发烟雾报警，影响列车运行。凡在动车组列车上吸烟者，视情节轻重，根据《铁路安全管理条例》将处以500元以上2 000元以下的罚款，同时依据相关征信规定记入个人信用信息系统，处以180天内限制购票的失信处罚。为避免对个人信用造成影响，请您自觉遵守国家法律规定和铁路有关规定。动车组列车全列禁烟，谢谢您的合作！”

二、内在语

播音创作中常常出现这样的情况，一篇稿件初识乍看很是平常，可深入揣摩意味却是深长，这些表面看起来较浅显的文字、语句背后，却有着很深的含义。这些我们日常说话的“话里有话”，播音中的“弦外之音”就是“内在语”，在朗读中也叫“潜台词”“潜语”。播音中的内在语是指那些播音语言中不便表露、不能表露、没有完全表露出来和没有直接表露出来的语句关系和语句本质，它是帮助播音员、主持人把稿件变成自己说的话，提示播音员、节目主持人找到恰当的表达语气的重要方法。

在特定的环境背景下，文字作者无法直接表达出其真实态度，无法直接评价、反对某一事件，在此，他们会将稿件所要表达的真实目的、意图隐藏在文字里。播音员在将其稿件转化为有声语言时，应对稿件进行准确分析和二度创作，借助丰富变化的语言外部技巧（轻重、停连、节奏、语气、语调等）播出不变的文字，通过有声语言外部技巧的创造反映出言外之意、弦外之音。

【小贴士】

内在语举例

散文《补旧》中有一段："他的这身棉衣，是在抗美援朝期间，有次回国来，为了外出方便买来穿上打掩护的，质料很一般，外头连罩衫也没有。（可是）就是这身棉衣……他穿的还是这身黑蓝颜色，上头闪着一层油光的土布棉衣。（彭总啊，你对自己太苛刻了）"

括号部分为文章内在语。一般在我们的印象中，国家元帅、重要领导人的穿着不会如此寒酸，彭总穿得好一点是理所当然的事情。可他却穿着一层油光的土布棉衣。这里体现出彭总节俭、严格要求自己的高尚人格和革命品质。有了这层认知，播音员在播读此稿件的时候，利用变化的语调使不变的文字内容中产生了动人心魄的力量。

正因为作者不可能把稿件所包含的具体内容和思想感情全部地、一字不落地写成文字，所以播音创作依据的文字常常是"言有尽而意无穷"，这就要求播音员在播音创作时必须由表及里，充分挖掘文字背后更深层次的意思，找出作者想要表达的"弦外之音"和"言外之意"。在平庸中见神奇，于浅显中窥深意，在语句的有尽之言中挖掘无尽的寓意，这其实正是播音创作的内涵所在。

内在语是抽象的，它不同于其他的播音或发音技巧，它需要播音员主持人综合自己对稿件的理解与体会，把握稿件的真正意图，从而用生动的有声语言将其准确地表达出来。

（一）"内在语"的意义

内在语在播音表达中具有十分重要的意义，具体包括以下四个方面。

1. "内在语"是承接语言链条的节点

语言链条是指语句间的逻辑关系，文字语句间的逻辑有的通过关联词或关联短语表示出来，有的则没有明显的文字标志。一段作品，其单句链条稍纵即逝，所以，播音员在处理这段作品时，就是用语气把它很好地再现出来，可通过补设隐含的关联词和短语把文字语句间的逻辑关系提示出来。很多文稿没有写出语句间的关系词，这些句子之间的"因为……所以""不但……而且""如果……那么""一方面……另一方面"等好多潜在语言，都需要播音员在内心里说出来，这样才能够把前后句子之间的关系表达得更清楚明白。所以说，搞清词与词、句与句、段与段、层与层是怎样衔接成一个有机整体的，获得或并列、或因果、或转折、或分合、或假设等逻辑感受，从而明了文章上下衔接不太好的地方，都可以用内在语来衔接过渡。例如，在新闻播音中，新闻的导语播完之后，在继续讲述新闻的主体时，播音的语气有所降低，处理不好，就会影响稿件的顺畅。实际上，在播完导语后，心里要有一个转换语句："欲知详情，请听我继续往下说。"在这样的内心提示下，语句的表达就会从导语醒目的色彩转换成主体部分从头说起的意味，如果没有这样的内在语，这个转换之处要么就会没有语气变化，要么就会不自然地生硬降调。所以，播音员在处理这段作品时，就是用语气把它很好地再现出来。正是有了这种节点，才能凸显文章的平仄、语句的优美。同时，播音员在诵读时也增加了自己的理解，从而为之增色。如果播音员自身对句与句之间的逻辑关系模糊不清或似懂非懂，就无法准确地向受众传达信息。播音员应该在备稿时就对稿件进行逐字逐句理解，再到对段落及全篇的把握，只有这样才能把隐含在稿件内部的关联词挖掘出来，对语句间的逻辑关系有更深层次的理解和把握。所以说，内在语是承接语言链条的节点。播音员只要能够抓住隐含其中的逻辑链条，就能在进行二度创作时做到胸有成竹、语句清晰、关系明确，也使受众在接收时清晰明了、兴趣浓厚，理解起来更有层次感。

2. "内在语"能够更好地体现语句的含义

人与人之间沟通交流，都会反映一种目的、态度或情感，在播音语言表达中也是如此。每篇稿件都有其作者的创作目的和写作意图，播音员要结合稿件背后的写作背景，再次挖掘出作者文字中所蕴含其中的深刻含义。播音员要把握好每句话所倾向的目的和精神实质，对作者"言有尽意无穷"的内容准确鲜明地表达出来，才能实现稿件本身的宣传目的。从某种程度上来说，只有结合不同类型的"内在语"，最终帮助听众在稍纵即逝的有声语言中扫除理解上和环境因素的障碍，才能帮助听众决定要不要继续收听，决定采用什么样的态度去接收信息。

3. "内在语"是确定播音语气的依据

有的播音员在播音当中容易出现"念""唱"的感觉。我们不能主观地认为这是播音员对稿件理解不透彻导致的结果。其实，很多时候出现这样的情况，是语气表达出了问题。新闻稿件在符合真实性原则的基础上，需要播音员在语气上也具有可信度高、感染力强、说服力强的语气表达。而"内在语"是确定播音语气的依据。同样的语句我们可以用不同的声音色彩、不同的语气和声音形式来表现，如喜欢的、愤怒的、哀怨的、冷漠的，等等，表达出不同的感情色彩、情感态度。但是播音员在表达时，会因为受到播音时的口腔状态、声音高低强弱、气息状态和心理因素的影响，使语气在表达上出现很大的差异性，形成的语气分量也不尽相同。语气是一个千变万化的精灵，播音员在每次播稿前都要仔细揣测不同语境下不同的"内在语"，找到符合该语境下不同的声音形式和思想感情，使每次所创作的语言都富有生命力。

4. "内在语"是播音员创造个性的重要标志

内在语本身就具有丰富多样的表现形式，同时又能使播音员、充分发挥主观能动性和创造性，从而赋予了稿件生命力，使内容更加灵活多样。在语句间，特别是那些文气不大好衔接的地方，设计一个恰当的提示性内在语，就可以找到与下句衔接较为贴切的语气，使语气自然过渡。例如"长而空不好，短而空就好吗？"作者在这里运用了反语句。播音员就要用反语式内在语在第一时间理解作者的本意，挖掘这句话的潜台词就是：长而空不好，（难道）短而空就好吗？（其实，也不好！）。播音员还可通过设问呼应，提醒关注表现情态、展示过程、感叹强调等丰富的提示性内在语的设定，使语气的表达更加丰富，使自己的创作思维和创作个性得以更好地发挥和施展，从而创作出优秀的播音作品。

可见，内在语是播音员创造个性的重要标志。“一千个读者心中有一千个哈姆雷特”，每个人在处理稿件时都应该有各自的方法和习惯，不能照搬他人的方法。很多时候播音员对稿件的处理是需要跟随着内心变化的轨迹而行走的，抑扬顿挫、高低起伏，每次播音时的心境不一样，体会和感受都会有升华和加深，最后听众的体会也会更加深刻。播音员在进行二度创作过程中，只有增加个人阅历，强化扎实的专业基础，锤炼语言功力，并在每次播出前做到认真备稿，才能够在播稿时不致偏离稿件本身的创作意图，明确稿件的“内在语”，并在表达稿件情感及中心思想的基础之上，更加凸显播音员独特的语言表达个性，丰富节目魅力。

总之，内在语是帮助播音员把稿件变成自己想要的语言，使思想感情运动起来的内部技巧之一，对播音作品的再创作发挥着重要的作用，对播音表达引发的深远含义有着极为重要的作用，所以，内在语在播音表达中有着极为重要的意义。

【小训练】

请分别写出下列三句话所包含的内在语。

（1）这事你不说，他不知道。

（2）看看你干的好事！

（3）这哪是我的课本，是我同桌的课本啊！

小训练
三句话所包含的内在语提示

（二）内在语的分类

根据内在语的性质和作用，我们将其分为6种类型。

1. 发语性内在语

发语性内在语，是指播音员在语句、层次、段落、稿件、节目起始处之前，用适当的词语作开头，把它在心里播出来，并与稿件原开头的词语自然衔接，把其“带发”出来。它的作用是帮助播音员播好开头。例如，在呼台号之前加发语性内在语。（听众朋友，大家好，这里是中央人民广播电台！）

当稿件的开头写得比较突兀呆板，在前面加一个称呼语、问候语或一个疑问短语来带发，就比较容易找到自然的语气，进入状态，使语句的指向性更强。

2. 寓意性内在语

寓意性内在语，是指稿件文字的“言外之意”，是蕴藏在语言深处的潜在意义，是结合上下文语言环境提炼出来的语句和目的。特别是那些在意向、色彩或程度、分寸上与文字表面非截然对立而差别细微的语句本质。对它的把握，除了参照上下文语言环境，还要结合作者的创作特点、习惯用语，文章的主题思想、写作目的、创作背景，人物的思想、情感、性格、身份、心理、语言特点及所处环境和人物之间的关系去分析，有时甚至需要从全篇整体去把握。

3. 关联性内在语

关联性内在语，是指语句之间存在的没有用文字表达出来的关系。也就是那些体现语句逻辑关系和语法意义的隐含性关联词和关联词短语。一般用在语句、段落、层次之前或之间。既可用隐含的“虽然”“但是”“因为”“所以”“如果”“而且”“结果”“那么”之类的关联词，也可以用简洁的短语使上下文自然衔接起来，过渡好上下句、前后段。

运用关联性内在语可使前后句、上下文语言链条衔接更加自然、顺畅和符合逻辑，使语意和语言目的的表达更加准确。可以说，它是播音有声语言的链条向播出目的定向推进的路标，是播音员表达语气起承转合的重要依据，是播音有声语言所表达的稿件文字、语句富于内在逻辑力量的关键所在。

4. 提示性内在语

提示性内在语用于语句、段落、层次之间，也是为了解决上下句语气衔接的问题。它是播音员发挥主观能动性和创造性所赋予稿件的，内容更加灵活多样、丰富多彩。在语句间，特别是一些语气不顺畅、上下句过渡生硬、语境不好贯通的地方，恰当地使用提示性内在语，可以较为柔和地过渡到下一句，使语气连贯、自然。如果说，关联性内在语重在使语句的逻辑关系更加严密，那么提示性内在语则更强调使表达语气富于灵动的活力。有些播音员为更好地发挥自己的创作思维，施展创作个性，会使用提醒关注、表现情态、感叹强调、设问呼应、展示过程等具有提示性的内在语，从而使表达更加丰富。

5. 回味性内在语

回味性内在语，是在稿件文字段落、层次和全文结尾处设置相应词语，可以起到提示播音员语气转变的作用，包含回味、思考、想象、憧憬等意味，给人以意犹未尽、无限遐想的感觉。

6. 反语性内在语

反语性内在语直接体现语句表面含义与深层意义的对比或对立关系。语句深层内在含义与文字表层意义相对立的叫对立型反语内在语。通过反问来表达确定意思的内在语叫反问型反语内在语。利用语音或语义的关系，使语句同时兼顾两种事物的内在语叫双关型反语内在语。语句本质与表层意思同向同质，但在表达语气中却需渗入一定的与语句意义有别的，甚至是相对的色彩，这就是非对立型反语内在语。

综上所述，对稿件整体的把握和体会是通过内在语这种表现形式来传达的。内在语会随着语境变化和表述目的而改变，故不能以就句论句的方式来确定内在语，而应当从主题思想、播出目的、语言环境和整体基调来分析内在语。要透过现象看本质，感受语境的变化、表意的转变，在表达时，不必字字再现，要精准、简洁、富有力度地将稿件表达出来。

（三）内在语的把握

1. 在稿件的重点上把握内在语

在我们播讲的稿件中有不少重点句。稿件中许多语句的内在含义和逻辑关系是一目了然的，因此没有必要句句都找内在语，但是对重点语句的本质含义则应深入开掘，以准确深刻地传达出稿件的精神实质。例如，在稿件《追寻没落的晋商文化》中有这样一段话描写当时晋商的辉煌：

山西的街道不宽，每个体面门庭的花岗岩门槛上都有两道很深的车辙印痕，可以想见当年车水马龙驮载着金钱、风险、骄傲、九州的风俗和方言，从山西通贯茶马古道，甚至抵达内蒙古和俄罗斯，在20世纪以前的五百多年中，纵横驰骋，执中国商业、金融发展之牛耳。

在播音到“很深的车辙印痕”时应该充分强调一下，深深的车辙印痕足以映衬出山西当年的街市繁华、车水马龙以及富甲一方的情景！因此在处理这一段时，特别注重这一点就会起到事半功倍的效果。

2. 在稿件的难点上把握内在语

所谓难点就是语句本质不好把握，或文气不是很贯通，或出现一些难理解的语句，或自己播起来觉得不好衔接的地方。这时就需要在个别词句上斟酌一下。例如，位梦华《从宇宙到生命》（光明日报出版社，2000 年第 1 版）中的一段话：

白天，天幕高悬，晴空万里。仰望太空，环视天际，总会使人浮想联翩，感慨系之，仿佛那深邃的宇宙，隐藏着无穷的奥秘。

夜晚，夜幕笼罩，繁星闪烁。指点北斗，凝视环宇，又会使人迷惑不解，疑窦重重，似乎那黑暗的宇宙，充满了无尽的玄机。

就这样，年复一年，周而复始，人们不禁会问，是谁设计并控制着这部如此庞大而复杂的机器？在语言里，四方上下曰宇，古往今来曰宙。也就是说，宇宙包含了空间和时间两大因素。

构成宇宙的还有一个极其重要的元素，那就是物质。除此之外，宇宙中还有一种更加重要的因素，那就是生命。生命中最重要的是人类，如果没有人类，宇宙的意义也就无从谈起。由此可见，宇宙实际上是由时间、空间、物质、生命、人类、运动这六大元素构成的。也就是说，宇宙是六元的。而构成宇宙的所有这些因素，都在永恒的运动之中。

这段话读起来深奥、晦涩，涉及一些专业术语，这就需要播音员在解说时准确运用内在语，搞清逻辑关系，突出重点，如“四方上下曰宇”“古往今来曰宙”，这些极难懂的词句就需要好好揣摩，我们在接触这类稿件时不要盲目地去处理，首先应该搞清楚稿件内容的背景、宣传目的以及中心思想，等等。播音员在播讲这样一些专业性强、寓意深刻的稿件时就要有比较高的文化内涵和感受力，才能将稿件的内在语挖掘出来。

话里有话、弦外之音、言外之意、潜台词，都是对内在语的精准描述。在播音创作中，内在语常常发挥着重要的作用，同时内在语也占有不可替代的重要地位，只有统筹全篇，并恰到好处地去运用内在语，才可以更好地发挥播音宣传的引导、教育和传播功能，使听众有更多想象和思索，从而在其中受到更多的熏陶和启迪！

【练一练】

内在语的练习

请指出以下语句“内在语”的类型，并练习播读。

（1）（青少年朋友，俗话说）：少壮不努力，老大徒伤悲。

（2）热恋中的男友向姑娘深情地说：“你真傻。”（其实就是说“你真好”“你真可爱”）

（3）我心中涌动的河水，激荡起甜美的浪花。我仰望一碧蓝天，心底轻声呼喊：家乡的桥啊，我梦中的桥！（我思念我的家乡和儿时的美好时光）

（4）她打了个寒战，（虽然）风又掀起了她的衣襟，（但是）这次她没有去拉。

（5）（虽然）管住自己说起来简单，（但是）做起来确实很难。（比如说）有的人在大是大非面前头脑清醒，但在平常尤其是涉及一些所谓的“小节”问题上（却）管不住自己，

(更有甚者)认为“小节无伤大雅”;有的人在职位较低的时候(尚且)能管住自己,(可是)一旦升迁便春风得意,飘飘然而管不住自己;(另外)还有一种人,一辈子都管得住自己,但到了晚年却经不住各种各样的诱惑。

(6)听众朋友们,最近有一件事传遍了古城西安,(什么事呢?)一位居民提着一口有毛病的铁锅找到市政府,要求帮助退换。

(7)“砰”的一声,张某一脚踢开了炊事班的门。(怎么回事?)

(8)我接过来一看,(可不是嘛!)横是横,竖是竖,补的就是不错。

(9)按目前的生产进度,今年的总户量将达到100万台。(真了不起!)

(10)火灾隐患要从源头抓起,要从小培养孩子的安全意识,才能防患于未然!(观众朋友们,您说对吗?)

(11)这幅画一直挂在我的书桌前,多年来不曾换掉,因为我需要它。(它常督促我向上)

(12)虽说现在生活好了,可离小康水平还差得远呢。咱们能只顾眼前享乐,忘了大目标吗?(您说是不是,听众朋友?)

(13)这些黑夜的火光的特点是:驱散黑暗,闪闪发光,近在眼前,令人神往。乍一看,再划几下就到了,其实却还远着呢!

(14)某演员在拍摄“吃大餐”的戏时说:“导演,戏里吃的是神户牛肉,要是把模型换成真神户牛肉,我就更容易找到感觉,表演效果会更逼真。”导演说:“可以呀,下一场还有服毒自杀吃砒霜的戏呢!”(同意是假,否定是真)

三、对象感

众所周知,播音是在特殊环境下完成的,坐在播音间里,播音员面对着话筒和镜头,从特定语境来讲,这叫作“目中无人”,这时如果不注意培养对象感,就会失去对象,变成自言自语。军事上有一个术语叫“假想敌”,就是为了达到某个目标而设计出来的训练对手,针对对手的情况做出恰当合理的军事演习。播音员要想播得绘声绘色,播出真情实感,也需要设立假想观众、假想听众,努力调动自己的积极性,建立良好的“对象感”,变“目中无人”为“心中有人”。每当收听优秀的广播节目时,你会产生这样一种感觉:播音员与你虽然见不到面,可就如同在你面前一样在生动地叙述着。你完全被播音员绘声绘色、恰如其分的表达吸引了。播音员与听众之间是相通的,似乎不存在广大的空间,这就是播音员具有鲜明的对象感的缘故。“对象感”犹如架设在播音员的个体认识和听众总体认识之间的一座桥梁,把虚拟的交流变成“对象化”交流。

【小案例】

周总理的提醒

在人民大会堂举行的一次会议上,播音员为会议宣读文件,他只考虑会议重要,宣读文件时调门很高,听了有点刺耳。当读了一段以后,周总理派工作人员告诉播音员,会议的参加者多是一些老同志,希望播音员音调不要太高,要适合老同志们听。

周总理对播音员是多么关怀啊!他的指示给我们一个很大的启示:对不同对象播音,要有不同的播法。播音员的对象感非常重要。

（一）对象感的定义

什么是对象感呢？张颂在《播音创作基础》中这样定义："对象感就是播音员主持人必须设想和感觉到对象的存在和对象的反应，必须从感觉上意识到受众的心理、要求、愿望、情绪等，并由此调动自己的思想情感，使之处于运动状态。"①在定义中我们不难看出，播音员对对象感能否正确把握，会直接决定整个播音（节目）是否能让受众接受。

对象感在播音中至关重要，如果有充分的对象感，播音员就会很积极，有一种内心无法熄灭的播讲冲动，就是达到——想说，不吐不快的感觉。除了积极的播讲状态，还会让人有一种情感真实的感觉，因为"真实的诉说对象"感情容易到位和准确。再者，就是获得亲切自然的"交流感"。播音员想象听众始终在脑海里浮现着，好像和他们面对面地说话一样。

缺乏对象感的播音就像有人的朗诵或者朗读，节奏单一，不能抓住听众的心，几乎就是在念，甚至自言自语，自己说给自己听，无视听众的存在，这无法达到播音的效果，听众是不喜欢的。民航、高铁播音员富有对象感的播音是心中牢记"我们的话是说给听众听的""是向旅客传递信息、传递知识的"，如果播音不为听众、旅客着想，说话不清楚、内容不完整、不准确、不鲜明，听众就会听不明白，放弃听民航、高铁播音员的播音。

对象感，要求播音员播音时要时刻感觉到听众的存在、设身处地地为听众着想，在感觉上能意识到听众的心理等各方面的需求，并根据听众的这些需求的变动来及时调整自己的情感表达，从而使播音工作更能表达情意，并且能与听众形成良性的互动，与听众产生心灵的共鸣。只有这样，才能发挥对象感的两方面重要作用：一方面能使播音员的播音主持工作更加完善；另一方面也能让听众更容易获取自己想要的信息，达到信息传播、交流的目的。

（二）对象感的重要性

民航、高铁播音员从事的是广播服务和安全管理的工作，飞行中（行驶中）经常遇见时间、温度、服务项目、安全设施等问题，这些问题要告知每位乘客，只有把这些做好了才能达到乘务服务与安全管理的具体要求。同时，广播内容是公开传播的，有着很强的时效性、导向性。

民航、高铁播音员一般是在话筒前进行广播的，面前没有乘客，播音员看不到服务对象。正因为这种特殊的工作环境，容易使之与听众、乘客的交流产生障碍。看不到乘客就可以不管服务对象吗？这显然是不行的，而通过对象感的学习就能很好地解决这一问题。对象感的产生不是凭空的，而是有着科学的依据，苏联著名演员、导演、戏剧教育家、理论家和舞台艺术改革家斯坦尼斯拉夫斯基说："没有对象，这些话就不可能说得使自己和听的人都相信有说出的实际必要。"这句话虽然是对戏剧中演员与观众之间关系的表述，但是这样的观点对民航、高铁播音员与乘客之间也是同样适用的，既然民航、高铁播音员的每句话都是跟旅客讲的，就一定要让旅客听清楚、听明白，这也就是对象感这一概念产生的依据。另外，从《现代汉语词典》中得知对"对象"的解释是："行动或思考时作为目标的人或事物。"播音员所有的行动或思考都是为了"作为目标的人"，也就是每位旅客。因此，我们在广播时应做到心中时刻有旅客。

---

① 张颂．播音创作基础［M］．3 版．北京：中国传媒大学出版社，2011：76.

对象感是播音员用来使思想感情处于运动状态的一种手段、一种途径。就是时刻都要注意与受众交流，在没有受众的时候要进行设想，所以说对象感属于某种联想、想象中的东西。对象感必须是具体的，只有具体的对象感才会对客舱的广播工作发挥积极的作用。因此，民航、高铁播音员必须具体设想广播词中的具体内容，想想哪些人最需要从自己这里获取信息，也就是说哪些旅客最需要听，他们听了以后会有什么反应，通过旅客的反应，又该如何进一步调动播音过程中的思想感情。情感把握好了，广播词的处理自然就容易了。

【小贴士】

基于对象感所存在的误区

(1)“谁在听，我就播给谁”。对象感是播音员用来使自己的思想感情处于运动状态的一种手段、一种途径，但不能实体化，因为，一旦实体化，将不可避免地产生消极播音的局面，影响播音质量。

(2)“只假设单一对象”。仅假设一种对象容易使播音出现偏离播音主题的现象。

(3)“对象感不需要贯穿节目始终，只需偶尔运用即可”。偶尔运用只能起到一时的带动、兴奋作用，不能使听众产生强烈共鸣，影响收听、观看兴趣。

（三）对象感的建立

如何建立播音过程中的对象感呢？具体地，应从以下几个方面着手。

1. 进行设想，全面感知听众

对听众进行设想，猜测听众的收听环境、气氛，甚至要根据播音内容，设想听众的情绪、愿望、要求和审美情趣等。同时要估量听众的年龄、性别、职业等方面的特征，把这些假设和估量进行综合，融入播音材料之中，增加播音的实效性。还要依据主题、目的对听众进行设想，对象感是伴随着主题和目的落实而推进的，不应离开主题和目的的红线去感受，这会让人感觉播音乏味，只有在主题和目的的基础上的对象感，才是真实的，有效的。

2. 无形交流，感受观众的存在和反应

民航、高铁播音员要与听众（旅客）交流起来，就要求其在感觉上时时觉得观众的存在，并通过语气的转化实现虚拟的呼应，在无形的交流中感受观众的存在和反应，确立与听众交流的真实感。播音员通过对听众一方的想象、设想，甚至能感受到听众哪些地方听得明白，哪些地方听不明白，设想听众收听时的神态表情，从而改变语速、语调，让播音内容活泼起来，使其更具有生命力和感染力。只有当你真切地感受到听众的存在和反应，才能使你的播音起承转合更加自然。抓住了听众的注意力，和听众自然地交流起来，并根据内容和听众，有目的、有感情、生动地讲给他们听，这种感情上的付出和交流会换来听众的呼应和喜欢。播音员应在产生思想感情的共鸣中感受播音的乐趣，甚至与听众的悲伤、喜悦、愤怒达到呼应统一，互相鼓励、互相支持，共同筑起播音的有声互动世界。

3. 了解听众，做好听众的知心朋友

要想获得对象感，就必须尽可能多地了解各种听众的情况，只有对播音对象进行深入了解，把听众变成最熟悉的人，甚至是朋友，一想到他们的音容笑貌、神情状态，播音员播到那个地方，就能感受到听众会有什么样的反应，才会更切合稿件的内容和形式，才能更好地达到播音效果，特别是社会圈子较窄的播音员，加之不善于观察和积累，设想对象时受到局限，就会影响播音效果。同一篇稿件，不同的播音员播出来效果是不一样的，因为他们设想的听众对象不一样，自身的感受也不一样，从而导致播音效果也不一样，每个播音员都有自己的不同生活阅历，对稿件的把握和理解也不尽相同。只有深刻地把握住听众才能使自己的播音具有很强的对象感。另外，播音员要有自己的风格，既不能故意怪腔怪调，也不能盲目地刻意模仿，而要有自己纯正的声音，听众才会真的认同你，喜欢你，支持你。播音员要有强烈的事业心和责任心，干好本职，做好听众的知心朋友。

4. 心理暗示，保持良好的播报状态

情绪对播音员把握对象感产生了很大的影响，所以播音员一方面要掌握过硬的专业技能；另一方面要不断提升自我心理素质。播音时排除其他杂念，消除紧张心理，时刻对自己进行积极的心理暗示。积极向上的心理暗示会消除不必要的紧张情绪，让播音员把更多的精力放在体会听众的感受上。面对紧急稿件、生疏稿件，要根据自己的经验找到类似题材或内容的稿件作为参照，让播报内容最大限度地贴近受众的感受。

5. 体验感悟，提升理解能力

在日常的工作、学习和生活中，播音员要多观察、多倾听、多思考，多从不同的角度想问题，提升感悟能力，缩短备稿时间，这样播音员在遇到急稿时也会从容播读，提高效率。此外，播音员要利用多种机会深入社会实践，实践出真知，很多事情在亲身体验后会有不同的感觉，播音员只有深入事件现场，经历相关事件，才能提升对稿件的理解能力。所以，民航、高铁播音员客运服务工作一线的经历必不可少，经历、了解许多客运服务发生的一线情景，就能深刻体验和感悟旅客对民航、高铁播报的要求。

【练一练】

对象感练习

在进行对象感练习时，对象感要贯穿始终，可以时隐时现，但不能时有时无，而且要依据稿件中对象感的位置适当调整语气，不要一成不变，这样才能与听众“交流”起来，达到良好的传播效果。

(1) 以下是主持人在主持《直播中国》节目开场前说的一段话。主持人以饱满的热情，同电视机前的观众进行了隔屏交流，主持人设想电视机前的观众就在节目现场，并与其交流，这种感受使主持人的播音愿望更加强烈，节目的效果也更加好。朗读这段话来体会播音过程中的对象感。

“这是《直播中国》的第一期节目，我们在平台问您早上好。现在呀，天已经亮了，我想在我们国家的东北，天早就大亮了；现在西部呢，天可能才蒙蒙亮。尽管我们相隔千里，但是感受却是同步的，这就是直播。在我看到的时候呢，您同时也看到了；在我听到的时候，您同时也听到了。要是可能的话呢，此刻我真想把这种抚摸的感觉也传达给您。”

(2) 请朗读下面这首诗，体会播音过程中的对象感。这首诗朴实中透露着力量，让人从朴素的语言出发联系到自己丰富的生活。选择这个段落作为对象感的训练，就是让听众找到一种“是在对我说话”的感觉。这样播音者也会言之有物，听众也会参与体验。

我是个不关心大事的人

海桑

算了吧，不要颂扬，不要歌唱
你好好坐下来给我说说
说些我能听懂的——
比如今年又是北旱南涝
比如油价昨天又涨了一毛
说些我能想到的——
比如今天可能有雨，明天你要结婚
比如奶奶的病已经没法治好
再说些简单的事情，不大不小——
比如草青水净，可以钓鱼
比如你正在努力读书
村里的小麦长势很好
我是个不关心大事的人
我真的没有时间，我真的没有兴趣
我只是喝两杯便宜的酒
写几篇会飞的诗
你志在高远，你就去吧
我不会搬家，出门也走不远
你只要那么喊一声，我就能听见

(3) 请朗读以下内容，体会民航、高铁播音过程中的对象感。

①登机广播中的疏通过道广播词。

女士们、先生们：

欢迎您乘坐××航空公司的××航班。进入客舱的旅客请注意，您的座位标识位于行李架边缘。请按照您登机牌上的号码入座，易碎怕压的物品请放在您前排座位下方，请不要放在通道及紧急出口处。为了方便您身后的旅客能继续登机，请已经找到座位的旅客尽快入座。

谢谢!

②京沪高铁列车开车前五分钟广播词。

各位旅客，您好!

欢迎乘坐京沪高铁和谐号动车组列车。您乘坐的这趟列车是由××站开往××站的××次列车，在××站开车的时间是×点×分，到达终点××站的时间是×点×分。请您认真核对车票，以免上错车耽误您的旅行。有送亲友的朋友请您抓紧时间下车，站在车门附近的乘客请您到车厢里面就座。列车就要开车了。

任务二　外部技巧

播音员在将文字稿件转化为有声语言时，首先需要对文字稿件有充分的认识和理解，然后利用播音表达的外部技巧，将其转化为有声语言呈现给听众。其中，播音表达外部技巧主要体现在停连、重音、语气、节奏四个方面（图 4–2）。

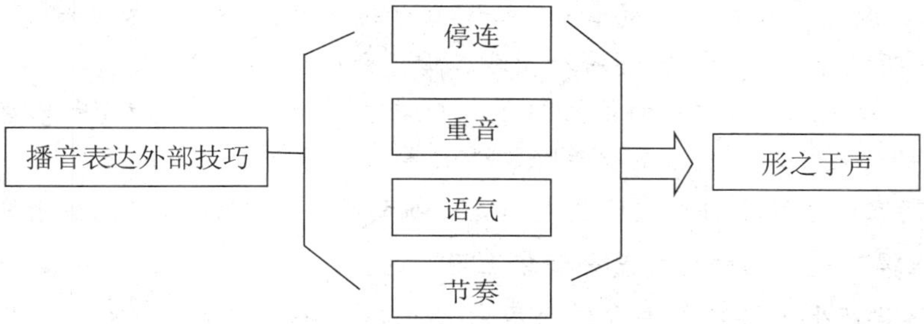

图 4–2　播音表达的外部技巧

掌握停连、重音的技巧和方法，就能准确、鲜明、生动地把民航、高铁广播词更好地表达出来。运用语气技巧，就能把乘务人员亲切、温馨的情感具体体现出来，解决心中有亲切的情感但是表达不出来或者表达不准确的问题，同时能够避免声音形式单调平直，使有声语言更富有变化，更具有表现力和感染力，达到温馨、亲切的情感与恰切的声音形式的统一。节奏是播音创作基础训练的最后一个环节。如果说基调是一篇稿件表达的总的感情色彩和分量，那么，节奏就是稿件总的感情色彩、分量的外化，也就是民航、高铁播音员播出时声音的具体表现。通过节奏的技能训练，可以更好地掌握语气相互衔接的问题，从而更加完整、准确地表达广播词的情感。

一、停连

“停连”是播音员在工作实践中几乎每天都要面临的重点及难点问题。停连，包括两个方面的问题。停，指停顿；连，指连接。有停顿，有连接，才能更好地达意传神。停连指的是“语言的部分之间，层次之间、段落之间、小层次之间、语句之间、词组或词之间，有声语言总有休止、中断的地方，时间有长有短，都属于停顿的范围。那些不休止、不中断的地方，特别是文字稿件中有标点符号而不休止、不中断的地方，就是连接”。[①] 有声语言在行进过程中停顿和连接，旨在彰显语意和有效抒发情感。不管是停顿还是连接，均需按照表达思想感情发展变化的要求而设定，并非想当然地随心所欲。作为播音外部技巧中的一种，停连在民航、高铁播音中被大量使用，是一种极其重要的表达技巧。

① 张颂．播音创作基础［M］．3 版．北京：中国传媒大学出版社，2011：87.

(一) 停连的意义与作用

【小案例】

停连不当三例

例 1：一位领导讲话时因为停顿处理不当闹出了笑话，他的讲话是这样的："前段时间，我们进行了工资调整，加了工资的和尚/未加工资的干部，都纷纷表示要百尺竿头更进一步。"员工们一听就乐了，什么？还给和尚涨工资，新鲜！

原来，这位领导说话时停顿的位置错了，应该是"加了工资的和/尚未加工资的"，因为不懂得正确的停顿，不该发生的"事故"就这样发生了。

例 2：某商家有这样一则在微信朋友圈里发布的广告："××牌空调被清仓甩货了！"如果不了解"××牌"这一品牌主要是经营床上用品的，就会容易读成"××牌空调——被清仓甩货了！"这样就产生了与其广告宣传的原意（正确的停连应为"××牌空调被——清仓甩货了！""空调被"是一种床上用品）大相径庭的停连效果。

例 3：网络上曾流传的一个笑话，说丈夫给上班的妻子送饭，在其中较大的饭盒上标注了"大便当饭"，较小的饭盒上标注了"小便当汤"，中间没有标点符号，只是"饭"字和"汤"字与前面字的距离稍远一点，这就出现了停连不同，就会造成语义截然不同的现象。丈夫的本意应该是"大便当：饭"，"小便当：汤"，但就是因为没有标点，于是造成了妻子到底是吃还是不吃的哭笑不得的尴尬局面。

播音的停顿，不能完全按照文字标点符号。从某种意义上说，文字标点符号更适合于视觉接受信息，播音是要让听众听的，听觉同视觉不同，声音传播信息的方式同文字传播信息的方式也不同。声音具有可感性、时间性、随生随灭性，它的运行是一维的。播音语言只能一句话一句话地按时间先后顺序播出，不能同时播出几句话，也不能把后面的话提到前面来说，播音的言语活动是绝对地受时间限制的。听觉对声音有形象感知，它也依据时间性的规则进行信息接收。听众的收听也只能按播音言语活动逐渐展开，一句话一句话地来感知言语，最终达到对文章完整的理解。所以，播音必须按照听觉规律对文字进行重新组织，建立起一套适合听觉规律的语言表达系统，以保证文稿原意的准确传达。这其中也就包括依据听觉要求对停连、标点的重新确认。

停连的作用表现在许多方面，有的组织区分，使语意明晰；有的造成转折呼应，使逻辑严密；有的可以强调重点，使目的鲜明；有的并列分合，使内容完整；有的体现思考判断，使传情更加生动；有的令人回味想象，创造意境。由此激发了听众、观众收听、收看的主观能动性，使播音收到更好的效果。恰当的停连正是为了帮助听众、观众更加准确、积极、迅速地获取有效信息。

一般人阅读一篇标点符号运用不当的文章，还能经过反反复复的推敲，把它的内容搞清楚，但如果收听一个停连不当的语言节目，就会感到烦躁生厌。这种播音经常扰乱收听者的思路，使原来建立在清晰、稳固的语言链条中的思想、感情发生混乱，使识记受到抑制。人们在感知言语时，倾向于把句子中的词或词组作为一个单元来感知，这一方面是因为人们常常习惯于听完一个词或词组的意义表达后，希望稍有间歇，以作回味、思考；另一方面是因为说话者也习惯于把顿歇放在词或词组之后，以作“休整”、区别。播音员的备稿，在很大程度上是以让听众听懂为要求，对稿件进行组合、加工、创造，使书面语言变为适合人们听的、为人们所爱听的口头语言。重要的是，组合必须正确。有时虽然已把词、词组划分为一个单位，但句子却往往产生歧义甚至反义。如“哥白尼认为，日月星辰绕地球转动这种学说是错误的”。这句话的停连如果处理成：“哥白尼认为/日月星辰绕地球转动/这种学说是错误的”，那么给听众留下的意思就是：哥白尼的学说是错误的，他认为日月星辰是绕地球转动的，这样一来，哥白尼就成了“地心说”的倡导者，语句的本意被错误的播音歪曲了，哥白尼的理论也被否定了。① 正确运用停连的重要性由此可见一斑。

【小贴士】

停连实例解析

(1)“不要随地吐痰、乱扔纸屑。”(选自××高铁列车播音录音)

(2)“昌平、怀柔、密云、平谷有小雨。”(选自××广播电台《天气预报》)

(3)“小马听了老牛的话，立刻跑到河边准备趟过去。突然从树上跳下一只松鼠，拦住他大叫：‘小马！别过河，别过河，河水会淹死你的！’”(选自《小马过河》)

××高铁列车播音员播（1）句，听后给旅客的印象是：不要随地吐痰，可以乱扔纸屑。××广播电台播音员播（2）句时，按标点每处一顿，“平谷”后边没有顿号，他就不停顿，这样播给听众的印象好像只有平谷有小雨。有的播音员朗读（3）句时，完全按标点停顿，给听众的感觉是：小马听了老牛的话不是立刻跑到河边，而是犹豫了一下才决定跑到河边；松鼠跳下来拦住小马的心情也不是那么急切。

怎样重新确定？停连的位置

根据听觉规律，怎样重新确定上述句子停连的位置呢？请扫描右侧的二维码。

（二）停连的原则

1. 以情感表达为根本

停顿和连接都是有声语言表达中显示语意、抒发感情的方法。无论停或连，都是思想感情发展变化的要求，而不是随意的。停与连，首先是一种生理需要，但更多的是一种心理上的需要。思想感情的运动需要在哪里停顿，就要在哪里停顿；需要停顿多长时间，就要停顿多长时间；需要在哪里连接，就要在哪里连接，这样才能发挥有声语言运用停连表达思想感情的组织、区分、转折、呼应、回味、想象等作用，达到最终的表达目的。

文字稿件的内容、结构形之于声，是传情达意的过程，是一种综合性的思想感情的表露，究竟在哪里停顿、在哪里连接，还是要根据稿件内容和情感表达，联系稿件的上下文来决定。按文意、合文气、顺文势，是我们运用停连的原则。停连的把握从任何一个狭隘的侧面去分析，都会碰壁，这需要全面知识的综合应用。

在有声语言表达的过程当中，停连应该是积极的、主动的，要以稿件的具体内容为基

① 王进，杜丽华．播音主持专业理论与实践［M］．北京：北京广播学院出版社，2003：144-146.

础，服从思想感情运动的需要。因此，在停连的运用上，生理需要必须服从心理需要，服从情感表达的需要，不可因停害意，因停断情。

2. 以标点符号为参考

标点符号只显示了文字语言的停连关系，如句与句之间的句号、问号、感叹号等，段落之间由另起一行作为标志等，停顿和连接是有声语言的“标点符号”，我们必须勇敢地甩掉标点符号的羁绊，运用好有声语言的“标点符号”——停连。

3. 以语法关系为基础

播音员对文字稿件的理解感受及有声语言的表达，都必须在正确、无误的稿件下，通过符合语法规范的词句才能完成。也就是说，每句话都是有语法存在的，稿件的语句、词或词组的关系，离开语法是不可能的，所以语法是进行有声语言创作的基础。

（三）停连的表达方式

1. 落停

这种方式一般用在一个完整的意思讲完之后。它的特色是停顿的时间较长，停止时声止气尽（是指声音停止的时候，感觉气息也正好用完），句尾声音顺势而落，停住。例如：

同学们，放学了，——你们走吧！

本杰明非常客气地说道：“干杯。你可以走了。”

2. 扬停

这种方式一般用在句中无标点符号之处，或一个意思还没有说完而中间又需要停顿的地方，它的特点是停顿时间较短；停时声停气未尽（有时甚至虽停却不换气）；停之前的声音稍上扬或者平拉开。一般用“/”表示“停”，稿件中用“/”标出来的都是扬停。例如：

你是谁……/凭什么欺负人。

我，我，我很恨他，可我/离不开他。

青年人手持酒杯/一下子愣住了，既尴尬又非常遗憾地说：“可是，/我……我还没向您请教呢……”

3. 直连

一般用于有标点符号而内容联系紧密的地方。其特点是顺势连带，不露痕迹，甚至不用换气。稿件中一般用“⌒”表示“连”。例如：

你看怎么办，⌒就怎么办吧，⌒别再问我。

你是少奶奶啊，饭不做，⌒锅不刷，⌒孩子也不带，⌒你怎么会是这样的一个人啊！

掀着草，⌒攀着乱石，小心探身下去，又鞠躬过了一个石穹门，⌒便到了汪汪一带的潭边了。

4. 缓连

一般用于较舒缓的一句话或一段话之间的连接，或者用于没有标点符号而内容又需要区分的地方，其特点是声断意连，环环向前。例如：

人群里，年长的是大娘，⌒大爷；同年的是大哥，⌒大嫂，兄弟，⌒姐妹，都是亲人。又仿佛队伍同志是群众，⌒群众又同时是队伍，根本分不清。

可小鸟憔悴了，给水，⌒不喝！喂肉，⌒不吃！

大连是我国著名的沿海游览，⌒疗养胜地，它位于辽东半岛最南端，⌒与山东半岛隔海相望，⌒是我国重要工业城市之一，⌒也是我国北方重要对外贸易港。

（四）停连的类型

从准备稿件的全局角度出发，以稿件的内容、脉络、受众心理为依据，最常用的停连有以下几类。

1. 区分性停连

区分性停连是书面文字转化为有声语言时对一个汉字进行再创造的组合、贯通的技巧，它所包含的内容比较多，也比较灵活。稿件中词或短语之间、句与句、层与层、部分与部分之间都有区分性停连。区分性停连能够在稿件语意不清晰时，分析出真正的语意。例如：

例 1：下雨天留客/天留人不留。
下雨天留客天/留人不/留。

例 2：小白兔没有了/妈妈就着急了。
小白兔没有了妈妈/就着急了。

2. 呼应性停连

有声语言的行进，在停连上有前呼后应的性质。播音中运用呼应性停连必须解决哪个词是呼，哪个词是应，二者如何呼应等问题。“呼”和“应”是一种内在联系的表现，在广播词的语句中，有呼无应，显得不完整；有应无呼，不易被理解。总之，有呼无应和有应无呼都会造成语言序列的紊乱，给人以“前言不搭后语”之感。运用呼应性停连主要是要明确呼应关系。例如：

例 1：这对/小燕子，便是我们故乡的/那一对，对吗？

例 2：大约 20 分钟之后，本架飞机/就要到达成都双流国际机场。根据收到的最新气象报道/成都双流国际机场的地面温度为/20°C。

对这段旅途中，您对我们工作的支持与配合，我们表示衷心的感谢！

现在/飞机正在下降。请您回原位坐好、⌒系好安全带、⌒收起小桌板、⌒调直座椅靠背。所有个人电脑/及电子设备/必须处于关闭状态。请再次确认您的手提物品/是否已妥善安放。稍后，我们将调暗客舱灯光。

谢谢您的合作！

例 3：旅客朋友们，/我们这趟列车是由/××/开往××方向的/××次列车。在本站开车的时间是/××点××分，请您按购票信息的座位号乘坐。

3. 并列性停连

并列性停连，是指在稿件中属于同等位置、同等关系、同等样式的词语之间的连接。稿件中会出现有标点但联系非常紧密的地方，这时我们就要运用并列性停连进行处理。

例 1：乐山凌云大佛/神秘、︵雄伟、︵壮观。

例 2：朋友您去过成都吗？都江堰、︵青城山、︵天台山、文殊院，︵空光寺、︵青羊宫、杜甫草堂、︵武侯祠等都是成都/这个历史名城的风景名胜。

当播音稿中并列关系出现得比较多时，应注意归纳并列，单字四个一并列，双字、三字三个一并列，四个字两个并列，四个字以上单列出来。

4. 分合性停连

在并列关系之前，往往有领属性词语。在并列关系之后，往往有总括性词语。在领属性词语之后和总括性词语之前，都有较长时间的停顿，这种停顿比并列关系之间的停顿要长。这样就形成了“合—分—合”的分合关系。分合性停连包括先分后合、先合后分两种情况。先合后分再合是这两种情况的结合。把握好分合关系，对于运用区分、并列、呼应等停连也更有利。

例 1：这些石刻狮子，有的母子相抱，︵有的交头接耳，︵有的像倾听水声，千态万状，惟妙惟肖。

例 2：为了保障/飞机导航和通信系统的正常工作，机内严禁使用/移动电话、︵计算机、︵收音机、激光唱机、︵游戏机等/便携式电子装置。

请您将移动电话/及其他电子装置的电源开关/置于关断状态，否则/您将会触犯/航空法规。

谢谢您的合作！

以上常用的四种停连的类型，在广播中并不是孤立的，它们是交错使用、并行不悖、融会贯通的。在广播表达过程中因内容的不同、稿件体裁的不同、播音员素质的不同等，技巧的运用也会千变万化，停连的运用绝不能生搬硬套。应该是把基本方法掌握后，在不断探索中、不断发展中前进。在运用时，讲究停连方式的丰富多样、和谐协调，既不要拘泥文字，也不要生搬硬套，要从思想感情的运动状态中去确定和把握。①

【练一练】

请依照下面的句子进行停连练习，并感受不同位置的停连效果。

(1) 无鸡鸭也可无米面也可无鱼肉也可。

①无鸡鸭也可/无米面也可/无鱼肉也可。

②无鸡/鸭也可/无米/面也可/无鱼/肉也可。

(2) 杀他不得留！

①杀他/不得留！

②杀他不得/留！

(3) 最贵的一张值八百美元。

①最贵的一张/值八百美元。

②最贵的/一张值八百美元。

---

① 赵恒．客舱播音技巧［M］．北京：中国民航出版社，2016.

（4）他知道这件事情不要紧。
①他知道/这件事情不要紧。
②他知道这件事情/不要紧。
（5）我们三个人一组。
①我们三个人/一组。
②我们/三个人一组。
（6）他今天上午要做手术。
①他/今天上午要做手术。
②他今天上午要做/手术。
（7）他喜欢我也喜欢你怎么办？
①他喜欢我/也喜欢你/怎么办？
②他喜欢/我也喜欢/你怎么办？
③他喜欢/我也喜欢你/怎么办？

二、重音

汉语是一种独特的语言，它的美感在于每句的抑扬顿挫，民航、高铁服务人员，尤其是播音员在进行播音工作的过程中，也应当对这一点引起重视，掌握应用重音的技巧，将播音工作的美感和专业性表达出来，更好地为旅客服务。

【小案例】

一滴就灵

一位顾客去药店买药，药店店员说："每瓶三十元！"
顾客问道："一滴，卖多少钱？"
店员说："怎么可以买一滴？起码一瓶。"
顾客却不解地说："你们广告上明明说：'一滴就灵啊！'
这里，出现此类笑话的原因，就是在广告语"一滴就灵"的"一滴"的重音上产生了分歧。广告语的重音应该在"滴"字上，而顾客（也许顾客是故意的）的理解或表述，却在"一"字上。因此重音不同，产生的语义相距甚远。

（一）重音的概念

语言是由各个句子组成的，句子又是由词和短语构成的，而词语在稿件中所占的分量不同，有重要的，也有次要的。其中，那些最能体现语句目的、最能表达思想感情的词或短语就是重音。体现在播音中，简单地说，就是一句话中凡是被强调的，就是主要的，而不被强调的，就是次要的，那些需要强调或突出的词或词组甚至某个音节，叫作重音。理解重音的概念需要注意以下几个方面。

1. 重音存在的单位是语句

重音的存在是以语句（单句、复句）为单位的，要在一个相对独立、完整的意思中确定重音。重音存在于具体的句子语言环境中，由语句目的决定，反映句子的主次关系，不是人为加上去的。因为一个孤立的句子重音位置改变的时候，它的语句的目的表达的意思是不同的。我们要在语句目的当中，具体的语言环境当中来掌握。

2. 重音不同于词的轻重格式

重音和词的轻重格式不是一个概念。我们在学习普通话的时候知道词的轻重格式这样一个概念，它们的区别可以从三个方面来说。

（1）语言层次不一样。重音存在于具体的语句当中，是相对完整的语言环境，而词的轻重格式只是在词汇这样一个很小的语言环境当中，是在词位层，重音是在意位层。

（2）内涵不同。重音是由具体的语句感情和思想来决定的，语句目的变化的时候，重音位置就不一样，而轻重格式是读轻、读重，还是读次轻、次重等都是约定俗成的，是一种读音规律。

（3）语音的表达特征有区别。重音不是只有轻重的方法来表达，它的表达方法是丰富多彩的，而轻重格式主要就是重、中、次轻、轻四个等级。词的轻重格式在语句中可以改变，是在它作为重音的时候。

3. 重音不等于重读

“重读”就是加重声音朗读。它只是表达重音的众多方法的其中一种。而重音是有主有次的，主要重音用加重声音来处理，次要重音也用加重声音来处理，就没有主次之分了。

重音并不是一成不变的，不能要求每个人强调的重音必须一致。因为，播音员的表达方法、表达风格的不同或因每个人运用节奏的快慢、声音的高低强弱、感情色彩的变化、气息的深浅不同等方面而发生一些变化。因此，对重音的强调也不可能把重读用一种格式限制住。如播到这样的句子“微寒的清辉洒落在空谷之中，为周围漆黑的密林披上一层银纱”。这里的“微寒”和“银纱”都要用虚声才能体现环境的凄冷，如果用重读显然不能表现出这样的意境。

再有，重音是播音员在准备稿件的过程中，通过感官接触到稿件中所反映的事物、现象，然后经过认识感受，使稿件内容在头脑中有一个概括的反映。在此基础上将主要重音和次要重音从稿件中提取出来，加以概括而形成重音，到表达时，重音的强调已是播音员从感性认识到理性认识的一个飞跃了。每个人的感受能力、概括能力各不相同，重音的表达也不可能只有一种方法“重读”。同时，如果重音都用加重声音来强调也显得单调呆板，而且也不符合思想感情运动的需要。特别是在较轻松、舒缓的稿件中更不能都用加重声音来强调重音，很多时候重音是用语气来具体体现的。

4. 重音表明句子中的主次关系

在一般的句子中肯定会有重音，在比较复杂的句子中可能除了主要重音还会有次要重音，其他的就是非重音的存在。

（二）重音的作用

口语表达中，重音不仅能和停连一起使语意清楚准确，而且能使语句目的突出，使逻辑关系严密，使感情色彩鲜明。重音的作用具体可以归纳为以下三个方面。

1. 重音使语意更明确

在进行语言表达的过程中，同一句话中的重点部分并不相同，这就需要我们进行具体的区分，将重点找出来，而运用重音的方式就能很好地突出语言中的重点，使语意更明确，方便听众进行具体的理解。如“从那时起，每逢春节就会想起那盏小桔灯，十二年过去了，那小姑娘的爸爸一定早就回来了，她妈妈也一定好了吧？因为我们‘大家’都‘好’了!”在此段的最后一句话中，作者并没有直接说想表达什么意思，但是在“大家”以及“好”上都加上了引号。根据这两个引号，可以揣摩出作者想表达的是：全国都解放了，人们生活也变好了，小姑娘家里也一定团聚了，过着美满幸福的日子吧。眼睛可以看到，若是听的话，播音主持应该怎么表达呢？这时就需要运用重音。播音主持在念的时候，需要在“都”字上加个重音，这样才能使听众感受和领悟到作者想表达的语意，使语意更明确。

2. 重音使形象更鲜明生动

在播音中会遇到很多关于形象描写的稿件，如何将其描绘得栩栩如生，使之鲜活，就需要运用到重音。重音可以帮助播音主持赋予形象动作感和立体感，使之具有感染力和生命力。

3. 重音可以更好地抒发感情

重音位置不当，会使语意模糊，目的不清，答非所问，让人听着别扭，甚至造成误解，所以在播音过程中正确使用重音，才能准确地表达出作品的思想感情，感染听众。需注意的是，抒发感情时其感情并非越强烈越好，应该把握好分寸，不能过火，避免矫揉造作。也不能欠缺，那样就缺少火候。例如，在朗读一篇批判人民内部缺点的文章，如果在重音处咬牙切齿，则强调过头，结果只会适得其反。重音在树立人物形象、抒发感情和揭示语言目的上有着重要作用，但一定要拿捏好分寸。

小贴士

重音有哪些表达方式？

（三）重音的分类

1. 语法重音

语法重音根据句子的结构关系，某些句子成分往往需要读得略重一些，这就是语法重音。语法重音并不表达什么特殊的意义，只是一种固定的结构规律在语音上的表现，因此位置也比较固定。语法重音也是语句重音的基本模式。一般情况下，以下这些成分需要重读。

（1）短句中的谓语一般重读。例如：

东风来了，春天的脚步近了。
山朗润起来了，水涨起来了，太阳的脸红起来了。

这些主谓短语构成的短句中，谓语中心词要重读。

（2）动宾结构中的宾语一般重读。例如：

我爱月夜，但也爱星天。
那株大榕树，它象一个长者，默默地启示着我们。

（3）定语比中心词稍重。例如：

它是最贵重的中药。
我的心和你的心一样地跳动着。

（4）状语比中心词稍重些。例如：

她飞快地跑了。
她极为仔细地端详着他的脸。

(5) 疑问代词、指示代词以及数量词一般重读。例如：

我到哪里去找他啊？
这不是很伟大的奇观吗？
她家里有两个孩子。

(6) 表示时间的词一般重读。例如：

星期一上午我们班要上舞蹈课。
会议在下午3点开始。

2. 逻辑重音

衡量口语表达效果好坏的一个重要标准是逻辑性，层次清晰、逻辑严密、条理分明是口语表达的艺术化境界。要达到这一境界，一方面需要良好的遣词造句能力；另一方面需要逻辑重音的表现能力。通过逻辑重音的正确表达，可以清晰地显示并列、因果、假设、承接、递进、条件、转折等语法逻辑关系。这类重音对内容表达的清晰性和感情传达的生动性有很大作用。

(1) 并列性重音。例如：

骨粉中含有多种微量物质，包括磷脂、磷蛋白、骨胶原、钙、维生素等。

体现并列关系的重音在强调时分量是相同的。

(2) 递进性重音。例如：

我们的政策不光要使领导者知道、干部知道，还要使广大的群众知道。

“领导”与“干部”是并列性重音，“群众”是递进性重音。体现了政策传达范围由小及大的递进关系。往往后面一个是主要重音。常有不仅……而且，不只……还等关联词来表示递进关系。

(3) 对比性重音。例如：

原来灰色的观礼台已被碧绿的草坪、鲜艳的花朵所代替。

“灰色”与“碧绿”“鲜艳”形成对比性重音，“碧绿”与“鲜艳”是并列性重音。对比性重音往往有主次之分，要视具体情况而定。对比性重音一般至少有两个，但有的是隐含性对比，这时就可能只出现一个重音。如“今年的雨水很多”。这里突出“今年”，实际上有与往年相比较的意思，但“往年”没有出现而已。有习惯性重音问题的播音员，要特别注意避免由于习惯地突出某个词，而产生错误对比的问题。

(4) 转折性重音。例如：

一个人成名，机遇固然重要，但根本在于有真功夫。

“真功夫”属转折性重音。与递进性重音相反，它提示事物由一个方向转向另一个方向的发展变化，往往后面一个是主要重音。

3. 感情重音

感情重音又称“心理重音”。它是为表达特殊的内心情感而将一些比喻、象征、夸张的词进行重点强调，起到烘托气氛、塑造形象、描景状物的作用。逻辑重音和感情重音又可以合称为强调重音。例如：

从明天起，做个幸福的人。

这里强调对幸福的憧憬，要将“幸福”两个字重读。

假如我爱你，绝不像攀缘的凌霄花。

这里强调一种态度、决心，要将“绝”字重读。

谁不说俺家乡好。

这里则强调称赞的广度，要将疑问代词“谁”重读，可用秒表计时，将“谁”读1秒以上为好。

【练一练】

一句话重音朗读训练

一句话的重音不同，表达重点就不相同。例如：

我听说他会弹钢琴。（强调“我”，排除他人）

我听说他会弹钢琴。（强调“听说”，含有辩驳的语气）

我听说他会弹钢琴。（强调“他”，以区别其他人）

我听说他会弹钢琴。（强调“会”，具有这种技能）

我听说他会弹钢琴。（强调“弹钢琴”，会不会别的没听说）

请按照强调的不同部分进行朗读训练，朗读时将重音词语增大音量、延长时值、加重语气。加大音量比较容易，延长时值要着重练习，一定要读得时间长一点，在重读时可加重语气，声音不必太大。

在单句练熟的基础上，我们进行联合练习，将这句话连读5次，依次强调不同的部分，即我听说他会弹钢琴，我听说他会弹钢琴，我听说他会弹钢琴，我听说他会弹钢琴，我听说他会弹钢琴。

请注意：在练习过程中要有韵律感，有的用升调，有的用降调，一句眉开眼笑，一句愁眉苦脸，一句兴高采烈，一句黯然神伤，就是要感情丰富地表达，尽可能手舞足蹈，万不可面无表情地一说到底。①

（四）重音位置的确定

怎样确定重音的位置呢？总的原则是，精细分析语句的实质，联系上下文，明确用语目

① 臧国铭，罗晨. 妙语人生：教师口语与普通话训练［M］. 北京：北京交通大学出版社，2022.

的，然后根据具体情况确定。张颂教授着眼于初学者把握方便，从语言运动的角度，虑及语法结构的特点，提出了十种重音位置的表现，这里择要探讨如下。

1. 并列性重音

稿件中并列的现象很常见，最重要的并列成分就形成了并列性重音。这里所说的“并列现象”，既包括词、词组，也包括并列句、段落。只要是并列性语句，就会有并列性重音，位置也大体相似，那些重复出现的相同词语，一般不作重音。

2. 区分性重音

凡可以区分程度轻重，突出某种性质、动作、范围、感情，或提示对方注意的词语，应予以重读，具体地说：

（1）首次提到的人或事物，例如：“我是这门课程的任课教师。”

（2）重提以引起重视的词语，例如：“我是中国人，我有一颗中国心！”

（3）突出一种情感或一种意境的主要词语。例如：“我喜欢千里冰封，万里雪飘的北国风光。”

（4）极而言之的副词。例如：“练习口语千万要有毅力，一点儿也不必担心会被别人嘲笑。”

（5）强调某种判断，例如：“他不是那种忘恩负义的人。”

（6）判明具有某种性质，例如：“你这样做，简直就是种无赖行为！”

（7）强调一种动作或行为，例如：“你就这么走了？想撒手不管了？”

3. 对比性重音

运用对比突出语言运用的目的，是行文的手段。播音时，我们要准确区分对比的内涵，考察对比的主次，加强对比的感受，认准，说清。例如：

骆驼很高，羊很矮。骆驼说：“长得高多好啊！”羊说：“长得矮才好呢。”

这里，有“骆驼与羊”“高与矮”的对比。先说骆驼与羊的高矮，这并非重点，交代清楚即可。而骆驼说话所强调的“高”与羊说话所强调的“矮”，都有各自的弦外之音，目的性隐含其内，所以需作为重音。

4. 递进性重音

递进性重音具有顺序性、新鲜性，或表现出人物、事件、行为、思想等在时空顺序中的进程，或通过联珠句式给人一种步步递进，一气呵成的感觉。递进性重音有时也表现在一些连词上，如“不但……而且”“还”“也”等。例如：

竹叶烧了，还有竹枝；竹枝断了，还有竹鞭；竹鞭砍了，还有深埋在地下的竹根。

乌鸦看了狐狸一眼，还是不作声。

5. 关联性重音

关联词可以显示复句中的并列、因果、假设、承接、递进、条件、转折等语法逻辑关系，要重读。例如：

只要认真练习，就一定能够提高。

惨象已使我目不忍视，流言尤使我耳不忍闻。

孔雀很美丽，可是很骄傲。

6. 呼应性重音

前有呼，后有应，上下文，前后句，开头结尾都有这样的现象。通过呼应性重读显示语脉线索或对应性很强的词语，有问答性呼应、领属性呼应、过程性呼应等。例如：

借问酒家何处有，牧童遥指杏花村。（问答性呼应，哪儿有？杏花村有）
虽然你劈它如同劈水一样，你抽掉了，它又合拢了来。（领属性呼应）
转朱阁，低绮户，照无眠。（过程性呼应：连续动作）

7. 修辞性重音

在运用修辞格的句子中重读喻体词、拟体词、摹状词，对应的对偶、对比、排比词语，以及表示反语、夸张的词语，以强化语言的修辞效果。例如：

大理永远是宁静的。它就是静的，像星空样深邃而悠远。
你是光，你是电，你是唯一的神话，我只爱你，you are my superstar。

值得注意的是，重音不一定都要读得很重，从音量上看，有时要读得轻一些，以“轻”言“重”。例如：“我爱你，塞北的雪”，无论是朗诵还是演唱，这句话中的“爱”都是需要重点强调的，但如果大声地说出来就失了韵味，因此，在声音处理上音量要小一些，但语气要重一些，读的时间要长一些。重音轻读，音量虽小，语气却重，从而达到强调的目的。运用重音时，必须注意使整个句子语气协调、音调和谐、轻重适当。我们看下面这句话，加粗字体做重音轻读处理，下加着重号的字是次重音：

我们的哲学是革命的哲学，我们的诗歌是战斗的诗歌，正因为这样——我们的生活是最美的生活。

在读这句话时，“革命”要比“哲学”读得轻一些，但时值要长一些，语气要加重一点；尤其是“正”字，读时要声音小，时值延长至 2 秒；“最美”两个字也要独到 2 秒以上。语言专家臧国铭、罗晨认为这句话用时要达到 15 秒，否则就读得有些快了，句中所蕴含的感情便打了折扣。

【练一练】

（1）请对下列诗句进行重音确定，并进行朗读练习。
①桃花潭水深千尺，不及汪伦送我情。
②飞流直下三千尺，疑是银河落九天。
③弃我去者，昨日之日不可留。乱我心者，今日之日多烦忧。
④会当凌绝顶，一览众山小。
⑤千呼万唤始出来，犹抱琵琶半遮面。
⑥轻轻地我走了，正如我轻轻地来。
⑦有的人活着，他已经死了；有的人死了，他还活着。

(2) 请对下列影视对白进行重音确定与朗读练习。

①有条件要上，没有条件创造条件也要上。(《创业》)

②活下去，像狗一样地活下去！(《芙蓉镇》)

③如果不能骄傲地活着，我选择死亡！(《红色恋人》)

④说好三年，三年之后又三年，三年之后又三年，都快十年了，老板！(《无间道》)

⑤做人要是没有理想，那和咸鱼有什么区别呀。(《少林足球》)

⑥阿 Sir，我不做大哥很久了！(《英雄本色》)

⑦有人的地方就有江湖，你怎么退出？(《东方不败》)

⑧一枪一个，就是三条人命！要是碰上职业杀手，一枪两个，就是六条人命！(《寻枪》)

⑨只有在卡拉面前，我才觉得自己有点人样！(《卡拉是条狗》)

(3) 请确定以下民航、高铁广播中的重音并播读。

①女士们、先生们：由于客舱失火有烟雾，请大家立刻弯下腰，低下头，用手帕、衣物等捂住口鼻，请系好安全带，听从乘务员的指挥。谢谢！

②女士们、先生们：现在飞机上有一位重病旅客，我们急需医务人员的协助，如您是医生或者护士，请马上与我们乘务员联系，对您的帮助我们深表谢意！

③由于××(暴雪、洪水、塌方、泥石流等)原因，造成线路中断，本次列车需要暂时在此停留，目前铁路部门正在积极抢修，相关信息我们会及时向您通报。由于列车晚点给您的旅行带来不便，铁路部门表示诚挚的歉意。感谢您的理解与配合。

④我们目前遇到了×年未遇的特大灾害，情况十分严峻，我们所有乘务人员都将以旅客利益为最高目标，全心全意服务在大家身边。我们会及时通报救灾和列车开通工作进展情况，解决大家的饮食问题和临时困难，衷心希望旅客中的共产党员、共青团员、解放军战士、人民警察能和我们一起，帮助老、弱、病、残、孕等重点旅客。也请广大旅客保持镇定并一起遵守列车秩序，让我们团结一致，众志成城，共渡难关。

(4) 我们都会唱国歌，请试着朗读一下国歌歌词，注意确定重音。

起来！不愿做奴隶的人们！
把我们的血肉，筑成我们新的长城！
中华民族到了最危险的时候，
每个人被迫着发出最后的吼声。
起来！起来！起来！
我们万众一心，冒着敌人的炮火前进！
冒着敌人的炮火前进！前进！前进！进！

三、语气

语气，指的就是在思想感情的支配下语句的声音形式，在日常生活中，人们往往能通过语气来判断谈话对象的态度。作为民航、高铁服务人员，一定要学会控制自己的语气。因为通过语气谈话对象会感受到你想表达的思想感情，切忌在服务时带着自身负面情绪，以免造成交谈对象双方之间的冲突。对民航、高铁播音员，要在播音中重点抓住语气的表达，用以带动重音，用以统领停顿，用以显露节奏。

【小案例】

读信

有一位父亲，一天，他接到远在异乡的儿子的来信，信中向父亲要钱。父亲不识字，便请一位当铁匠的邻居夹为他读信。铁匠粗声粗气地将信读罢，这位父亲当即大怒，“这小子，向我要钱，没有!”过了几日，他又将此信请一位裁缝读。裁缝将信的意思读得很得体，父亲转怒为喜，“这才像我的儿子说的话!”遂给儿子寄去了钱。

这个故事说明，同样的意思，把握住语气，与文意相符的正确传达，会达到预想的效果；不正确的传达便会歪曲原意，甚至与结果相反。可见，播音时把握语气是多么重要。

（一）语气的概念

语气，在语言学里属于句子的“式”，即用语法关系表示具体态度。例如，陈述句，“他是个坚强的人”；疑问句，“你吃过饭了吗?”，等等。语音学认为，从语气词（的、了、呢、吗等）和语调上可以了解和表达各种语气。这些，我们都可以理解为一定内在思想感情的外现形式。我们认为，播音中的语气的概念与文字语言或日常说话的语气是有所不同的，它必须有内在思想感情的基础，必须受既有的文字语言形式的制约，同时又有有声语言外现形式的特点。可以从两个角度来理解播音语气。

1. 从构成上看语气

从构成上看，语气是一定的思想感情、语法形式支配制约下的声音形式，这三者是缺一不可的。人们的文字语言或有声语言，都是表达具体思想感情的需要，都具有一定的目的性。人们有了传达某种思想感情的愿望时，便会选择恰当的方式、表情、动作，用适当的语法形式说出或写出，这说出或写出的结果，便是有声语言或书面语言，成为一定的语气。而我们播音的语气，是同时受到思想感情与语法形式的支配制约的。播音的语气当然要以内在的思想感情为基础，需要通过播音员的理解、感受来把握作品的思想感情；我们在表达时，又不能自由地选择语法形式，而必须不超出稿件固有的语法形式的规范，依据作品提供的“框框”来表达；如果失去了思想感情的依托和语法形式的约束，便会成为无意义的声音外壳。例如，“你认识我”这句话，如果我们不首先把握其具体的思想感情，就不可能有表达上的实际意义。就这句话说，它可能有热情的肯定、不屑一顾、挖苦讽刺、轻蔑嘲笑、亲切柔和、冷若冰霜等多种语气。

2. 从表达上看语气

语气是停连、重音、节奏、气息的综合表现，如前所述属于有声语言的特点。在明了语句的内涵之后，必须寻求恰当的声音形式来传达，才能使要传达的思想感情具有可感的声音形式。停连、重音的选择与表达、节奏的把握，不能不归结到语气。在四项外部技巧中，语气是中心，语气把声音的高低、强弱、长短、气息状态都包含在内，使停连、重音、节奏都依据一定的语法形式，体现句子的目的性。例如，“你想想，你认识我。”假如这句话是表达热情肯定的语气，那么“认识”二字就会作为重音予以强调，同时，气息稍显急促；在“你想想”之后，为了心理上的需要，有个停顿，停顿、强调、轻带就构成了语流的节奏。

但长期以来，对播音语气，有多种不同的说法，将这些说法作一比较，也许有助于语气概念的明确。首先，要把语气与“音调”“语调”相区别。音调，也有叫声调的，主要指声音高低，这和我们所说的语气差别较大，而且极容易和音节的四个声调——阴平、阳平、上声、去声相混淆。我们一般并不反对语调这个说法，因为使用这个词的，已不仅限于语音学范畴，心理学的著作中也使用了这个说法，国外许多语种也都存在这个说法。我们不能同意把这个概念作某些硬性的规定，例如：“四种语调”——平直调、昂上调、弯曲调、降抑调，因为它不能包容难以计数的声音形式，如果进而规定某种感情、某种语句一定要纳入某种语调去表达就更为我们所不能同意。

（二）语气的把握

微课堂
语气的把握

在播音中，语气的内在因素，主要是情感的色彩及其分寸。因此，我们有必要在这一点上明确。说到色彩，自然会想起“七情”，实际上，七情并不能将感情种类包容净尽，感情种类的丰富性是不可胜数的，不但有单色，而且有合成色。因此，我们用了“感情色彩”这个说法。比如，嫉妒，便是爱与恨的交织；惭愧，便是喜与悔的交织，等等。具体的感情色彩可以有深浅、浓淡、轻重的不同，也就是感情的分寸，这就要求播音员在语气表达时不但要体现出一定的感情色彩，而且要体现出同一种感情色彩程度上的细微区别。有人说，播音最难的就是掌握分寸，这实在是道出了播音创作的甘苦。例如：“我认为你这样做是错误的。”“我认为你这样做是欠妥的。”这两句话同样表示一种否定的情感，但在分寸上就不同，前者直截了当，后者比较委婉；前者的否定分量重，后者的否定分量较轻。推而广之，其他诸种情感的表现都有这样的问题，把握语气的具体的感情色彩和分寸，正是语气特殊性的要求。具体地，语气的把握要注意以下三个方面。

1. 语气以体现真情实感为先

作为情、声、气的结合，语气相对而言比较虚幻。我们所说的语气，须是真情实感的恰当表露，不是形式主义的，望字生情的，或矫揉造作的，这就需要播音员首先对稿件进行认真深入的分析、理解、感受。而且这种分析、理解、感受还应是具体的，而不是抽象的、一般化的、浮泛的，有了这样的基础，语气的表露才能准确、鲜明、生动、分寸感强。

真情实感是语气的“神”，这就要求民航、高铁播音员在播音时调整好自己的情绪，平稳缓和，使用正确的感情和态度，像对待朋友一样对待乘客，所以像怒、恶和惧等情感就应避免。

2. 注意特定的语言环境与发出者

语言环境的不同，会使同一种语气有形式上不同的表现。甲乙互相呼叫寻找，同样是一种急切的语气，在毫无危险的情况下会放声呼喊；如果夜间或危险境地，岂敢毫无顾忌。语气发出者不同，也会使语气有表达上的差别。“救人哪，有人落水啦!”，这呼救，在老人可能会急得发颤，在女同志可能会急得变声，在孩子可能会带出哭腔，经过事情的人可能会沉着，少经世事的人可能会慌乱，如此等等，不一而足。使语气表达与当时的环境及特定的语言发出者的情况相吻合，才有可能达到真实细腻。

3. 用语势来表现语气

语气的声音形式可以用语势来具象，在民航、高铁播音中，服务型广播的语势变化平缓，其中陈述性的语句多是以落势结尾。提示性的语句，内在语较多，交流感较强，句头的变化比较丰富。所以从语势分析，服务型的播音，语气应色彩温和，口腔自然放松，气息深长。而像安全性的广播，语势多为低起，落停，在句子中重音较突出。口腔应积极地敞开，气息畅达。

总之，语气的表现手法是多种多样的，有真挚、热情、不满、发怒、激动、嘲笑等，在民航、高铁播音实践中，由于内容和感情的不同，业务用语的语气也要有所区别，绝不能千句一调、千篇一律。例如，在以下车站广播的两段广播词中，业务用语“旅客们”播音的语气就要有所区别：

①旅客们，大家等候我们这趟列车辛苦了。我代表本次列车的全体乘务员向大家问好！

②旅客们，这趟列车是由上海开往北京去的××次列车。开车时间×点×分，请您核对一下自己的车票，是否与本次列车的去向、车次相同，不要上错了车。

以上两个广播词中都有业务用语——“旅客们”，①中的“旅客们”是播音的开始，主要是和旅客们打招呼，问好，语气应该亲切，热情、饱满，调子要稍高一些。而②中的“旅客们”则是告诉旅客这趟车的车次和开往的方向，嘱咐旅客不要上错车，语气应该亲切、自然、大方，调子要稍微低一些。可见，在播音中，总得色彩体现在基调中，具体色彩体现在语气中。

（三）语气的种类

在口语表达中，人们往往会通过语气流露出自己的情感。从情感的角度，主要有以下几种不同的语气（表4-1）。

表4-1 语气的种类

语气类型	发音特点	范例	分析
“爱”的语气：气徐声柔	气息满，口腔松，咬字轻，出声柔和，以鼻腔共鸣为主	“假如我爱你，绝不像攀缘的凌霄花，借你的高枝炫耀自己。”（舒婷的《致橡树》）	我们对小朋友、老人说话时，大多要使用这种语气
“恨”的语气：气促声硬	气息猛，口腔紧，在挤玉、阻塞状态中出声，吐字有力	“今天，这里有没有特务？你站出来！”（闻一多《最后一次演讲》）	这是闻一多先生在李公朴先生的追悼会上对台下捣乱的特务们的厉声训斥，表达这种情感时需要用“恨”的语气，要咬牙切齿地说：“你站出来！”
“怒”的语气：气粗声重	气息粗，语势迅猛，吐字重实有力	毒刑拷打算得了什么，死亡也无法叫我开口。（陈然《我的自白》）	朗读时要用愤怒的语气，一字一顿，坚定有力
“喜”的语气：气满声高	气息顺畅，全身放松，出语轻快，发声宽松自如	从明天起，做一个幸福的人 喂马、劈柴，周游世界 从明天起，关心粮食和蔬菜 我有一所房子，面朝大海，春暖花开（海子《面朝大海，春暖花开》）	这是一种最放松的语气，没有压力，没有烦心事，给人一种轻松愉悦的感觉

续表

语气类型	发音特点	范例	分析
“悲”的语气：气沉声缓	发音特点：气息沉，出声轻缓，口腔欲紧又松，气先声后，似有阻滞	“十年生死两茫茫，不思量，自难忘。千里孤坟，无处话凄凉。”（苏轼《江城子·乙卯正月二十日夜记梦》）	这是大文豪苏轼悼念亡妻之作，写得情真意切，读来令人黯然神伤。因为悲伤，所以朗诵时要注意有阻滞的感觉，重点的字词让气息先出，然后发音

除此之外，还有“惧”的语气——气提声凝（口腔像冰封，气息像倒流）、“欲”的语气——气多声放（口腔积极收开，气息力求畅达）、“急”的语气——气短声促（口腔似弓箭，飞剑流星，气息如穿梭）、“冷”的语气——气少声平（口腔松软，气息微弱）、“疑”的语气——气细声黏（口腔欲松还紧，气息欲连还断）等语气类型。

【练一练】

（1）请结合感情色彩，运用相应语气朗读以下语句。

①我爱妈妈。（“爱”的语气）

②我恨你。（“恨”的语气）

③你给我滚。（“怒”的语气）

④啊！我们终于胜利了。（“喜”的语气）

⑤唉！太惨了。（“悲”的语气）

⑥我，我再也不敢了。（“惧”的语气）

⑦我要征服全世界。（“欲”的语气）

⑧不好了！不好！月亮掉到井里了。（“急”的语气）

⑨啊，我在就知道了。（“冷”的语气）

⑩你真的没有去过？（“疑”的语气）

（2）请思考以下民航、高铁广播中，应采取的语气是怎样的，并请做播音练习。

①女士们、先生们：我们将为您提供餐食、茶水、咖啡和饮料。欢迎您选用。需要用餐的旅客，请将您的小床板放下。为了方便其他旅客，在供餐期间，请将您的座椅靠背调整到正常位置。谢谢！

②亲爱的旅客朋友们：今天是中秋佳节，感谢您在这个团圆的日子里与我们同行。我们祝航班上每位旅客朋友人圆家圆事事圆，祝您和家人阖家欢乐幸福平安！

③各位旅客请注意，××号车厢有位旅客（小朋友）突发疾病，因车上没有随车医生，哪位旅客是医务工作者，请您到××号车厢帮助诊断、治疗，在这里我代表患者及其家属向您表示衷心的感谢。

④本次列车由于××（暴雪、洪水、塌方、泥石流、设备故障等）原因，晚点到达终点站××车站。20分钟后该趟列车即将担任高铁××车次继续运送旅客。由于列车晚点，部分旅客要求维护自己的权益而没有下车，对此我们予以充分理解，但占据列车影响下趟列车的开行是不理智的。根据《中华人民共和国铁路法》和《铁路安全管理条例》规定，任何单位和个人不得非法拦截列车、以拒绝下车等方式强占列车、车辆，阻断铁路运输。请旅客们顾

全大局，先行离开，再以合法方式维护自己的利益。谢谢您的合作！

(3) 确定以下三段对话中的重音、停顿、语气等，并请两两同学一组，进行对话练习。

①男生与女生的对话。

男生：你喜欢我吗？

女生：你猜。

男生：喜欢！

女生：你再猜。

②小明和爸爸的对话。

小明：爸爸，我是不是傻孩子呀？

爸爸：傻孩子，你怎么会是傻孩子呢？

③患者与大夫的对话。

患者：大夫，手术危险吗，成功的可能性有多少？

大夫：啊，放心吧！这种手术我已经做过99次了。

患者：哦，那这次一定没问题了！

大夫：我也希望能成功一次！

患者：你说什么？

大夫：我说，我希望手术一次成功！

四、节奏

生活中充满着节奏。自然界寒暑季节的更替轮转，大海波涛的时起时落，人类社会的进化演变，以致我们心脏的搏动起伏，肺部的吐纳呼吸，都有各自的节奏。节奏，是随着客观世界物质的运动而产生的。物质运动的盈虚涨消、升降沉浮、和合分离呈一定规律的变化，就构成了节奏。节奏在艺术中有其特殊的作用，它是使美的内容得以表现出来的一种外在形式。艺术的节奏，要比现实事物的节奏更鲜明、更完善，更符合人的审美心理。在音乐中，节奏是乐曲结构的基本要素，是音乐的重要表达手段；在舞蹈中，形体动作的节奏构成了丰富的舞蹈语汇；在绘画中，则讲究线条、色彩、光影及构图的节奏；在戏剧、电影中，既有情节变化、镜头运动的节奏，又有人物内心情感、语言动作的节奏。可见，巧妙地运用和创造节奏，会给人带来新鲜活泼而又耐人寻味的美感，从而吸引着欣赏者去探寻其中的精神、情感、气韵和意味。播音创作有着显著的艺术属性，理所当然，节奏也应成为播音的重要表达技巧。受作品的感情基调和思想内容的制约，播音除了注意语句的抑扬顿挫，还应注意节奏的轻重缓急。

（一）节奏的概念

节奏是交替出现的有一定规律的有序运动。节奏反映物质运动过程的有序化的律动，物质存在的有序性，是节奏形态的深层原因。人的各生理系统的节奏性活动，在一般情况下是自律的，是意识不到的，但它们的运动节奏都是构成生命的依据。这种生命节奏，“它们的活力所形成的神经敏感性，可以超意识地捕捉这种节奏，并以这种节奏作为依据去感受与衡量外部的节奏，在这种感受与衡量中，对于节奏的体验也就产生了。”①也就是说，人的生理

① 高楠．艺术心理学［M］．沈阳：辽宁人民出版社，1988：139.

和精神的构成与发展的运动性、有序性，构成了人的节奏能力的深层基础。劳动中打夯或纤夫拉纤时所喊的“号子”，是有秩序、有规律的运动，它合于人的生命节奏。节奏整齐才能形成合力，使动作更准确、更有力。如若有变化运动，但处于一种无序状态，与生命节奏也无内在联系，那么，仍是不可能形成节奏的。朱光潜先生在谈到声音的节奏时指出：“有段落才可以有起伏，有起伏才可以见节奏。”这一观点进一步说明声音的节奏，是指声音各种可比成分有规律、有秩序的运动。“在播音中，节奏应该是由全篇稿件生发出来的播音员思想感情的波澜起伏所造成的抑扬顿挫、轻重缓急的声音形式的回环往复。”[①]我们可以从以下4个方面去认识。[②]

1. 播音节奏是以思想感情运动为依据的声音运动形式

声音运动的节奏是有内心依据的。“无稿”播音时，现实事物、新闻事件的刺激，引起播音主体思想和情感的运动，主体思维、情感运动过程的速度、强度便以不同节奏的有声语言运动形式表现出来。有现成文稿的播音，播音主体思想感情的运动变化源于稿件，此时，稿件便是播音主体把握节奏的主要客观依据。对于播音主体来说，一方面对稿件的内容与形式的整体把握，稿件与创作氛围等相关因素的关系应了然于心，成为播音“有感而发”的客观依据；另一方面播音主体应有“由衷而发”的主观意向，这是指播音主体能动地接受稿件刺激，使自己的思想感情处于积极的运动状态，产生生理节奏的适度变化，唤起心理节奏的相应变化。情真意切，才会有“思想感情的波澜起伏”。而这“波澜起伏”的体验越是精确，它们从口头上表达出来时就越需要节奏这种表现形式来体现。

2. 播音节奏的外部形式表现为有声语言流的抑扬顿挫和轻重缓急

播音节奏是一种外部形式，但不是僵死的、机械的、空洞的形式，而是能够表现出“情感生命”的、有“意味”的形式。现代生理学、现代心理学的研究都已证明，人的内心情感与具体可感的外部形式之间，存在一种相互对应的关系。如果没有这种对应关系，情感就无法通过与它相应的形式得到表现。按照符号学的观点看、播音中的声音形式便是播音作品的表现符号，是所传播的思想感情的表现符号。平板、单调的声音形式不可能表现出丰富的思想感情，那与内心情感相对应的流动变化的声音形式，才是播音主体所追求的外部形式。

播音作品与其他艺术作品一样，是质（媒材）、形（形式）、意（内容）三位一体的有机整体。什么是播音的媒材呢？很显然，有声语言是广播电视播音最重要的、共同的物质材料。节奏这种表现形式，在播音中就是由有声语言这一物质材料中各种可比成分的对比组合构成的。有声语言，除了语音序列，还有一个附着在语音上的“超音段成分”，即“横跨一个音节或词，或一个短语、句子的语言成分，如声调、语调”。实际上，“超音段成分”就是我们常说的语流中声音抑扬顿挫、轻重缓急的表现。那些附着在语音形式上的声音高低、强弱、快慢、断连等方面的变化，即有声语言的可比成分，也正是组成播音节奏的基本要素，它们的承续、主次、分合、对比等多层次、多侧面的立体变化，形成有序的律动，便形成播音节奏的存在形式。

3. 播音节奏是具有一定特点的声音形式的回环往复

节奏是要素有秩序的律动，正如张颂教授在《播音创作基础》中指出的：“一记钟声、

① 张颂．播音创作基础［M］．2 版．北京：北京广播学院出版社，2004：132.

② 施玲．播音创作基础理论与实训教程［M］．杭州：浙江大学出版社，2010.

一次涛声，形不成节奏；一蹬石阶、一根木栓，也形不成节奏。没有声音形式的序列、呼应再现、反复，只凭一个词、一句话，又怎么能谓之节奏呢？播音中，从稿件的第一句到最后一句。在这全过程中声音形式的回环往复才构成这篇稿件的节奏。”“回环往复”，是节奏的核心，其声音形式的多数性和相似性是“回环往复”的必要条件。没有两个以上具有相似特点的声音形式的呼应、反复，是无节奏可言的。所谓相似特点的声音形式，是指重点句、重点层次、段落相似的基本语气，以及相似的语势转换形式。总之，相似的基本语气、相似的转换形式，形成一篇播音作品主导节奏回环往复的态势，从而使节奏鲜明地显现出来，让人有所觉察。我们从播音表达的视角，试析王维《九月九日忆山东兄弟》一诗的节奏回环往复的表达。

独在异乡为异客，每逢佳节倍思亲。
遥知兄弟登高处，遍插茱萸少一人。

诗中尽写远在他乡的游子思念亲人的孤寂悲凉的心情。那低沉缓慢的基本节奏在诗中反复出现，使每一个读到它的人都能引起强烈的共鸣。这首朴素无华而又高度概括的诗，浸透着诗人孤独惦念的情思和深沉郁闷的语气。首句和第二句、第四句的句层，虽然它们落点的高低、轻重略有区别，但都呈下行语势。整首诗，语速沉缓起承转合，亦都采取渐转，并由扬转抑的转换形式。于是，这首诗相似的语气色彩和分量，相似的语势及相似的转换形式，在语流中回环往复，形成了全诗低沉缓慢的节奏。

显然，具有一定特点的声音形式在播音语流中回环往复的表现，能使人感应到某种鲜明的节奏。所谓“一定持点的声音形式”，就是指相似的语气、相似的语势和相似的转换形式。这些相似性一般反映在重点语句、重点段落和重点层次之中，他们的反复出现，构成了回环往复的节奏特征。

4. 播音节奏的整体性

节奏由全篇稿件生发，它立足于全篇，由播出目的和稿件主题统率，被基调所制约。一篇稿件的基本节奏具有相对稳定的解明个性，同时又富有变化性，寓变化于齐整之中。一篇播音作品中节奏的跌宕起伏，显现出事物的运动过程，这是一个有机的整体，而非零散碎落、有句无章的随意闪烁。节奏的整体性，首先，要求那回环往复的主导节奏与基调一致，保证基调落于外部形式时是准确的。其次，节奏的整体性还要求节奏布局的相关性，及节奏发展的层次性。一方面，播音节奏的鲜明突出，是在与非重点处的辅助节奏的转换对比中显现出来的，因此必须注意非重点处相对模糊或较弱的辅助节奏与主导节奏的对比映衬。这就是播音中主导节奏与辅助节奏的相关性，有了非重点处的配合，全篇节奏才能形成一个显示运动状态的、有活力的有机整体。另一方面，主导节奏的声音形式的相似性并不意味着完全等同，主导节奏随着内容的推进，它的发展是具有层次性的。完全等同的节奏重复，虽然也不失为一种节奏类型. 如木鱼的敲击声，但未免太单调乏味了；更何况，世上本没有完全相同的事物。因此，节奏的整体性还要求观照主导节奏中相似语气中色彩、分量的细微差别，以及相似语势，相似转换形式的同中有异的变化。主导节奏的回环往复不应是简单的重复刺激，而应有一定的强调或加深，从而表现出情感酝酿、积蓄、凝聚、迸发的发展过程。节奏布局的相关性，及节奏发展的层次性，使节奏的展现更为丰满、立体和醒目，这可以说是播音节奏整体性的深层含义。

(二)节奏的作用

在播音中，节奏技巧的合理运用，能从整体效果上的动感表现，强化所传达的感情，感染受众，激起共鸣。从不同角度看，节奏具有激发调节功能，强化表现功能和引导定向功能。

小贴士
语气与节奏的概念有何区别?

1. 激发调节功能

对于播音创作主体来说，节奏首先在调动、酝酿感情时，便显示出它的活力。因为我们可以借助对外界节奏的体验调动感情，以一定的心理节奏触发语言表达节奏的成型。

2. 强化表现功能

对于播音作品来说，节奏有强化表现的功能。播音节奏，是通过声音形式的组合变化来强化情感的。声音形成起伏、松紧、变化有致的回环往复，对比映衬，强化了感情，使所需强调的感情鲜明突出，增强了情感的易感性和通俗性，使播音作品的艺术感染力大为增强，使人易于感应和记忆，有助于播音的鲜明性、严整性。因此，在播音中要善于运用节奏，使播音语言成为具有美感价值的、有序的、鲜明生动的语言。

3. 引导定向功能

对于播音的传播对象来说，节奏在接受过程中有引导定向的功能。从受众的角度看，节奏的表现意义还在于它能异常有力地、直接地几乎从生理上感染受众，并上升为对节奏精神内涵的体验。

机械平板的节奏，只能造成接受者心理上的无差别感知，形成因单调而造成的听觉和心理的疲劳，飘移了自己的注意。相反，节奏的鲜明易感，则可吸引受众的注意，调动他们的精神，引导他们的判断和情感运动，以至于改变他们的情绪，使之朝着节奏给定的方向运动。

【小贴士】

节奏与其他播音技巧的关系

(1) 节奏与基调的关系。运用节奏首先要考虑节奏与基调的关系。基调作为全篇作品的思想内涵和分量，作为理解与表达的和谐统一，必须通过节奏更好地彰显。节奏的类型与转换必须符合基调的统一和变化。同时，节奏的变化也会给基调带来重大影响。基调在播音创作的备稿阶段就应该开始酝酿，而节奏只有在播音创作进行中才能呈现，成为可以感知的既有事实。基调的把握和节奏的技巧是不能混淆的，也是不可互相代替的。

(2) 节奏与语速的关系。节奏与语速是有密切联系的，但也绝不是等同的。语速的变化只是节奏的一种，节奏不仅仅是语速的问题。节奏是一种有秩序的、有规律的、协调的变化形态。

(3) 节奏与外部技巧的关系。节奏与停连、重音等外部技巧同样有联系，但又有所区别。播音创作是语句循序渐进的过程，是语气的变化过程，一定要立足全篇，立足于各语句之间的内在联系，深刻理解和感受每一句话的内涵、色彩和分量。这样才会将停连、重音等外部技巧融入语句中，贯穿语流之内，而节奏也就会在语气的回环往复之中自然显露。在实际工作中，要重点抓住语气的表达来带动外部技巧，用以明确节奏。

（三）节奏的基本类型

人类的思想感情，是人的心理行为中最为纷繁复杂的一面。不过，人们还是试图给其一个概括的描述。我国古代思想家认为，人禀七情——喜、怒、哀、惧、爱、恶、欲。张颂教授着眼于节奏声音形式及其精神内涵的特点，把节奏分为六种类型：轻快型、凝重型、低沉型、高亢型、舒缓型、紧张型。这六种分类，主要是从声音形式的速度、力度和亮度方面的特点来划分的。各节奏类型的具体特点只是轮廓上的大体相似，并没有刻板划一的模式。请看六种节奏类型声音形式上典型的特点：

1. 轻快型

多扬少抑，声轻不着力，语流中顿挫少，且顿挫时间短暂，语速较快，轻巧明丽，词语密度大，有一定的跳跃感。全篇重点处的基本语气、基本转换，都比较轻快，多用来描绘欢快的情景。例如：

春（节选）

朱自清

桃树、杏树、梨树，你不让我，我不让你，都开满了花赶趟儿。红的像火，粉的像霞，白的像雪。花里带着甜味儿；闭了眼，树上仿佛已经满是桃儿、杏儿、梨儿。花下成千成百的蜜蜂嗡嗡地闹着，大小的蝴蝶飞来飞去。野花遍地是：杂样儿，有名字的，没名字的，散在草丛里像眼睛，像星星，还眨呀眨的。

2. 凝重型

多抑少扬，多重少轻，音强而着力，色彩多浓重，语势较平稳，顿挫较多，且时间较长，语速偏慢。重点处的基本语气、基本转换都显得分量沉重，词语密度疏，用来表现庄重、肃穆的气氛和悲痛等感觉。例如：

草地夜行（节选）

王愿坚

茫茫的草海，一眼望不到边。大队人马已经过去了，留下一条踩得稀烂的路，一直伸向远方。干粮早就吃光了，皮带也煮着吃了。一个瘦弱的红军小战士，空着肚子，拖着两条僵硬的腿，一步一挨地向前走着。背上的枪支和子弹就像一座山似的，压得他喘不过气来。唉！就是在这稀泥地上躺一会儿也好啊！

3. 低沉型

声音偏暗偏沉，语势多为落潮类，句尾落点多显沉重，语速较缓。重点处的基本语气、基本转换多偏于沉缓。例如：

秋天的怀念（节选）

史铁生

双腿瘫痪后，我的脾气变得暴怒无常。望着望着天上北归的雁阵，我会突然把面前的玻璃砸碎；听着听着李谷一甜美的歌声，我会猛地把手边的东西摔向四周的墙壁。母亲就悄悄地躲出去，在我看不见的地方偷偷地听着我的动静。当一切恢复沉寂，她又悄悄地进来，眼边红红的，看着我。

4. 高亢型

声多明亮高昂，语势多为起潮类，峰峰紧连，扬而更扬，势不可遏，语速偏快。重点处的基本语气、基本转换都带有昂扬积极的特点。例如：

白杨礼赞（节选）

茅盾

那是力争上游的一种树，笔直的干，笔直的枝。它的干呢，通常是丈把高，像是加以人工似的，一丈以内绝无旁枝。它所有的丫枝呢，一律向上，而且紧紧靠拢，也像是加以人工似的，成为一束，绝无横斜逸出；它的宽大的叶子也是片片向上，几乎没有斜生的，更不用说倒垂了；它的皮，光滑而有银色的晕圈，微微泛出淡青色。这是虽在北方的风雪的压迫下却保持着倔强挺立的一种树！哪怕只有碗那样粗细，它却努力向上发展，高到丈许，二丈，参天耸立，不折不挠，对抗着西北风。

5. 舒缓型

声多轻松明朗，略高但不着力，语势有跌宕但多轻柔舒展，语速徐缓，声音轻柔。重点处的基本语气、基本转换都显得舒展徐缓，用来描绘静谧的场景和美丽的景色，表现舒展的情绪。

济南的冬天（节选）

老舍

那水呢，不但不结冰，倒反在绿萍上冒着点热气，水藻真绿，把终年储蓄的绿色全拿出来了。天儿越晴，水藻越绿，就凭这些绿的精神，水也不忍得冻上，况且那些长枝的垂柳还要在水里照个影儿呢！看吧，由澄清的河水渐渐往上看吧，空中，半空中，天上，自上而下全是那么清亮，那么蓝汪汪的，完全的是块空灵的蓝水晶。这块水晶里，包着红屋顶、黄草山，像地毯上的小团花的灰色树影。这就是冬天的济南。

6. 紧张型

声音多扬少抑，多重少轻，语速快，气较促，顿挫短暂，语言密度大。重点处的基本语气、基本转换都较急促、紧张，一般用来表现急迫的情形和抒发激越的情怀。例如：

最后一次演讲（节选）

闻一多

反动派暗杀李先生的消息传出以后，大家听了都悲愤痛恨。我心里想，这些无耻的东西，不知他们是怎么想法，他们的心理是什么状态，他们的心怎样长的！（捶击桌子）其实很简单，他们这样疯狂地来制造恐怖，正是他们自己在慌啊！在害怕啊！所以他们制造恐怖，其实是他们自己在恐怖啊！特务们，你们想想，你们还有几天？你们完了，快完了！你们以为打伤几个，杀死几个就可以了事，就可以把人民吓倒了吗？其实广大的人民是打不尽的，杀不完的！要是这样可以的话，世界上早没有人了。

以上六种类型即是播音节奏的基本类型，彼此间的综合运用还能演化出千变万化的节奏，要根据稿件的精神实质和创作者的思想意念结合起来使用。了解节奏类型特点，有利于对节奏声音形式的驾驭和感知。

【小训练】

节奏例稿分析及播读练习

散文《麻雀》选自19世纪俄罗斯著名现实主义作家屠格涅夫的代表作《猎人笔记》。全文只有380个字，小麻雀的可怜，老麻雀的勇敢，猎狗的忠诚，我的敬畏……形象生动，精练优美，令人回味。《麻雀》主要的节奏形式是紧张型，但是不乏有的句段有舒缓或者稍舒缓的变化。请根据《麻雀》的节奏例稿分析进行播读练习。

麻雀

屠格涅夫

我打猎回来，走到林荫路上，猎狗跑在我的前面。

（舒缓型，为下面紧张型做铺垫）

突然我的猎狗放慢脚步，稍稍地向前走，好像仿佛嗅到了前面有什么野物。

（紧张型，程度稍轻，后句略带判断色彩）

风猛烈地摇撼着路旁的梧桐树。我顺着林荫路望去，看见一只小麻雀呆呆地站在地上，无可奈何地拍打着小翅膀，它嘴角嫩黄，头上长着绒毛，分明是刚出生不久，从巢里掉下来的。

（此段全段为舒缓型，语气中要有怜爱、呵护的色彩，为下面的“紧张”做铺垫）

猎狗慢慢地走近小麻雀，嗅了嗅，张开大嘴，露出锋利的牙齿，突然，一只老麻雀从一棵树上飞下来，像一块石头似的落在猎狗面前。它扎煞起全身的羽毛，绝望地尖叫着。

老麻雀用自己的身躯掩护着小麻雀，想拯救自己的幼儿。可是因为紧张，它浑身发抖，发出嘶哑的声音，它呆立着不动，准备着一场搏斗。在它看来，猎狗是个多么庞大的怪物啊！可是它不能安然地站在高的没有危险的树枝上，一种强大的力量使它飞了下来。

（此为紧张型，但程度有轻重缓发的变化。第一句，稍紧张，渐疾，渐重；第二句，紧张色彩变浓，分量加重，速度加快；第三句，紧张至极，分量加重；第四句，渗入一舒缓句，为下面推向高潮做铺垫；第五句，色彩感奋、激越，义无反顾，分量极重，用一贯穿语势，一气呵成）

猎狗愣住了，它可能没料到老麻雀会有这么大的勇气，慢慢地、慢慢地向后退。

（稍紧张，分量变轻）

我急忙唤回我的猎狗，带着它走开了。

（舒缓语气并带有所思、有所感的色彩，耐人回味）

（四）播音节奏的转换形式

在播音时，节奏的要素主要表现为声音的高低变化——抑扬；声音的大小变化——轻重；声音的速度变化——快慢。播音员的语言节奏是这些要素不断变化重复而显现的。声音的抑扬、轻重、快慢三方面不同的对比组合关系，构成播音节奏的基本转换形式，主要表现为以下3种。

1. 欲扬先抑，欲抑先扬

声音向高的趋势发展，称为“扬”，声音向低的趋势变化叫作“抑”。扬、抑二者本身是对比而言的，并没有什么绝对标准。声音的扬、抑都有许多层次。扬有稍扬、再扬、更扬；抑有稍抑、再抑、更抑等不同程度的差别。不过，无论声音高低的表现有多少层次，以抑作扬的铺垫，或者以扬作抑的衬托，都加大了扬抑变化的幅度，较之缺乏对比映衬的扬抑变化，有了一种优美的节奏，给人以美感享受，发挥出“事半功倍”的功效。总之，以不同程度的“欲扬先抑，欲抑先扬”组合起来的节奏转换，才越见其扬，或越见其抑。例如：

①天边的最后一丝光亮也被黑暗吞没了。满天堆起了乌云，不一会儿下起大雨来。我一再请求他放下我，怎么说他也不肯，仍旧一步一滑地背着我向前走。②突然，他的身子猛地往下一沉。“小鬼，快离开我！”他急忙说，“我掉进泥潭里了。”③我心里一惊，不知怎么办好，只觉得自己也随着他往下陷，这时候，他用力把我往上一顶，一下子把我甩在一边，大声说：“快离开我，咱们两个不能都牺牲！——要……要记住革命！”④我使劲伸手去拉他，可是什么也没有抓住。他陷下去了，已经没顶了。⑤我的心疼得像刀绞一样，眼泪不住地往下流。多么坚强的同志！为了我这样的小鬼，为了革命，他被这可恶的草地夺去了生命！

《草地夜行》的节奏属凝重型，从扬抑制的角度看，以扬的色彩为主，这与深情地赞颂老红军战士舍己救人的高贵品质，及表现他们坚定的革命信念是一致的。这一段①是反映出老红军战士背着小战士在夜色笼罩下艰难地行进，应抑；②“小鬼，快离开我！”“我掉进泥潭里了。”两句语势上扬，反映出在这危急时刻人的情绪变化；③“这时候，他有力把我往上一顶，一下子把我甩在一边”这句更扬，反映出老红军战士动作迅速地把小战士甩在一边的情景；④“他陷下去了，已经没顶了”应抑，反映出小战士无力回天的惋惜之情；⑤前半句抑后半句扬，反映出小战士当时复杂的心情，恨这可恶的草地，又为没有救出老红军战士而深感自责。整个这一段节奏上可做如下安排：①先抑，②稍扬，③更扬，④抑，⑤先抑后扬。这样，扬抑有秩序地组合在一起，节奏起伏跌宕，唤起强烈的情感运动，发出震撼人心的力量。

抑扬的组合，其色彩的浓淡、分量的轻重，与主次有关。以扬为主要色彩的，节奏转化变化汇总，扬的色彩要浓烈些，抑的色彩作为扬的铺垫和陪衬存在；反之亦然。

2. 欲快先慢，欲慢先快

语流的快慢，是节奏转换变化的又一对重要的组合关系。语流的快慢都是由播音员所播讲的内容来决定。即使整篇稿件是紧张型的色彩，中间也有稍慢的地方。这种快与慢、紧张与舒缓的组合，既可以用在段落间，句群间，也可以用在词组或音节间，如此快慢节奏的变化会更丰富、更自然，避免单一、刻板的弊病。语流的快与慢，一般由吐字音节长短的差异、顿挫次数的多少，顿挫之后衔接的紧松不同来区分。例如，《祖国的利益高于一切》一文中的一个段落：

①此时，枪声更紧、更密。②战斗的责任感促使他挣扎着翻过身来，艰难地向机枪爬去。③每爬一步，泥土都留下一片鲜血，他终于抓住机枪，忍痛把枪托抵在负伤的右肩胛处，两眼怒视敌人，扣动扳机猛烈射击。④敌人的火力被他吸引过来，一排趁机发起进攻，一举突破了敌人的堑壕。⑤就在这时，张庭富被敌人的一发子弹击中头部，为祖国壮烈捐躯。

这是一段重点段，紧张色彩最浓，分量最重。但要在快中找出较缓之处，那样，班长张庭富沉着，坚定才更明显。①处稍快，②与③处转快为慢，因为当时班长身负重伤每爬行一步都很艰难，到了“两眼怒视敌人，扣动扳机猛烈射击”要快，显示出班长的勇敢、果断、对敌人的仇恨，④处稍快，战士们迅速地向敌人发起冲锋，⑤处再慢下来，感情沉重，体现了对班长为国捐躯壮烈之举的敬佩。

3. 欲重先轻，欲经先重

声音形式的轻与重，与吐字力度、口腔松紧及气息密度有关。吐字力度强，口控控制紧，气息密度大，声音就重，反之则轻。轻与重还与声音的虚实有关，虚则显得轻，实则显得重。例如，小故事《中计》中的片段：

①七月初的一天，在辽宁省海城县一个小山村里。②住在张大伯家的某部侦察排的战士们刚刚起床，就看见房东张大爷气冲冲地走进屋来。③张大爷绷着脸问道：“昨天，你们谁进了我家东菜园，把菜地弄得乱七八糟?”④一句话把全排战士给问愣了，互相看了看，谁也没吭声。⑤这时候，有一个小战士脸一下子红到了耳根。⑥他叫洪松彪，是今年才入伍的新战士，原来，昨晚上是他悄悄地跑到菜地里，帮张大爷干活的。⑦小洪心里直打鼓，他想，是不是我铲地的时候伤了苗？是不是水浇多了淹了菜？小洪越想越不安。⑧这时候，张大娘又跑进来火上浇油地说：“老头子，别跟他们说了，咱们去找指导员说个清楚”。

小故事《中计》故事跌宕起伏，节奏虚实轻重变化明显。这个片段中③、⑧两句是写张大爷、张大娘假装生气说的话，气足声硬、分量重。④句用虚声来体现谁也不吭声的情景。⑦句用虚声来显示小战士心里的不安，非常生动。这几句节奏可做如下安排：①中重，②稍重，③更重，④轻，⑤稍轻，⑥中重，⑦轻，⑧更重。这样轻重的组合变化使故事情节生动，人物形象鲜明。

为了更巧妙地运用节奏的轻重转换，除了形成轻重或虚实的前后对比，还应注意它们之间的交叉、过渡，做到重中有轻，轻中有重，实中有虚，虚中有实。这“虚”，指略带气音的半虚半实之声，而非声门全开，耳语般的虚声。如②句是稍重的，但“战士们刚刚起床”

就要稍轻。④句是轻的，里边的“一句话”“谁”应稍重，因为是句子里的重音所在，要强调肯定声音要重一点、实一点。⑦句是轻的，但“小洪越想越不安”可以稍重。从②句稍重转到④句轻，再由⑦句的轻、虚转到⑧句“张大娘又火上浇油”逐渐推上去，重重地说出“老头子，别跟他们说了，咱们去找指导员说个清楚”。从而把故事的高潮逐渐地推出来，故事显得更真实、生动。

以上的几种基本转换形式，必须从作品的整体表现出来。在表现这种变化的同时，作为播音创作的主体的播音员、主持人必须有感而发，掌握好“内心节奏”，这样内心感受和外部节奏转换形式很好地融合，有声语言的创作才更显艺术魅力。

【练一练】

请确定以下民航、高铁广播中的节奏并播读。

(1) 女士们、先生们：现在飞机遇到气流，有些颠簸，为了您的安全，请您在座位上坐好，系好安全带，谢谢合作。

(2) 女士们、先生们：现在客舱的尾部有一处失火，请大家不要惊慌 ，我们正在组织灭火，请您在自己的座位上坐好，系好安全带，不要来回走动。火源附近的旅客听从乘务员的指挥调整您的座位，谢谢！

(3) 女士们、先生们：现在客舱尾部的火势已经被控制，气机处于良好状态，我们预计在××点到达××机场。机组全体乘务员对您所给予的协助表示衷心的感谢！谢谢！

(4) 旅客朋友们，大家好！欢迎您乘坐京沪高铁和谐号动车组列车，我代表动车组全体乘务人员向您问好，祝您旅途愉快！列车前方到站是××车站，请下车的旅客注意广播通告，提前做好下车准备。

(5) 经过××小时的努力，我们终于一起战胜了（冰雪、洪水、塌方、泥石流等）带来的困难，现在就要恢复通车了。我们向在此过程中参与工作和帮助过其他旅客的爱心人士表示衷心的感谢，各岗位乘务人员请各就各位，列车很快就要开车了。

(6) 旅客朋友们，大家好！现在广播通知，本次列车发生设备故障不能继续运行，需要旅客们换乘另外一组列车，请协助整理好自己的随身物品，按先后顺序。排队下车转乘同一站台对面停留的列车（如在区间播：经由××号车门渡板到邻线对面列车，在渡板上行走时请听从工作人员指挥，按顺序有序通行，注意安全，特别要注意不要抢行，严禁拥挤），按照原有车厢、座席对号入座。如果您的座位号与原有车厢发生变化时，请按列车工作人员指定的座位号就座。如从高等级更换为低等级座席时，经列车和车站工作人员确认后到站退回差价，请给予理解和协助。谢谢！

课后练习

1. 填空题

(1) ________、________、________，是从备稿到播音艺术创作过程中，使思想感情处于运动状态的三种重要方法，它们被统称为语言表达的“内部技巧”。

(2) 播音员“情景再现”主要有________、________、________、________四个步骤。

(3) 播音中的“弦外之音”就是________。“内在语”是承接________的节点，是确定播音________的依据，是播音员________的重要标志，能够更好地体现________的含义。

（4）________犹如架设在播音员的个体认识和听众总体认识之间的一座桥梁，把虚拟的交流变成________的交流。

（5）对象感就是播音员主持人必须设想和感觉到________和________，必须从感觉上意识到受众的心理、要求、愿望、情绪等，并由此调动自己的________，使之处于运动状态。

（6）播音表达外部技巧主要体现在________、________、________、________4个方面。

（7）停连应以________为根本，以________为参考，以________为基础。

（8）________指的就是在思想感情的支配下语句的声音形式。

（9）在播音中，________应该全篇稿件生发出来的播音员思想感情的波澜起伏所造成的________、________的声音形式的________。

（10）节奏包括轻快型________、________、________、________、________等类型。

2. 判断题

（1）缓连一般用于有标点符号而内容联系紧密的地方。（　　）

（2）提示性内在语重在使语句的逻辑关系更加严密，那么关联性内在语则更重在使表达语气富于灵动的活力。（　　）

（3）重音与词的轻重格式是一样的。（　　）

（4）重音等于重读。（　　）

（5）节奏在播音创作的备稿阶段就应该开始酝酿，而基调只有在播音创作进行中才能呈现，成为可以感知的既有事实。（　　）

3. 思考题

（1）情景再现的内涵是什么？

（2）民航、高铁播音员应怎样进行情景再现？

（3）内在语的定义是什么？它是怎样分类的？

（4）怎样去把握内在语？

（5）什么是对象感？

（6）怎样建立对象感？

（7）什么是停连？

（8）停连的重要性是什么？

（9）如何掌握最常见的四种停连？

（10）什么是重音？它与词的轻重格式和重读有何区别？

（11）怎样确定重音的位置？

（12）什么是语气？

（13）播音中如何把握语气？

（14）什么是播音节奏？

（15）播音节奏主要有哪几种类型？

（16）正确理解语气和节奏的含义，弄清他们之间的关系。

4. 训练题

（1）情景再现训练。

①韩春旭《二十世纪末的一个黎明》片段。

你身体所有的部位给予我的都是惊喜。你的手指透明得像粉红色的虾壳瓣，小脚跟我的一个手指一样长，你的小头发黑亮亮的，眼底清澈得像蔚蓝的海洋……贪婪地吮吸着：当你吃不饱的时候，你不顾一切地将啼哭扩大到震耳欲聋的程度，两只握紧的小拳头，在空中愤怒地打来打去；吃饱了，你含着最纯粹的笑，安然地睡去。

训练提示：充分感受由文字描写带来的感官刺激，调动对可爱的婴儿的视觉、嗅觉、触觉等感觉记忆，体验感同身受，继而上升为态度和评价，贴近播讲目的。

②法国作家莫泊桑《一生》片段。

什么也不能教她暖过来；她的脚冷得发木。从小腿直到臀部都发着抖，使她不停地翻来覆去安不下心。神经焦躁到极点了。

不久，牙齿略咯作响；两手发抖；胸口紧压得难受；心怦怦地跳得很慢，有时简直像停止跳动了；嗓子仿佛就要喘不上气来。

难以抵挡的寒冷一直透入她的骨髓，同时她精神上也产生了一种极度的恐怖。她从来没有过这种感觉，从来没有这样地受到过生命的威胁，简直就只剩下最后一口气了。

训练提示：调动记忆中对寒冷的感觉印象，注意呼吸和肌肉的压抑与紧张的感觉唤起，气息低沉。

（2）内在语训练。

①《知音难得》。

从前，有一个皇帝特别喜欢弹琴，弹琴成了他的唯一嗜好。可是他弹不成调，听的人兼职无法忍受。他在皇宫找不到一个知音，十分苦恼。

有一天，皇帝突然想出了一个主意。他叫太监找来了一个等待处死的犯人，对他说：“只要你说我弹得好，我就免你一死。”

皇帝开始弹琴，犯人站在一旁听着。一曲未尽，犯人便跪在地上请求：“圣君，求您别再弹了，奴才宁愿早死！”

训练提示：皇帝和死囚的话，分别是什么意思？请准确地分析并表达。此文带有幽默色彩，播读时节奏稍放慢，尤其人物对话要找准角色心态、语气和语调，这样才能达到较好的效果。

②《贵重的帽子》。

刚下过雪，路很滑，一个中学生拼命地在路上跑，为的是买一张足球票。他终于赶到体育场，从一个小青年手中买下了这张门票，而且贵得很，10 块钱，他用口袋里所有的钱买下了这张票。

比赛开始了。他前面坐着一位非常时髦的妇女，戴着一项漂亮的大帽子，挡住了他的视线。

“劳驾，请您把帽子摘下来。”他客气地对她说。但她连头也不回。“请您摘下帽子!”这位中学生禁不住提高声音，气冲冲地又说了一遍，“为了这个位子，我跑了一身汗，花了10块钱，但现在却什么也看不见!”

年轻的妇女照样一动不动，并且很得意地说：“为了这顶帽子我花了25块钱。我要让所有的人都看到它。”

训练提示：准确分析中学生三次说话的内在语，注意把握其不同的含义和态度分寸。年轻学生的心态气质决定他的语气，把握要准确。妇女这句话的内在含义是什么，用内在语准确表达出来，并且要在内心给这位妇女有一个形象气质的想象，把她的语句表达到位。

（3）对象感训练。

①《我国南北方人的心理差异》。

听众朋友，不知您察觉到没有，我们国家北方人和南方人是有心理差异的。北方人大多性格粗犷、热情外向；而南方人呢，大多感情细腻、稳重内向、善于算计。那么，为什么会有这种差异呢？有这样一种观点，我给您介绍介绍，您看有没有道理。形成这种差异的原因，并不是因为南北炎黄子孙有什么明显的大脑结构或者遗传素质的不同，而是由于地理环境不同造成的。

您知道，我国北方山少，平原多，辽阔的平原，放眼四处眺望，周围几里甚至几百里一览无余。所以北方人的性格一般比较豁达爽朗，大方而不拘小节。所以“自古燕赵多慷慨悲歌之士”。相反呢，南方山多水多平原少，地形地貌受山水阻隔，条块分制相当严重，自古以来，南方人在这狭窄的土地上精耕细作，为了生存他们自然养成了精打细算、小心谨慎，善于运用现有资源，发挥聪明才智的思维习惯。

另外呢，南北方的气候差异，也给生活在各地的人们造成了心理差异。南方气候比较温和湿润，使南方人养成了沉稳、安详、感情丰富而细腻的性格，西北方气候寒冷、干燥、多风沙，有的地方一年里有近半年的霜雪天气，所以呢，长期生活在北方的人们，大多形成了粗犷、坚强、贤良的个性。

听众朋友，我这里说的只是一般情况。当然啦，人的心理差异和性格的形成也不一定受到地理、气候环境的影响，南方人也有性格奔放粗犷、热情外向的。北方人也有情感细腻、稳重内向的。而随着社会的进步，我国南北方人的心理差异正在逐步消失。

训练提示：这篇小文是在轻松的生活节目中以聊天的方式谈谈地理环境与南北方人的性格差异，有一定的趣味性。播出时可以设计两种方式：一是单播，注意语气亲切、松弛，对象感的设定范围比较宽泛一点，对这个话题有兴趣的各个年龄层的受众都可以框定进来。二是设计成对播。两位主持人将本文作为播出的提纲，以自己的语言自然地衔接播出，中间可以自由穿插自己的议论感受甚至生动有趣的小实例，注意不可过分拉长篇幅，语流的大致风格还是轻松愉快的，不要太过严肃紧张。

②诗歌《我为少男女歌唱》(何其芳)。

我为少男少女们歌唱
我为少男少女们歌唱
我歌唱早晨
我歌唱希望
我歌唱那些属于未来的事物
我歌唱那些正在生长的力量
我的歌呵
你飞吧
飞到那些年轻人的心中
去找你停留的地方
所有使我像草一样颤抖过的
快乐或者好的思想
都变成声音
飞到四方八面去吧
不管它像一阵微风
或者一片阳光
轻轻地从我琴弦上
失掉了成年的忧伤
我重新变得年轻了
我的血流得很快
对于生活我又充满了梦想，充满了渴望

训练提示：这是一首热情洋溢的赞美诗，赞美青春的无限美好。体会从一个中年人或者老年人的角度，对象是少男少女们，回首感悟青春的美好，渴望与青年进行心灵交流和互动，并借此使他们更成熟，使自己更年轻。注意朗诵诗歌时特别要注意的情绪饱满、声音的变化、节奏的把握。

(4) 停连训练。

①《我看今天》(张海迪)。

今天的人们很少再用笔和信纸写信了，朋友与朋友会发短信，或者发 email，还有很多喜欢在网上聊天的。越来越多的人没有耐心看长篇小说，甚至没有耐心看完一篇文章，更不用说写了。人们——不管是成年人还是孩子，都缺乏耐心，做一件事情很难集中精力，或者对要做的事一点儿也不感兴趣。对自己不感兴趣的事做起来就必然很痛苦，有的会有一种受折磨的感觉。就好比一些孩子对学习很厌倦，而大人却还在以自己的意愿逼着他们学习。这样孩子的心里肯定会烦恼、愤怒、无奈，他们很可怜，因为没有人能懂得他们。其实，今天的很多孩子都在为父母的虚荣心而活着，依然有这样的父母，他们把自己没能实现的理想寄托在孩子身上。

于是，生活中到处都是压力，人们四处寻找可以爆发的出口——成千上万条短信，人们用最短的句子说正事也扯闲篇，过年过节一个相同的短信会转发给全世界，人们的创造力在不知不觉中被削弱了。更多的短信是谈情说爱，打情骂俏，胡乱调侃，还有做广告的。尽管如此还是有人觉得活得很不踏实，很无聊。有的人喜欢网络，它很像是一个虚拟的心理医生，可以让人们尽情地倾诉、发泄——对生活贫富差距的不满，学习工作的压力，恋爱婚姻的失败，对他人的嫉妒和猜疑，做了亏心事的自我谴责，还有对贪官腐败者的愤懑，等等。总之，心里的一切都让人感到痛苦，焦躁、茫然，失落，沮丧……可是这个虚拟医生让人们耗费了很多时间，却往往不能开出有效的处方，于是，新的郁闷又不断产生，周而复始，一年年就在无意义的怅惘中过去了……

我想面对这一切，自我激励、坚定意志、展宽视野、开阔胸怀是最重要的，不去盲目追随，保持独立的品格，做自己应该做的事，不做没有意义的事。不受外界干扰，开垦自己的心灵花园，岁岁年年守护它，最终就会开出美丽的花。

训练提示：全文的停连处理要体现亲切柔和、思考讨论的色彩。

②高手教你识别列车上的窃贼。

春运是旅客出行的高峰期，同时也是小偷活动的猖獗期，为了确保旅客平安出行，全国铁路公安机关反扒能手张红英结合自己多年的反扒经验，教旅客几招识别窃贼的方法。

看贼的携带物品：为方便行窃，贼大多穿得较少，且喜欢随身携带书、报纸、杂志和小型手包等物品，用以掩护作案。

看贼的眼神：俗话说："贼偷一眼"，贼上车后眼睛与平常旅客不同，他们上车后不找座位，喜欢东张西望，重点是看旅客的行李和钱物。

看贼的行动：贼喜欢在车厢内频繁走动，不常坐在固定的座位上，旅客出行过程中，由于旅途乏味无聊，多喜欢拿手机、MP3、照相机等物品把玩，顺手就将这些贵重物品放在身边的茶几上，这给那些到处走动，顺手牵羊的犯罪分子提供了可乘之机。

看贼上下车：火车车厢空间有限，上下车时经常出现拥挤的现象，犯罪分子往往利用这个机会在车厢门口或过道上乱挤制造混乱，趁旅客急于上下车而疏于防范之际，借助手中的报纸、杂志、衣服等偷窃。

看贼的作案时间：贼一般都是提前踩点，在重点时间作案。据统计，扒窃案件80%都发生在列车进站停靠前5~15分钟这段时间，其中多数为夜间、凌晨。犯罪分子利用旅客列车定时停靠这个特点，提前踩点，寻找作案目标，等列车即将到站时，再对早已瞄准的目标下手。

训练提示：全文的停连处理要体现亲切、提醒的色彩。

（5）重音训练。

①江南。

就从这里开始吧。

周庄、同里或者乌镇，水乡的古镇在江南生长。

在古镇上走一走，以这样的方式体会江南，我们细致而又明确地感受到了江南的精神和风采。

水流在水里，风淡淡地吹着风。

在这里，流水和流水，不就是江南翻飞的水袖吗？不就是把江南舞动得风姿卓越、灵秀飘逸的水袖吗？

在朴实无华中超凡脱俗，在超凡脱俗中返璞归真。这水做的江南，这江南的流水啊。小桥，流水，人家，这是江南最灿烂的风花雪月，这是江南最根本的从前以来。

十多年前，古镇农民在耕田的时候挖到一些石斧陶器和玉镯玉瑗。这一个发现，引起了文物管理部门的注意和重视。考古学家从各地赶来，仔细看过了这些石斧陶器和玉镯玉瑗以后说道，这是崧泽、良渚文化时期的文物，离现在应该有五千五百年了吧。

五千多年前的古镇是什么样子我们不能知道，我们只能知道，五千多年前，我们的先人曾经在这里编织着生活，在这里的山下，在这里的水边，他们随意地唱着自己作的歌曲，一些鱼儿悠闲地从他们身边游过。

我们不能知道，我们的先人从何而来，他们是千里迢迢赶来还是风尘仆仆路过，我们只能知道，当他们和这一片山水相遇的时候，就毫不犹豫地留了下来。他们在这里开荒种田，纺纱织布，然后生儿育女。这一片山水是我们先人最初的家园。

训练提示：这是一部纪录片解说词的一部分。节奏非常舒缓。练习时注意舒缓型的段子里重音的妥善处理。

②纪录片《复活的军团》解说词（节选）。

四千多年前，文明的曙光开始照耀中国大地，在黄河流域的原始部落中，第一个国家——夏诞生了。

500 多年后，商取代了夏。

公元前 11 世纪，周王朝又征服了天下，由于王位只能传给一个儿子，其他的儿子就要得到封地，没过多久周天子脚下就出现了众多的国中之国。从此，这些属国之间就开始了长达 50 多年的战争。直到公元前 230 年一支来自西北方的军队开始横扫天下，在十年的时间里，他们吞并了所有的国家，征服了所有的部落，就是这支军队，最终结束了五百多年的战乱，在中国第一次创建了一个大一统的国家——秦帝国。

这是一支创造了历史的军队，然而多年以来，人们对它的了解并不多，它真实的形象一直模糊不清。秦军强大的根源在哪？它靠什么建立了空前的丰功伟业？回望秦军统一中国的步伐，那是一段漫长而曲折的历史。

自商鞅变法以来，强大的秦军通过一次次战争，消耗东方列强的军事力量，在 130 年的时间里，秦军歼灭六国军队 160 多万。到公元前 230 年的时候，再也没有对手能够与秦军抗衡。秦王嬴政就此发动了大规模的统一战争。十年统一战争期间，六国军队的伤亡总数超过了 200 万。

这是一个令人震惊的数字。

公元前 221 年，最后的齐国不战而降。

秦军挺进当时世界上最大的城市——临淄。

至此，战国时代结束，秦帝国诞生了。

从崛起于西北高原到一统中国，这支伟大的军队经历了 550 多年的奋战。

在今天陕西省的咸阳市附近，这个平台，曾经是秦帝国的心脏——咸阳宫。就在这个地方，秦王嬴政发号施令，指挥秦军一统天下。

两千多年过去了，咸阳宫变成了黄土堆，帝国的军队却找不到任何踪影。这究竟是一支什么样的军队呢？

训练提示：本段是大型历史纪录片《复活的军团》的解说词节选。与《江南》那个片段不同，这个片段是凝重型的，基调是苍凉、厚重、富有历史感的。练习时注意这样类型段落的用声状态和重音处理。

（6）语气训练。

依依惜别的深情（魏巍）。

离别的日子，终于不顾人们深重的离情来临了。行李装上了汽车。大车备上了骡马，大炮着好了地衣，营门上已经换上了人民军的哨兵。战士们最后一次扫净了院子，提满了水缸，拍一拍身上的尘土，打好了行囊。

这一夜，有多少朝鲜人家没有合眼，有多少人家午夜三点就亮起了灯，他们再一次整理好花束，把礼物放进竹篮，坐等着集合号就要响起的拂晓。这是深秋的拂晓呵，可是人们已经走出来了，穿着单薄的衣裳走出来了。老人们戴着高高的乌纱帽，妇女们顶着行篮，背着孩子。人们都拿着根叶。就是背上的孩子，小手里也拿着枫叶。他们站在大路边，站在寒气袭人的晓风中。

部队集合了。妇女们打开竹篮，分赠着礼物。孩子们爬上大炮，把红叶插上炮口。小吉普也被无数的彩纸条和成串的纸花缠成了花车。阿妈妮们，孩子们，姑娘们，她们做这些事情的时候，统统没有哭。昨天晚上，战士们就告诉他们说不要哭。里（村）干部们也告诉说，为了不使志愿军难过，让他们不要哭。他们很听话，他们真的制止住了，在做这些事情的时候，统统没有哭。

出发号响起了。战士们背起背包，挎上了枪，走向夹道欢迎的人群。“万岁”声响起来了，火红的枫叶举起来了。孩子们奋力地撒着纸屑的花雨，欢呼着：“荣光——伊斯达！”“荣光——伊斯达！”（“光荣啊！”）志愿军的脚步移动了，人们的眼睛潮湿了，但谁也忍着，竭力喊着口号，仍然没有哭。

可是，当战士们握着老妈妈的手，叫了一声“阿妈妮，再见！”不知道是哪个老妈妈忍不住了，捧着战士的手，第一个哭出了声。接着是姑娘们、孩子们哭出声来，然后是那些男人们无声的眼泪，低低的啜泣。这时候，战士们简直是在朝鲜人民送行的泪雨中行进，这不是哪一个人在哭，这是全朝鲜民族在捧着赤心送着他们至亲至爱的友人！

我的一滴泪，也止不住滴在这千行泪雨中。呵，亲爱的、可敬的朝鲜人民！在纷飞的战火中，你是那样刚强！敌人把你的城镇变成了废墟，你没有哭；敌人把你的家园烧成了灰，你没有哭；敌人杀死了你的亲人，你没有哭；敌人把你绑在大树上，烧你，烤你，你没有哭；你真是一把拉不断的硬弓，一座烧不毁的金刚！可是今天，当你的战友——中国战士们要离开你的时候，你却倾洒了这样多的眼泪！仿佛要把你们每个人一生一世的眼泪，都倾洒在今天！你是多么刚强而又多情多义的人民！

请收起眼泪吧，亲爱的、可敬的人民！你的泪是这样倾流不止，已经洒湿了你们的国土。我知道，你是为中国战士的鲜血而痛惜，为中国战士的一点点工作而感怀。你今天的泪，是对中国战士的最崇高的评价，是给予中国战士的无上的光荣！我知道，这泪雨中的每一滴，都不是普通的眼泪，一颗，一颗，都是万金难买的友谊的珍珠！

在这进行的泪雨中，中国战士们也个个垂泪，一小时已经过去了，还没有走出二里路。这时候，在送行人的行列里，不知是谁在喊：“不要哭了，替他们背背包呵！”人们才像忽然醒转过来，擦擦泪，去夺战士们的背包，小孩子也抢过来背在肩上，妇女们把夺过的背包，高高顶在头上，飘行在战士的身边。这时的队伍，已经不分行列，不分军民，不分男女，错错落落，五光十色，互相搀着扶着，边说边哭，边哭边走。这是什么队伍呵！也许这不像队伍吧，可是这确是世界上最强有力的队伍，这是心连着心、肩并着肩的友谊的巨流！这支巨流，行进着，行进着，越过了一道道水，一道道山，他们行进在枫林烧红的山野，行进在社会主义的东方……

1958年11月7日晚

训练提示：此文表现了20世纪50年代末，中国人民志愿军即将离朝返国的那一段日子里，志愿军与朝鲜人民那难以割舍的深厚感情。我们选出文章的后一部分作为我们的训练材料。这部分，作者极其细腻地描写了离别时的情景，热情讴歌了朝鲜人民既坚强又多情多义的品格。表达时应注意两点：一是注意随情节的发展变化，把握不同语言环境下人们心理和行为上的特点，并通过语气贴切地表现出来。二是声音形式随情景变化而变化，收放、扬抑、轻重都应恰到好处，高而不喊，低而不沉，重而不拙，轻而不泄。

（7）节奏训练。

雪（鲁迅）。

暖国的雨，向来没有变过冰冷的坚硬的灿烂的雪花。博识的人们觉得他单调，他自己也以为不幸否耶？江南的雪，可是滋润美艳之至了；那是还在隐约着的青春的消息，是极壮健的处子的皮肤。雪野中有血红的宝珠山茶，白中隐青的单瓣梅花，深黄的磬口的蜡梅花；雪下面还有冷绿的杂草。蝴蝶确乎没有；蜜蜂是否来采山茶花和梅花的蜜，我可记不真切了。但我的眼前仿佛看见冬花开在雪野中，有许多蜜蜂们忙碌地飞着，也听得他们嗡嗡地闹着。

孩子们呵着冻得通红，像紫芽姜一般的小手，七八个一齐来塑雪罗汉。因为不成功，谁的父亲也来帮忙了。罗汉就塑得比孩子们高得多，虽然不过是上小下大的一堆，终于分不清是壶卢还是罗汉；然而很洁白，很明艳，以自身的滋润相黏结，整个地闪闪地生光。孩子们用龙眼核给他做眼珠，又从谁的母亲的脂粉奁中偷得胭脂来涂在嘴唇上。这回确是一个大阿罗汉了。他也就目光灼灼地嘴唇通红地坐在雪地里。

第二天还有几个孩子来访问他；对了他拍手，点头，嬉笑。但他终于独自坐着了。晴天又来消释他的皮肤，寒夜又使他结一层冰，化作不透明的模样；连续的晴天又使他成为不知道算什么，而嘴上的胭脂也褪尽了。

但是，朔方的雪花在纷飞之后，却永远如粉，如沙，他们决不粘连，撒在屋上，地上，枯草上，就是这样。屋上的雪是早已就有消化了的，因为屋里居人的火的温热。别的，在晴天之下，旋风忽来，便蓬勃地奋飞，在日光中灿灿地生光，如包藏火焰的大雾，旋转而且升腾，弥漫太空；使太空旋转而且升腾地闪烁。

在无边的旷野上，在凛冽的天宇下，闪闪地旋转升腾着的是雨的精魂……

是的，那是孤独的雪，是死掉的雨，是雨的精魂。

一九二五年一月十八日

训练提示：本文主体节奏为舒缓型。但有轻快和高亢的辅节奏穿插其中。文章不单单是写南北方的雪的美丽、儿童的天真和故乡的温润，需要更深刻地理解和分析其更深的意蕴。描摹美艳南国时用松弛沉静的语调，平和温润的声音——描摹童趣天真的段落要语气生动情感细腻，但是也不应该丢掉怀旧的距离感时空感（带着淡淡的温暖而忧伤的回忆）。描摹朔方风雪时语调冷峻、深沉，逐渐急促，进而激越、高亢，带有直面现实和人生的一种成长和勇气。最后一个自然段，压抑住激动的情绪，沉稳下来，肯定的语气，升华主题，总结全文。①

5. 党的二十大报告播报

江山就是人民，人民就是江山。中国共产党领导人民打江山、守江山，守的是人民的心。治国有常，利民为本。为民造福是立党为公、执政为民的本质要求。必须坚持在发展中保障和改善民生，鼓励共同奋斗创造美好生活，不断实现人民对美好生活的向往。

我们要实现好、维护好、发展好最广大人民根本利益，紧紧抓住人民最关心最直接最现实的利益问题，坚持尽力而为、量力而行，深入群众、深入基层，采取更多惠民生、暖民心举措，着力解决好人民群众急难愁盼问题，健全基本公共服务体系，提高公共服务水平，增强均衡性和可及性，扎实推进共同富裕。

课程思政指南

课程思政教学设计

教学内容	教学内容设计	课程思政目标	经典文学作品选择
普通话语音	明确普通话对播音员主持人的重要性，增强学生学习普通话的动力，掌握学习普通话的基本概念和方法	培养学生树立正确的世界观、人生观、价值观，提高学生专业水平的同时，促进学生的全面发展。这是新时代中国特色社会主义发展的必然要求，也是普通话发音教学改革的方向	诗歌《中国话》（吴筱峰）
声母	了解普通话的声母系统，掌握普通话声母的发音方法。重点掌握舌尖前阻音“z c s”、舌尖后阻音“zh ch sh r”、舌面阻音“j q x”等	通过唐诗诵读，不仅可以练习找准声母的发音部位以及发音方法，还可以将诗人真挚的爱国情怀和高尚的精神境界融入课堂，教育学生立报国之志、学报国志才	唐诗《闻官军收河南河北》（杜甫）
韵母	重点掌握后鼻音“ang eng ing ong”	通过诗歌、词的朗诵，不仅可以掌握韵母的发音特点以及发音方法，还可以将诗人坚贞不屈的爱国情怀融入课堂教学中	诗《囚歌》（叶挺）、词《卜算子·咏梅》（毛泽东）
声调	了解普通话声调系统，掌握普通话声调调值的发音要领	通过朗诵《长歌行》，不仅让学生练习四个声调的调值，还激励同学们珍惜时光努力上进	汉乐府《长歌行》

① 施玲. 播音创作基础理论与实训教程［M］. 杭州：浙江大学出版社，2010.

续表

教学内容	教学内容设计	课程思政目标	经典文学作品选择
语流音变	了解普通话发音中语流音变的技巧。掌握轻声、儿化、变调的发音方法	通过古诗词的诵读，不仅学习和掌握语流音变的技巧，同时也让学生学习爱国、思乡，感受传统文化的魅力	唐诗《九月九日忆山东兄弟》（王维）；《静夜思》《望月怀古》（李白）
呼吸控制	了解胸腹式联合呼吸法的要领，运用胸腹式联合呼吸法进行呼吸练习	通过朗诵《满江红》，不仅练习气息的控制，还能将诗人报国立功的信心和乐观主义精神融入课堂教学中	宋词《满江红》（岳飞）
声音的弹性	了解声音弹性发音要领，掌握声音的可变性、声音层次的对比性等技巧	通过朗诵《我骄傲我是中国人》，不仅让学生掌握了声音弹性和声音需要如何变幻，也让爱国之情永留心中	诗歌《我骄傲我是中国人》（王怀让）
情声气结合	了解情声气结合的重要性，情是主导，是内涵，是依托；声是载体；气是基础，是动力	通过朗诵《沁园春·雪》，不仅综合练习情声气的结合，也让学生们感受到中国共产党领导人民建设新中国的力量	词《沁园春·雪》（毛泽东）
有声语言内部技巧与外部技巧	掌握有声语言的情景再现、内在语、对象感等内部技巧；掌握有声语言停连、重音、语气、节奏等外部技巧	通过练习朗读这篇揭示中国人民志愿军光照日月的崇高心灵、歌颂中朝两国人民的血肉情谊的作品，加强对学生的爱国主义教育和党史教育，使当代大学生继承与发扬抗美援朝精神，具有家国情怀和责任担当；通过新中国成立70周年阅兵式解说词等的学习和播音实践使学生加深对职业责任感、使命感和荣誉感的认识，增强文化自信，树立民族自豪感，坚定“讲好中国故事，传播好中国声音”的理想信念	《谁是最可爱的人》（魏巍）；新中国成立70周年阅兵式解说词

电子活页：普通话水平测试中的朗读短文

一、语音标准，音节清晰

二、理解准确，把握基调

三、语音本色，朴实自然

四、把握技巧：重音与停连

五、把握技巧：速度与语调

六、朗读短文须注意的问题

学生工作页（四）

普通话水平测试中的朗读短文					
任务一	做到语音标准，音节清晰				
任务二	做到理解准确，把握基调				
任务三	做到语音本色，朴实自然				
任务四	做到把握技巧：重音与停连				
任务五	把握技巧：速度与语调				
任务六	明确朗读短文须注意的问题				
班　级		学　号		姓　名	

学生自评
我的心得：   建议或提出问题：

教师评价

项目五

民航客舱播音训练

民航客舱服务是一种文化，是一种艺术，而不是一种机械工作。

——一名民航客舱乘务员

学习目标

了解民航客舱播音的特点和有关规定，掌握备稿的定义和要求，掌握备稿的方法，明确调整好播前状态的要求；了解客舱英语广播的基本构成和语言特征，掌握民航客舱英语播音技巧；熟悉民航客舱播音内容。

项目导入

机长的应急广播

2014年11月10日南方航空CZ3739航班从珠海飞往北京，在飞行到广东清远附近空域，飞机发动机起火，浓烟弥漫客舱，所有乘客都感觉到死神在这个机舱内盘旋，人们哀号声一片。小孩子感受到恐惧，更是哇哇大哭挣脱着要逃跑，大人满心绝望还要照顾孩子，机舱内一时间乱成了一锅粥，无论机上的工作人员如何安抚，也是无济于事。在千钧一发的紧急关头，机长贺中平一面操控着飞机快速前进，一面急忙连线了乘务长，要求他安抚好大家的情绪，得知机舱内太过混乱，贺中平拿起了广播话筒，进行了一次应急广播：

"我是本次航班的机长，本人经过严格的训练，有能力控制好状况，有能力将大家安全送到陆地上。请大家不要恐慌，15分钟后，我将带大家安全回到地面上！"

这番自信的话语有效安抚了乘客。原本黑暗混乱，充满着绝望情绪的机舱，在贺中平铿锵有力、充满信心的话语播放出去之后，瞬间恢复了安静。刚刚还被死神扼住咽喉的人们，又感觉到呼吸顺畅，充满希望了。贺中平机长成功控制飞机，安全返航广州白云机场，全机无人受伤。

这一事件很快被央视及各大新闻媒体争相采访报道，有网友将采访视频发布到社交平台上，贺中平因此成了网络红人，获得了网友们的纷纷赞誉，被称为"中国最美机长"。

民航播音是指通过广播运用语言向旅客传达信息，主要包括候机楼播音和客舱播音两大类。民航播音是航空公司与乘客沟通交流的重要窗口，除了表情达意的功能，还能起到清除误会、拉近距离、增进相互了解的作用。民航服务人员规范的言语发音、良好的语言表达和沟通艺术，能大力提升民航服务质量，提升航空公司的信誉和行业竞争力。而要成为一名优秀的民航播音员，不仅要有扎实的专业知识、强烈的服务意识，更要有规范的语音发声基础，良好的语言表达能力、沟通能力和应变能力，较高的道德修养和丰富的社会文化知识。

本项目主要探讨民航客舱播音。客舱播音质量是空中服务水平的重要组成部分，直接影响着旅客乘机感受和客舱服务品牌形象。任何轻浮不端的行为以及我行我素，都有可能导致播音的失败，所以播音员需要提升自身各方面的素质。如果因为不良的播音失去了乘客的信任，那将会给航空公司带来不可弥补的损失。

任务一　民航客舱播音概述

民航客舱播音也称空乘服务播音，是指空乘服务过程中空乘人员运用广播电视传媒、有声语言和副语言，传播服务信息的创作性活动，简单地说民航客舱广播就是空乘人员在客舱中对乘客的广播，是空乘人员和乘客沟通交流的重要形式。它包括欢迎起飞、供餐、征求意见、预报时间和温度、安全检查、到达终点、下飞机等例行播音内容，以及节日祝贺、急救求医、飞机颠簸、紧急迫降等临时播音内容。民航客舱播音见图 5-1（来源：https：//www. meipian. cn/1a8lnrcv；https：//www. meipian. cn/1x54prfn. ）。

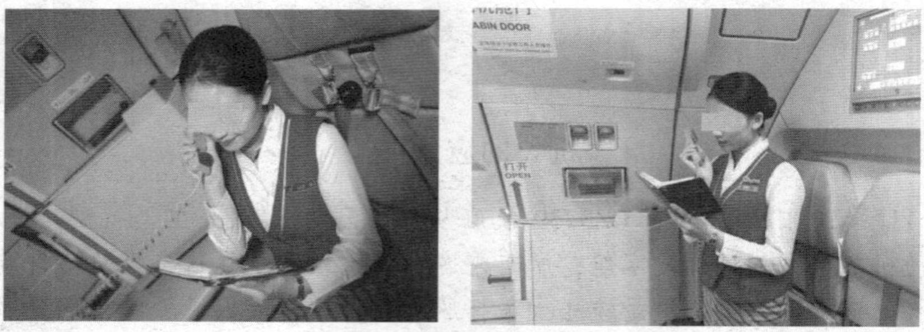

图 5-1　民航客舱播音

【小贴士】

民航客舱播音的类型。

民航客舱播音按内容分为客舱服务广播、安全检查广播两部分。客舱服务广播部分包括航程信息广播、餐饮服务广播等。安全检查广播部分包括安全演示广播、故障通报广播、紧急情况处理广播等。

民航客舱播音按工作流程分为起飞前广播、关门后广播、落地前广播、落地后广播等。

民航客舱播音按工作性质分为正常情况类广播、特殊情况类广播、紧急情况类广播三大类。

一、民航客舱播音的特点和有关规定

（一）民航客舱播音的特点

1. 全程性和规范性

民航客舱播音伴随乘客登机、乘机、下机的整个航程，要告诉乘客各种周知的事项，具有全程性，同时还具有规范性。民航客舱播音是空乘服务过程中空乘人员传播服务信息的活动。为了规范民航客舱播音活动，中国民用航空局对空乘广播用语的类型、内容格式进行了规范，所以民航客舱播音又具有规范性。

2. 复杂性和灵活性

民航客舱播音具有复杂性和灵活性。第一，服务内容有别，播音内容不同。第二，客舱岗位情况不同，播音内容也有别。如除了例行播音，还会有临时播音，如节日播音等。第三，各航空公司服务特色不同，播音词也会有差别，要根据情况灵活运用。因此民航客舱播音具有复杂性、灵活性。

小贴士
民航播音的声音应具备怎样的特色？

（二）民航客舱播音的有关规定

为了提高民航广播服务质量和适应民航广播自动化的发展趋势，中国民用航空总局出台了行业标准——《民用机场候机楼广播用语规范》（MHT1001-1995），对民航广播用语进行了规范。

1. 民航客舱播音用语的一般要求

民航客舱播音要符合以下要求：

①广播用语要准确、规范，采用统一的专业术语，语句通顺易懂，避免发生混淆。

②广播用语的类型根据机场有关业务要求来划分，以播音的目的和性质来区分。

③广播用语应以汉语和英语为主，同一内容使用汉语普通话和英语对应播音。

2. 航班信息类广播用语的格式规范

航班信息类播音是客舱广播中最重要的部分，格式要规范。民航客舱航班信息类广播用语一般依照《民航机场候机楼广播用语规范》的要求进行。

（1）格式内容规范（见本项目任务二和任务三）。

（2）例行类、临时类广播用语说明。对于例行类广播用语，各航空公司可根据具体情况组织内容，但要保持与中国民用航空总局等部门的规定一致。对于临时类广播用语，各航空公司可根据实际情况安排，但采用特殊航班信息通知时，应与信息类播音中相近内容的格式一致。

二、民航客舱播音的备稿

微课堂
民航客舱播音的备稿

分析理解与感受稿件，简称备稿。备稿是客舱广播的第一个环节，是播音创作活动的开始，也是播音创作中非常容易被人忽视的环节，有些人长期养成的习惯是拿起稿件就读，不分析理解稿件，这是播音的大忌。客舱播音员所播出的每篇广播词都是一种创造性的劳动，广播词是作者对客舱服务、客舱管理、客舱安全等深刻理解后所完成的产物。播音员把无声的文字变为有声的语言并不是简单地把文字读出来，而是一种再创作。没有播音员对稿件的认识、理解、感受、体会，没有播音员的情感、态度，那就谈不上再创作。民航客舱播音前的准备就是分析理解稿件，感受稿件的内在实质。这个过程做得越好、越细致，客舱播音就能越准确。可以说理解是表达的前提，为了给播音做好充足的准备，播音员必须认真备稿。

（一）备稿的定义

备稿有广义和狭义之分。广义备稿是指平时我们不断地学习与积累。其实，广义备稿说的就是文化底蕴。民航客舱乘务员要具备较高的政治素质、导向意识、自觉把关意识、责任心，要具备较广博的文化科学知识、较高的艺术修养、深厚的专业基本功等，这样才能更准确地表达好广播词。广义备稿是客舱广播的基础，我们对稿件的理解力、感受力、驾驭能力都与综合素质、修养有关。狭义备稿是指一篇具体稿件的准备。

（二）备稿的要求

民航客舱播音备稿要符合以下要求。

1. 要有自觉的传达意识

在备稿时，民航客舱播音员必须有自觉的传达意识。要传达，就要弄清楚传达什么、怎么传达等问题。因此，在备稿时，应十分专注，思维集中，逻辑条理清晰。

2. 要摆正播音员和广播词之间的关系

播音员是广播词与乘客之间的媒介，摆正播音员与广播词的关系是首先要解决的问题。要深入理解和感受稿件，这是我们解决备稿问题时反复强调的重要观点。在播音员认识和把握广播词的过程中，理解和感受是紧密结合在一起的，并不断地深入。

3. 要做到准确、迅速、深刻、精细地备稿

客舱广播是客舱服务工作的重要部分，播音员日常担负的工作以服务、引导、客舱安全管理的广播为主。具体到备稿这个环节，从质量上说，要求深刻、精细地把握稿件；从效率上说，要求迅速、熟练地备稿。可以说，备稿也是客舱乘务员在客舱服务中应熟练掌握的业务基本功之一。备稿从另一个角度来说就是把稿件变成自己要说的话，这主要包括两层意思，第一是指激发播讲愿望，产生积极的播讲心态；第二是指备稿完毕后，要在头脑中形成与稿件内容大体相同并且条理清晰的思想感情运动线。

（三）备稿的方法——“备稿六步”

怎样把握好一篇具体的广播词？不同的播音员，不同体裁的广播词会有一些细微的差别，但从根本上说，准备不同体裁广播词的要点是大同小异的。概括起来有六个步骤，即划分层次、概括主题、联系背景、明确目的、找出重点和确定基调，简称“备稿六步”，它是备稿的要点，对播音员驾驭稿件、表达稿件提出了具体的要求。

1. 划分层次

所谓层次，是指从全篇把握稿件的段落与结构。广播词的自然段是从具体内容的角度形成的，层次的划分是为了广播的需要。层次是对自然段的进一步整理和归纳。所谓进一步整理，是指对自然段的归并和划分。归并，就是把内在联系比较紧密的段落归并为一个层次。划分，是指把一个自然段划分为若干小层次。经过归并和划分之后，要对每段的段落大意进行概括。段落大意概括要简单明了，抓住主要内容。

2. 概括主题

主题是稿件包含的思想含义，也就是稿件的中心思想。中心思想是作者在广播词中要表

达的贯穿全文的核心，是提纲挈领的道理，是作者在文章中努力通过各种细节来阐明的中心议题。简单地说，中心思想就是作者要告诉我们的道理和内涵。概括主题既要揭示深刻的思想含义，又要有利于调动播音员的思想感情。主题的概括要准确、言简意赅，用两句话即可，如果文字多，易和主要内容混淆。

3. 联系背景

这里所说的背景，主要是指播音背景。谈到播音背景，实际上就包括了历史背景、写作背景、播出背景。联系背景是为了明确广播词播出的针对性，针对什么现象或问题而发。背景包括两方面的内容，即上情、下情。上情，是指国家的路线、方针、政策，中国民用航空总局的相关规定等。下情，是指国际、国内的形势，各方面的现实情况及其变化。在下情中，又分主流和支流。主流是指与稿件有关的成绩、好的方面，代表事物发展的主要方向。如民航部门为了飞行安全，颁布了相应的民航法规，绝大多数乘客都能自觉遵守相关规定。支流是指与稿件有关的问题，不好的方面，代表事物发展的次要方向。

4. 明确目的

这里的目的，指的是播音员的播讲目的。稿件发表的目的，就是指稿件要解决什么问题，要达到什么样的服务效果和社会效果。播讲目的，主要是说播讲稿件要实现的社会意义、作用，要达到的预期效果，要遵从的指导方向等。因此，每篇稿件都要求目的准确。

广播词一般的播讲目的都是更好地服务，更好地进行客舱安全管理，更好地普及民航基础知识。明确目的对整个广播起统率作用，使播讲愿望积极主动，并能加强与乘客的交流感，能恰如其分地把握尺度和分寸。

5. 找出重点

分析层次、主题、背景、目的，使播音员的理解和感受更加准确，深入稿件的精神实质之中。掌握了客舱广播的精神实质之后，还要返回稿件内容，落实到具体的广播词中。而重点，就是目的落实的重要环节，为此要抓住重点部分、重点层次、重点段落。

6. 确定基调

基调，是指稿件总的感情色彩和分量。每篇稿件都有一定的感情色彩和分量，有的赞扬，有的批评，有的昂扬，有的低沉，有的庄重，有的严肃，有的轻松，有的明快，有的深情，有的风趣等，这都是基调问题。基调是稿件总的感情色彩，客舱广播词在绝大多数情况下，基调都是亲切的、温馨的。

总之，民航客舱播音员通过认真备稿，领会每个表达要点，感受每个场景，才能使广播词及叙述的具体内容被充分了解、感悟，在心里得到呈现，为播音创作奠定坚实的基础。刚刚开始学习时，民航客舱播音员都要严格按照这六步进行备稿并写出分析笔记，等知识积累达到一定程度可以熟练运用了，这六步就能融会贯通，即可六步并作一步走。①

① 赵恒．客舱播音技巧［M］．北京：中国民航出版社，2016.

【小贴士】

稿件分析范例

1. 广播词

女士们、先生们：

你们好！欢迎您选乘________航空公司的班机前往成都。本次航班共有五位乘务员竭诚为您提供服务。

现在飞机已经离开北京前往成都，飞行距离 1 680km，飞行高度 8 400m，飞行时间预计 2 小时 10 分钟。我们将飞越的省份有河北、河南、陕西、四川。您乘坐的本架飞机途经石家庄、郑州、西安、成都，我们还将飞越太行山、黄河、秦岭。您乘坐的本驾飞机是由美国波普公司制造的波音________型客机，它可容纳________名旅客。为了您旅途的舒适和安全，现在我们向您介绍一下客舱设备。

在您前方座椅背后的口袋里备有清洁袋，清洁袋供您放置果皮、纸屑及呕吐物使用。您的椅背可以调节，调节按钮在您座椅扶手内侧。在您的座椅上方备有阅读灯开关和呼叫按钮。洗手间在客舱的前后部，均可供您使用。

在这段旅途中，我们为您准备了点心及各种冷热饮，供应时，我们将广播通知您。

现在客舱乘务员向您介绍氧气面罩、安全带的使用方法和紧急出口的位置。氧气面罩储藏在您的座椅上方，发生紧急情况时面罩会自动脱落，氧气面罩脱落后请用力向下拉面罩，请您将面罩罩在口鼻处，把带子套在头上进行正常呼吸。使用座椅上的安全带时请将连接片插入锁口内，当飞机滑行、起飞、着陆和飞行中遇到颠簸以及“系好安全带”指示灯亮时，请您保持安全带扣好、系紧。解开时，先将锁口打开，再拉出连接片。

本架飞机除正常出口外，在客舱的左右侧还有紧急出口，分别标有紧急出口的明显标志。如果电源失效，安装在地板上的应急路径灯会发出亮光，白色为撤离路径灯，红色为出口灯。在您前排座椅背后的口袋里备有安全须知卡，请您尽早阅读。

为了保证飞机导航系统的正常工作，飞机起飞、降落过程中严禁使用移动电话、计算机、收音机、激光唱机、游戏机等便携式电子装置。

请您将移动电话及其他电子装置的电源开关置于关断状态，否则您将会触犯航空法规。

谢谢您的合作！

2. 广播词分析

(1) 划分层次。

2~5 自然段：简述飞行的时间、服务项目、客舱基本设施等。

6~7 自然段：对飞机安全设备的讲解。

8~9 自然段：告诉乘客飞机起飞、降落过程中禁止使用的设备。

(2) 概括主题。告诉乘客具体的飞行信息、服务项目、安全须知等。

(3) 联系背景。国家颁布了法律法规，出台了相关的服务保障和安全规章制度。大部分乘客都能遵守这些规章制度。只有少部分人不听劝告违反相关规定。

(4) 明确目的。乘客最想知道什么，乘客最想从这篇广播词中获取的信息就是我们这篇广播词的播讲目的。我们的目的也就是要告诉乘客最新的飞行情况、服务项目、安全保障等。

（5）找出重点。第 3、4、6、7、8、9 自然段。

（6）确定基调。亲切、温馨。

三、调整好播前状态

一般在飞机起飞前，民航客舱播音员会致欢迎词，同时会提醒乘客乘坐飞机的注意事项。在起飞后，民航服务人员会向来客介绍飞机上的各种设施及其使用方法；飞行途中还会有餐前广播，提醒乘客调节座椅准备用餐；飞行结束之前还会邀请乘客填写意见卡；逢年过节还会致以节日的祝福等，这些不同情况下需要向乘客传达的信息都是通过客舱广播传达出去的。因此，民航客舱播音员，在播送之前对不同的广播稿都要做好播前准备，调整好播音的状态。

（一）熟悉广播词

广播词中如果有生僻字要及时查询，遇到生僻字要及时确定读音，以免播错，不懂的专业术语、成语典故等要弄懂。在播送之前要理顺广播词的内容，遇到拗口的字句要多读几遍，让自己尽快熟悉。不同时段播报的广播词要弄清楚顺序，以免出现失误。

（二）精神集中

充分调动起自己的思想感情，精神集中，避免误读。在客舱播音时乘务员要让自己的思想感情活跃起来，避免单纯的见字发音，念起播音稿件时生硬死板。要用声音体现自己愿意为乘客服务的愿望，积极热情，声音听起来生动有活力。在使用话筒时不要紧张，状态要放松，做到用声音传达自己的情感。

（三）确定好话筒的位置

话筒不能离嘴过近，以免呼吸声进入话筒而产生杂音，也不能离嘴过远，造成声音没有进入话筒，语音传递不清晰。

（四）播音姿势要正确

在话筒前播音时，无论是站姿还是坐姿，一定要做到身正、腰直、两肩放松。这样的姿势能够保证说话时的气息通畅，让你的声音圆润动听。

（五）思想情感与声音和谐统一

民航客舱播音员的语言表达要体现思想情感与声音的和谐统一。语言表达的过程是“理解稿件—具体感受—形之于声—受之于众”这样一个过程，不是仅仅从文字稿件转化为声音。只把字念清楚了，不顾及文字的意思、内容的表达，这样的表达是空洞的，声音也是冷冰冰的，没有情感，没有温度。要建立正确的创作思想，养成思想、情感与声音和谐的语言习惯，具备主体创作意识，挖掘语言内容的深层次含义。民航客舱播音员只有深入理解文章的意思，语言带着理解后的感受和情感，才能带领听众进入丰富多彩的有声语言世界。

（六）熟练运用发音方法和播音技巧

首先，要掌握科学的发音方法，包括呼吸控制、口腔控制、喉部控制和共鸣控制。语言的表达需要建立一种好的习惯，形成正确的语感，没有捷径可走，只有反复地练习才能养成这种习惯。

其次，要熟练地运用内部和外部播音技巧，包括情景再现、内在语、对象感，停连、重音、语气和节奏等。这些技巧可以从专业层面帮助解决语言平淡、言之无物的问题，更好地体会语句的本质，产生强烈的播讲欲望，增强有声语言的表现力和美感。

任务二　民航客舱英语广播

随着我国对外交流日益频繁，国际航线网络进一步完善，国际航班量增加，国际旅客量随之增长。客舱广播作为信息传递媒介，在飞行过程中对于国际旅客接收信息极为重要。英语作为世界通用语言，具备英语听说能力的人相对较多，因此，为了满足国内外旅客不同的语言需求，民航客舱广播多为中英双语广播。对于国际旅客来说，客舱英语广播是获取信息的重要途径，因此乘务员必须具备良好的英语语言表达能力。

一、客舱英语广播的基本构成

客舱英语广播语言规范、内容简练、结构紧凑、篇幅短小，主要由以下三部分构成。

（一）开场白

针对播音的对象，开场白包括对乘客的问候和乘客登机后的欢迎词，问候朴实亲切，带给乘客宾至如归的温馨感觉；航行过程中的情况播报，传递简单的信息。例如：

Good morning. Ladies and gentlemen. Welcome aboard China Southern Airlines, a member of Sky Team. Our flight is from Shanghai to New York.

（二）主体部分

主体部分的内容包括航班的飞行线路、飞行时间、飞行高度、安全事项或服务内容等，让乘客了解本次航行的详细信息。例如：

The distance is about 11 000 kilometers, and the flight will take about 11 hours and 30 minutes. We will be flying at an altitude of 15 000 meters.

还有让乘客完成本次广播通知的事项，例如：

Please fasten your seat belt, stow your tray table, return your footrest to its initial position and adjust your seat back to the upright position.

语言精练干脆，层次清晰，突出播报的主题与目的。

（三）结束语

结束语同开场白一样简洁明了，真诚自然，给乘客留下更温馨的印象。例如：

Thank you for selecting China Southern Airlines for your travel today and we look forward to serving you again. Wish you a pleasant day. Thank you!

二、客舱英语广播的语言特征

空乘英语有自己独特的文体风格：简洁、清楚、得体、舒适。用词风格中，用词专业化、术语较多、用词准确、措辞礼貌；句法风格中语言固定化、表达精练化。

（一）用词专业，术语较多

空乘英语词汇的最大特点是语境化、程序化。语境化指所涉及的词汇都是旅行过程和相应环境中所见、所需的实物，如航空公司、登机行李等；程序化指大部分词汇领域都来自飞行的必要步骤，如登机、安检、起飞、降落、入境等。两者涉及的术语多是航空服务专业知识、航空服务专业表达。

（二）句子表达准确精练，措辞礼貌

航空英语广播涉及登机通知、航班通知、起飞安全通知、降落安全通知等，这些会话都要在较短时间内完成．因此需要表达清楚、正确、简短，让旅客听后不会茫然不知所措，不会引起理解偏差，进而保证飞行任务顺利进行。在出现航班延误、取消时，所使用的语言要委婉礼貌，对旅客表达出最真诚的歉意，不能语气生硬，毫无感情，引起不必要的误解。

三、客舱英语播音技巧

客舱播音员作为客舱服务和安全的指导者，工作内容包含航前、航中、航后、特殊情况的所有服务，必须把这些信息通过广播有效地传递给乘客。英语广播是服务技能的重要组成部分，客舱英语广播语言得体、语音标准、语调亲切，能够确保乘客收听广播并积极配合乘务员工作，为乘客提供优质的服务，利于航空公司整体形象的提高。

（一）语音规范准确

掌握语音知识、发音规范、吐词正确，是进行客舱广播的基础。例如，“red wine”中的“red”读元音/e/时，不能受母语或方言干扰，不能用汉语的“爱”来代替“e”。“thank”中字母组合“th”所发的音与“soup”中的“s”的发音不同，在汉语语音中没有类似“th”的发音方式或发音部位，发音时，舌端靠近上齿背面，气流经舌端和上齿背面摩擦成音。“travel”中字母“v”所发的音是唇齿摩擦的浊辅音，发音时需要下唇轻触上齿，气流经唇齿间空隙摩擦成音，汉语里也没有对应的发音，不能读成英文字母“w”的发音。英语的辅音在单独发音或拼读时只能发它的本音，因此，“chicken soup”中的“soup”不能读成/su：pu/，不能在辅音后添加元音。

播音时，如果忽略重音，也会影响播音质量，甚至导致交际失败。英语有单音节词、双音节词或多音节词，在读多音节单词，如“recommend”和“electronic”时，可能会受汉语母语负迁移的影响，不能够区分轻重音节。重读音节要读得长些、慢些，因而显得特别响亮清楚。句子中的实词一般要求重读，实词包括名词、动词、代词、形容词和副词等，如在句子“We apologize for the delay due to air traffic control, and we thank you for your understanding and cooperation”里，“apologize”“air traffic control”“understanding”“cooperation”需要重读，其中的虚词一般不重读，非重读音节要读得快些、短些，不必清楚响亮。逻辑重音通过重读来强调要表达的内容，比如，“Your carry-on items are securely stowed in the overhead compartment or under the seat in front of you”，这个句子里的“in”“under”要重读，需要强

调位置，告知乘客。因此，句子的重音并不是一成不变的，播音时要根据播音内容，充分理解重点信息，认真把握。

播报时还要学会连读，第一个单词末的辅音和第二个单词首的元音连读，如“check in”“flight attendant”。在读“a member of”时，“member”以“r”结尾，后一个单词“of”是以元音/ə/开头，这时“r”要与后面的元音“ə”拼起来连读。另外，英语中的六个爆破音“p、b、d、t、g、k”中任何两个相邻时要连读，在读“upright position”“ground temperature”时，前者发不完全爆破音，只须做出发音的准备，但并不发音，稍停顿后就发后面的爆破音。掌握连读发音技巧，英语播音才会更地道。

为了让乘客听明白广播所要表达的意思，当句子较长需要换气时，就要学会停顿断句，让乘客有效接受信息。由于语言的差异，播音员在进行英语播音时往往缺乏“意群”节奏感，因此播音员平时要加强训练，学会划分意群，学会停顿。有标点符号的地方要停顿，意群之间，即词组、短语、从句之间也要停顿。例如：“Please make sure /that your mobile phones/and other electronic devices，/including those with flight mode，/are powered off”这里“/”表示停顿。正确的播音还要注意语速，学会控制语速的快慢。播音员在播音前需要充分备稿，提前理解句子和篇章的内容，了解情况，这样就不容易出现断句增加或减少、播读时间延长或缩短等问题，从而达到交流的目的。

（二）语调升降起伏

语调是指声音的高低升降起伏，是影响乘客听辨能力的一个重要因素。不同的语调表达不同的语意，英语的基本语调分为升调和降调。汉语中很少用升调，播音员要形成运用升调的习惯。选择或者并列短语的前半部分用升调，表达完整的或肯定的含义时用降调，句子结尾一般用降调。例如，“Ladies↗and gentlemen↘，welcome aboard↗China Southern Airlines↘，a member of Sky Team↘”，这里“↗”表示升调，“↘”表示降调。正确使用语调，客舱英语广播才会听起来抑扬顿挫，清晰悦耳。

（三）注意情感投入

客舱广播应该以乘客为中心，如果广播时心中没有乘客，没有播报意愿，只是为了完成工作任务，有声的语言则会变得平淡生硬，缺乏亲和力。如果心中装有乘客，感受乘客的情绪，与乘客“同舟共济”，和他们形成默契与交流，信息就会被清晰有效地传播。“欢迎广播”要求热情洋溢亲切，“落地广播”要求沉稳安心得体，给乘客宾至如归的感觉。播报涉及安全带、救生衣等的内容时，要进行情景再现，让安全带、救生衣在脑海里浮现，引发相应的有关安全方面的态度和感情，并将安全带、救生衣的形象再现给乘客，使乘客大脑中再现这些情景，从中受到感染，有关安全方面的思想感情也一起调动起来，产生认同感，确保广播内容形象鲜明、生动具体。在特殊情况下进行广播要调整心态，把握情感基调，根据环境情况变化，灵活掌握或变换播音技巧，以适合当时的语境，沉着冷静，安抚乘客，不能因为自己错误的播音表达给乘客带来恐慌甚至骚乱。播音语言要具有表现力和感染力，达到情感与声音的统一，圆满完成播报。①

① 吴晓影．客舱英语广播的语言特征与播音技巧［J］．宿州学院学报，2017（2）：82-84.

（四）掌握英语读法规则

1. 月份和星期读法

月份和星期读法见表 5-1。

表 5-1　月份和星期读法

星期一	Monday	一月	January	七月	July
星期二	Tuesday	二月	February	八月	August
星期三	Wednesday	三月	March	九月	September
星期四	Thursday	四月	April	十月	October
星期五	Friday	五月	May	十一月	November
星期六	Saturday	六月	June	十二月	December
星期日	Sunday				
	春天 spring	夏天 summer			
	秋天 autumn	冬天 winter			

2. 时间读法规则

时间广播采用 12 小时制，在具体时间后加上 AM（上午）和 PM（下午），其中 AM 与 PM 需读出。

上午 9:00——读 nine AM 或者 nine o'clock。

中午 12:15——读 twelve fifteen PM。

下午 4:30——读 four thirty PM。

凌晨 0:15——读 zero fifteen 或者 fifteen past zero。

3. 年、月、日、星期的广播

（1）年份的读法。

第一种：1900 年读 nineteen hundred；1800 年读 eighteen hundred。

第二种：1903 年读 nineteen O three；1907 年读 nineteen O seven。

第三种：1921 年读 nineteen twenty-one；1923 年读 nineteen twenty-three。

第四种：2000 年读 two thousand；2003 年读 two thousand and three。

这里要注意基数词的读法，见表 5-2。

表 5-2　基数词读法

1～10	11～20	21～30	20～100
one	eleven	twenty-one	twenty
two	twelve	twenty-two	thirty
three	thirteen	twenty-three	forty
four	fourteen	twenty-four	fifty
five	fifteen	twenty-five	sixty

续表

1~10	11~20	21~30	20~100
six	sixteen	twenty-six	seventy
seven	seventeen	twenty-seven	eighty
eight	eighteen	twenty-eight	ninety
nine	nineteen	twenty-nine	One hundred
ten	twenty	thirty	

（2）月、日、星期的读法。

请看以下例子：

What day is today?（今天是星期几？）

答：Today is 星期几。例：Today is Monday.

What day was yesterday?（昨天是星期几？）

答：Yesterday was Sunday.（昨天是星期日。）

What is the date today?（今天是几月几日？）

答：It is 月份+日子。例：It is September 2nd.

What was the date yesterday?（昨天是几月几日？）

答：It was September 1st.

（昨天是9月1日。）

这里要注意序数词的读法，见表5-3。

表5-3　序数词读法

1~3	4~19	21~29	20~100
first 1st	fourth 4th	twenty-first 21st	twentieth 20th
second 2nd	fifth 5th	twenty-second 22nd	thirtieth 30th
third 3rd	sixth 6th	twenty-third 23rd	fortieth 40th
	seventh 7th	twenty-fourth 24th	fiftieth 50th
	eighth 8th	twenty-fifth 25th	sixtieth 60th
	ninth 9th	twenty-sixth 26th	seventieth 70th
	tenth 10th	twenty-seventh 27th	eightieth 80th
	eleventh 11th	twenty-eighth 28th	ninetieth 90th
	twelfth 12th	twenty-ninth 29th	hundredth 100th
	thirteenth 13th		
	fourteenth 14th		
	fifteenth 15th		
	sixteenth 16th		
	seventeenth 17th		

续表

1~3	4~19	21~29	20~100
	eighteenth　18th		
	nineteenth　19th		

每个月的1日、2日、3日分别读first、second、third，4~20日、24~30日按照表5-3所示读法，21日、22日、23日分别读为twenty-first、twenty-second、twenty-third，31日读为thirty first。

4. 航班号的读法

例如：CA1853可以读成C A one eight five three；HU7066可以读成H U seven zero six six。

5. 机型读法

例如：波音737-800读为Boeing seven three seven eight hundred；空客319读为Airbus three nineteen。

6. 温度读法

零上温度先读数字，然后读摄氏度。零下温度先读minus，然后读数字，最后加上摄氏度。

例如：2℃读为two degrees centigrade；-4℃读为minus four degrees centigrade或者four degrees centigrade below zero。

华氏温度的读法：

77华氏度读为seventy seven degrees Fahrenheit；-21华氏度读为twenty one degrees Fahrenheit below zero或者minus twenty one degrees Fahrenheit。

客舱英语广播是一门实践性很强的学问。对于民航客舱播音员来说，语言能力不等于播音技巧，播音技巧的提高不是一朝一夕的功夫，需要大量的理论知识和实践练习，只有在科学方法指导下，刻苦练习发音、朗读、演讲等，做到字正腔圆、声情并茂，培养英语语言表达能力，才能循序渐进、熟能生巧，掌握播音技巧，提高播音能力，为乘客创造一个温馨亲切的旅行环境，彰显高水准的行业形象。

任务三　民航客舱播音内容训练

一、客舱例行广播训练

（一）欢迎词

民航客舱欢迎词、欢送词的播音目的是欢迎、欢送乘客上下飞机，重点是表达热情友好之意，并介绍航程基本情况、安全须知、乘务组成员等。要求讲解清楚明白，态度热情友好，面带微笑，彬彬有礼。结束欢迎词的播音后，乘务员列队，鞠躬致意。

女士们、先生们：

欢迎您乘坐____航空公司____航班从____前往____（中途降落____）。由____至____的飞行距离是____千米。预计空中飞行时间是____小时____分。飞行高度____米，飞行速度平均每小时____千米。

为了保障飞机导航及通信系统的正常工作，在整个航程中请不要使用手机、遥控玩具等电子设备，在飞机起飞和下降过程中请不要使用手提电脑。

飞机很快就要起飞了，请您在座位上坐好，系好安全带，调直座椅靠背，收起小桌板，将您的随身物品安放在头顶上方的行李架内或前面座椅的下方。（本次航班全程禁烟，在飞行途中请不要吸烟。）

本次航班的乘务长将协同机上所有乘务员竭诚为您服务。祝您旅途愉快！

谢谢！

Ladies and gentlemen:

Welcome aboard____Airlines Flight____from____to____ (via____). The distance between ____and____is____kilometers. Our flight will take____hours and____minutes. We will be flying at an altitude of____meters and the average speed is____kilometers per hour.

In order to ensure the normal operation of plane navigation and communication systems, passengers are not allowed to use mobile phones, remote controlled toys and other electronic devices throughout the flight, the laptop computers are not allowed to use during take-off and landing.

We will take off immediately, please be seated, fasten your seat belt, put your seat back in the upright position, close the tray table, put your carry-on items in the overhead compartment or under the seat in front of you. (This is a non-smoking flight, please do not smoke on board.)

The purser and all crew members will be sincerely at your service. We hope you enjoy the flight!

Thank you!

（二）起飞后广播

这种播音的目的是介绍航线上的城市、山川河流，重点是表达清楚、明白，同时热情、有感情，起到导游的作用，为来自五湖四海的乘客做解说，丰富他们的旅行生活。

女士们，先生们：

我们的飞机已经离开____前往____。沿这条航线，我们飞经的省份有____，经过的主要城市有____，我们还将飞越____。

在这段旅途中，我们为您准备了午餐。我们将在供餐前通知您。下面将介绍客舱设备的使用方法。

今天您乘坐的是____飞机。

您的座椅靠背可以调节，调节时请按座椅扶手上的按钮。在您座椅的上方备有阅读灯开关和呼叫按钮。如果您需要帮助，请按呼叫按钮呼叫乘务员。

在您座位上方还有空气调节设备。通过调节气流旋钮，新鲜空气将进入或者关闭。洗手间在客舱的前部和后部。请不要在洗手间内吸烟。

Ladies and gentlemen:

We have left____for____. Along this route, we will fly over the provinces of____, pass the cities of____, and cross over____.

Lunch will been prepared for you during the journey. We will inform you before we serve it. Now we are going to introduce the use of the cabin devices.

This is a____aircraft.

The back of your seat can be adjustment of by pressing the button on seat armrest. The call button and reading light are above your seat. Press the call button to summon a flight attendant if you need help.

The ventilator is also above your seat. By adjustment of the airflow knob, fresh air will flow in or be cut off. Lavatories are located in the front and rear of cabin. Please do not smoke in the lavatories.

(三) 餐前广播

这种播音的目的是介绍飞机上提供的餐食及注意事项，重点是表达清楚、明白、热情、友好。

女士们、先生们：

我们将为您提供餐食、茶水、咖啡和其他软饮料，欢迎您选用。如果您需要用餐，请将小桌板放下。

为了方便其他乘客，在供餐期间，请您将座椅靠背调整到正常位置。

谢谢！

Ladies and gentlemen:

We will serve you meal with tea, coffee and other soft drinks, welcome to make your choice. If you need to have a meal, please put down the tray table.

For the convenience of other passengers, please return your seat back to the normal position during the meal service.

Thank you!

(四) 意见卡广播

这种播音的目的是征求意见，要说明目的、请求，语气要诚恳。

女士们、先生们：

欢迎您乘坐____航空公司航班，为了帮助我们不断提高服务质量，敬请留下宝贵意见，谢谢您的关心与支持！

Ladies and gentlemen:

Welcome aboard____Airlines flight, comments from you will be highly valued in order to improve our service. Thanks for your concern and support.

(五) 预定到达时间广播

这种播音的目的是报告到达目的地的时间，要说明数字，同时要留有余地。

女士们、先生们：

本架飞机预定在____分钟后到达____机场。现在地面温度是____摄氏度。

谢谢！

Ladies and gentlemen：

We will be landing at____Airport in about____minutes. The ground temperature is____degrees centigrade.

Thank you！

（六）下降时安全检查广播

这种播音的目的是提醒乘客注意安全，说明要具体、清晰，语言要庄重、规范、流畅。

女士们、先生们：

飞机正在下降。请您坐好，系好安全带，收起小桌板，将座椅靠背调整到正常位置。所有个人电脑及电子设备必须处于关闭状态。请确认您的随身物品妥善安放。稍后我们将调暗客舱灯光。

谢谢！

Ladies and gentlemen：

Our plane is descending now. Please be seated，fasten your seat belt，close the tray table and return the seat back to the normal position. All personal computers and electronic devices should be turned off. Please make sure that your carry-on items are securely stowed. We will dim the cabin lights later.

Thank you！

（七）到达机场广播

到达机场前要播送欢送词。播放欢送词的目的是欢送乘客下飞机，重点是表达感谢之意，并提醒乘客安全须知、行李提取、中转手续等事项，同时发出友好的邀请。要求讲解清楚明白，态度友好热情。

女士们、先生们：

飞机已经降落在____机场。当地时间是____。外面温度____摄氏度。飞机正在滑行，为了您的安全，请在座位上坐好。飞机完全停稳、安全带信号灯关闭后，请解开安全带，带齐随身物品准备下飞机。从行李架取物品时，请注意安全。您交运的行李请到行李提取处领取。中转的乘客请到候机室中转柜办理。

感谢您选择____航空公司班机！下次旅途再会！

Ladies and gentlemen：

Our plane has landed at____Airport. The local time is____. The temperature outside is____degrees centigrade. Please stay in your seat for your safety while the plane is taxiing. When the plane stops completely and the fasten seat belt sign is turned off，please unfasten the seat belt，take all your carry-on items and disembark. Please pay attention to safety when take items from the overhead compartment. Your checked baggage may be claimed in the baggage claim area. The transit passengers should go to the connection flight counter in the waiting hall and handle the procedures.

Thank you for selecting____Airlines flight for your travel！We look forward to serving you again！

（八）下机广播

这种播音的目的是指引乘客下飞机，要热情不减，始终如一。

女士们、先生们：

本架飞机已经完全停稳，请您从前登机门下飞机。

谢谢！

Ladies and gentlemen:

The plane has stopped completely, please disembark from the front entry door.

Thank you!

（九）延误广播

这种播音的目的是告知乘客飞机延误情况，需要说明原因、时间。要求准确、熟练，重点是说明原因，表达由衷的歉意。同时播音速度要稍慢，以安抚乘客急躁的情绪。

女士们、先生们：

本架飞机已降落在____机场，地面温度____摄氏度。我们对因恶劣天气/机械故障导致的飞机延误，深表歉意。在飞机完全停稳之前，请系好安全带。下飞机时，请您带齐所有随身物品。

感谢您乘坐班机，希望再次为您服务。

Ladies and gentlemen:

We have just landed at____Airport, the outside temperature is____degrees centigrade. We apologize for the delay of flight because of the bad weather /mechanical trouble. Please keep your seat belt fastened till the plane comes to complete standstill. Please take all your belongings when you disembark.

Thank you for flying with us and hope to have the pleasure of serving you again.

（十）夜航广播

这种播音的目的是提醒乘客注意安全，告知夜航服务特点，说明要具体、清晰，语言要庄重、规范、流畅。

女士们、先生们：

为了保证您在旅途中得到良好的休息，我们将调暗客舱的灯光。如果您要阅读，请打开座位上的阅读灯。为了防止气流变化而引起的突然颠簸，请您在睡觉期间系好安全带。如果您需要我们帮助，请按呼叫按钮。请保持客舱安静，感谢您的合作。

谢谢！

Ladies and gentlemen:

To ensure a good rest for you on the trip, we will dim the cabin lights. If you want to read, please turn on the reading light above your seat. When you are sleeping, please keep your seat belt fastened to prevent sudden turbulence caused by changes in airflow. If there is anything we can do for you, please press the call button for service. Your cooperation in keeping the cabin quiet will be appreciated.

Thank you!

二、客舱临时广播训练

除了客舱例行广播词，还有出现临时情况时进行的临时广播，需要客舱乘务员随机应变、灵活掌握。紧急情况一般由乘务长亲自播音。

(一) 禁止使用电子设备广播

这种播音的目的是提醒乘客注意安全，说明要具体、清晰，语言要庄重、规范、流畅。

女士们、先生们：

为了保证飞行安全，请您在飞机上不要使用下列物品：手机、个人电脑、遥控玩具、调频收音机等电子设备。

谢谢您的合作！

Ladies and gentlemen:

In order to guarantee safety, please do not use the following items on board: mobile phones, personal computers, remote controlled toys, frequency modulation radios and other electronic devices.

Thank you for your cooperation.

(二) 停机位置广播

这种播音的目的是告知乘客停机位置情况，要求准确、熟练，重点是说明原因、时间，表达由衷的歉意。同时播音速度要稍慢，以安抚乘客急躁的情绪。

女士们、先生们：

我们非常抱歉地通知您，由于机场繁忙，我们需在此等待航空管制塔台进港的命令。请各位在飞机上休息等候，请不要吸烟。

谢谢您的合作！

Ladies and gentlemen:

We are sorry to inform you that due to the busy situation of this airport, we have to wait orders from the air traffic control tower to arrive at the airport. Please wait on the plane and refrain from smoking during this period.

Thank you for your cooperation.

(三) 寻找医生广播

这种播音的目的是寻求医生帮助，需要说明病人情况、请求事项。重点是说明情况。要求表达准确、清楚。

女士们、先生们：

现在飞机上有一位重病人。乘客当中哪一位是医生或护士，请您马上按下呼叫按钮与我们联系。

谢谢！

Ladies and gentlemen:

There is a critically ill patient on board. If there is a doctor or a nurse on this flight, please contact us by pressing the call button immediately.

Thank you!

（四）使用救生衣广播

这种播音的目的是说明救生衣的使用方法、要求。重点是说明使用方法、要求，特别是要求，一定要表达准确、清楚、简洁、果断。

女士们、先生们：

我们将要介绍救生衣的用法。空姐将展示如何穿救生衣。请照着她的示范做。

救生衣放置在您座椅下面。请您取出经头部穿好，拉紧带子环绕腰部扣好，系紧带扣。请不要在客舱内充气。当飞机着陆停稳后，在空乘人员指示下，下飞机前请您用力拉开救生衣充气阀门，迅速给救生衣充气。

谢谢！

Ladies and gentlemen:

We would like to explain the use of the life vest. A stewardess will demonstrate how to put on the life vest. Please do the same after her demonstration.

The life vest is located under your seat. Please take it out, slip it over your head, put it on, pull the straps tight around your waist and fasten the buckles. Do not inflate in the cabin. After the airplane comes to stop, following the instructions of the cabin attendant, please immediately inflate the vest by pulling the inflation tabs strongly before leaving the plane.

Thank you!

（五）氧气面罩、安全带、应急出口介绍广播

这种播音的目的是告知乘客氧气面罩、安全带、应急出口使用方法，重点是说明操作步骤、要领。要求准确、熟练、严肃、认真。

女士们、先生们：

现在我们向您介绍氧气面罩、安全带的使用方法及应急出口的位置。

氧气面罩放置在您座椅上方，发生紧急情况时，面罩会自动脱落。氧气面罩脱落后，用力拉面罩，将面罩罩在口鼻处，把带子套在头上进行正常呼吸。几秒钟后，氧气就开始流动。

在您座椅上两侧备有两条可以环绕腰部对扣起来的安全带。当飞机在滑行、起飞、颠簸和着陆时，请您系好安全带。如果要松开安全带，请抬起卡扣的顶板。

本架飞机共有 4 个紧急出口，分别位于前部、后部和中部。在客舱通道上以及出口处还有紧急照明指示灯，紧急撤离时，请根据指示灯撤离。安全说明卡片在您前面座椅后背的口袋内，请您尽早阅读。

谢谢！

Ladies and gentlemen:

We are now explaining the use of the oxygen mask, seat belt and the location of the exit.

The oxygen mask is in the compartment above your seat, it will drop automatically in emergency. After the oxygen mask falls off, pull the mask firmly, cover your nose and mouth with it, slip the band over your head and breathe normally. Oxygen will begin to flow after a few seconds.

There are two belts on the sides of your seat that can be buckled together around your waist. Please keep them fastened while the plane is taxiing, taking off, in turbulence and landing. To unfasten the seat belt, lift up the top plate of the buckle.

Four emergency exits are located in the front, the rear and the middle sections. Please follow the emergency lights that are on the cabin passage and the exits in emergency evacuation. You will find safety instruction card in the seat back pocket in front of you, please read it as quickly as possible.

Thank you!

(六) 客舱安全检查广播

这种播音的目的是告知乘客安全检查事项，重点是说明操作内容、要求。要求准确、熟练、严肃、认真。

女士们、先生们：

现在我们正在进行客舱安全检查。请您收起小桌板、调直座椅靠背、打开遮光板、系好安全带。

本次航班为禁烟航班。在客舱和盥洗室中禁止吸烟。严禁损坏盥洗室的烟雾探测器。

谢谢！

Ladies and gentlemen:

Now we are conducting a cabin safety check. Please close the tray table, put your seat back in the upright position, open the window shade and fasten your seat belt.

This is a non-smoking flight. Smoking is not permitted in the cabin or lavatories. Do not damage the smoke detector in the lavatories.

Thank you!

(七) 航空管制广播

这种播音的目的是告知乘客航空管制情况，重点是说明情况、要求。要求准确、熟练、流畅。

女士们、先生们：

由于空中交通繁忙，本架飞机不能按时起飞。我们将等待航空管制塔台起飞的命令。请您在座位上等候。我们将随时告诉您最新情况。

谢谢！

Ladies and gentlemen:

The plane couldn't take off on time because of heavy air traffic. We are now waiting for departure clearance from the air traffic control tower. Please wait in your seat. We will keep you updated on the latest situation.

Thank you!

（八）客舱失密广播

这种播音的目的是告知乘客客舱释压时的自救措施，重点是说明操作步骤、要领。要求准确、熟练、严肃、认真，同时保持镇定，以免引起乘客恐慌。

女士们、先生们：

现在飞机客舱失密，正在紧急下降。请系好安全带，保持冷静。当您看到氧气面罩脱落后，请您用力拉面罩，将面罩罩在口鼻处，进行正常呼吸。请不要走动。

谢谢！

Ladies and gentlemen:

The plane is now descending due to decompression in cabin. Please fasten your seat belt and remain calm. When you see the oxygen mask drop automatically, pull the mask firmly strongly, cover your mouth and nose and breathe normally. Please don't move around.

Thank you.

（九）有病人备降广播

这种播音的目的是告知乘客有病人备降的情况，重点是说明情况、请求，并表达歉意。要求准确、熟练、诚恳。

女士们、先生们：

我们很遗憾地通知您，现在飞机上有一位重病人。虽经过我们努力抢救，但这位病人的病情仍然非常严重。机长决定备降____机场，我们将在____小时____分钟到达。

对给您造成的不便，我们全体机组人员深表歉意。感谢得到您的谅解和支持。

谢谢！

Ladies and gentlemen:

We regret to inform you that there is a critically ill patient on board. Despite our efforts to save the patient, his condition is still very serious. The captain decides to make an emergency landing at ____airport. We expect to arrive there in____hour (s) and____minute (s).

We apologize for any inconvenience. Thank you for your kind support and understanding.

Thank you.

三、节假日与贵宾客舱广播训练

在遇到节假日及在贵宾客舱广播时，要用浓重的爱的情感和喜的情感，表达热情、温馨的情绪，让乘客感受到浓浓的节日气氛。

（一）新年欢迎词

女士们、先生们：

新年好！机长和全体机组人员欢迎您乘坐____航空公司的班机前往____（中途降落____）。

今天是新年的第一天，我代表全体机组向您送上一份最真挚的祝福，期盼您的每一天，都有幸福的陪伴。花儿散播芬芳，友谊传递温暖。让我们在这喜庆的氛围中共度这一美好时刻。衷心地祝您在新的一年里身体健康、万事如意。

飞机很快就要起飞了，请您坐好，系好安全带，并把小桌板和座椅靠背调整到正常位置。

本次航班共有____位乘务员。如需帮助，请您随时呼叫。祝您旅途愉快！

谢谢！

Ladies and gentlemen,

Happy New Year to you all. The captain and the crew would like to welcome you aboard ____ Airlines flight to____ (via____).

Today is the first day of the New Year. On behalf of all the crew, I would like to send you the most sincere wishes and hope that you will have happy companionship every day. Flowers spread fragrance, friendship spreads warmth. Let's spend this wonderful moment together in this festive atmosphere. Sincerely wish you good health and all the best in the new year.

We are in preparation for take-off, please take your seat, fasten seat belt and adjust the tray table and seat back to the normal position.

There are____cabin attendants. If there is anything we can do for you, please feel free to call us. Wish you a pleasant journey!

Thank you!

（二）元宵节

女士们、先生们：

今天是元宵佳节，我们很高兴在这愉快的节日气氛中为您提供服务。元宵节是我国的传统佳节，在元宵节这一天最具代表性的就是赏花灯和吃元宵。我们为大家也准备了元宵，希望这香甜的元宵能带给您一份轻松和温馨。稍后供应时，我们将通知您。祝大家旅途愉快！

谢谢！

Ladies and gentlemen:

Today is the Lantern Festival, we are very happy to serve you in this happy festive atmosphere. The Lantern Festival is a traditional festival in China, the most representative parts of the Lantern Festival are to enjoy lanterns and eat Yuanxiao. We have prepared Yuanxiao for you, hoping it will bring you ease and warmth. We will make announcement when it is available. Wish you a pleasant trip!

Thank you!

（三）端午节

女士们、先生们：

今天是我国的传统佳节端午节。相传端午节是为了纪念屈原这位爱国诗人而流传下来的节日，已经有两千多年的历史了。在这一天我国各地都有很多的民俗活动，最有代表性的就数赛龙舟和吃粽子。端午节是一个十分重要的节日，已经被列入第一批国家级非物质文化遗产名录。本次航班的机组为大家准备了粽子，希望大家有一个轻松、舒适的旅途。

谢谢！

Ladies and gentlemen:

Today is the traditional Dragon Boat Festival in China. It is said that the Dragon Boat Festival is a festival passed down in memory of Qu Yuan, a patriotic poet, which has a history of over two thousand years. On this day, there are many folk activities all over China, the most representative ones are dragon boat racing and eating Zongzi. The Dragon Boat Festival is a very important festival, which has been included in the first batch of national intangible cultural heritage lists. The crew of this flight have prepared Zongzi for you, hoping that you will have a relaxed and comfortable journey.

Thank you!

（四）国庆节

女士们、先生们：

今天是我们伟大祖国的生日，让我们一起祝愿我们的祖国更加繁荣昌盛。

我们为您准备了午餐及各种饮料。供应时，我们将通知您。

祝您旅途愉快！

Ladies and gentlemen:

Today is the birthday of our great motherland, let us wish our country has more prosperity.

We have prepared lunch with beverages for you. We will make announcement when they are available.

Wish you a pleasant trip!

（五）中秋节

女士们、先生们：

今天是我国传统的中秋佳节。在这里我代表全体机组成员向您说一声，中秋快乐。中秋节是我国的一个古老节日。人们在中秋这一天都有吃月饼的习俗。八月十五月正圆，中秋月饼香又甜。我们为各位旅客准备了月饼，希望能给您带来轻松和温馨。祝您旅途愉快。

谢谢！

Ladies and gentlemen:

Today is the traditional Mid Autumn Festival in China. On behalf of all the crew members, I would like to say Happy Mid Autumn Festival! It is an ancient festival in China. People have the custom of eating moon cakes on Mid Autumn Festival. The moon is beautiful and the moon cake is sweet on August 15th in the lunar calendar. We have prepared moon cakes for all passengers, hoping to bring you relaxation and warmth. Wish you a pleasant journey.

Thank you!

(六) 专机欢迎词

尊敬的主席及贵宾们:

我代表全体机组热烈欢迎您乘坐____航空公司的专机前往____(中途降落____)。能为您提供服务感到非常荣幸。飞机很快就要起飞了,请您坐好,系好安全带,并把小桌板和座椅靠背调整到正常位置。

全体机组人员将为您提供安全和舒适的服务。如果您需要帮助,请您随时呼叫。祝您旅途愉快!

谢谢!

Respected chairman and respected guests:

On behalf of all the crew members, I would like to welcome you aboard____Airlines flight to ____(via____). we are honored to be at your service. We are in preparation for take-off, please take your seat, fasten seat belt and adjust the tray table and seat back to the normal position.

The entire cabin crew is here for your safety and comfort. If there is anything we can help you, please don't hesitate to call us anytime. Wish you a pleasant trip!

Thank you!

(七) 各国使节欢迎词

尊敬的各国使节:

我代表全体机组热烈欢迎您乘坐中国____航空公司的班机前往____(中途降落____)。能为您提供服务我们感到非常荣幸。

飞机很快就要起飞了,请您坐好,系好安全带,并把小桌板和座椅靠背调整到正常位置。

全体机组人员将为您提供安全和舒适的服务。如果您需要帮助,请您随时呼叫。祝您旅途愉快!

谢谢!

Respected ambassadors from various countries:

On behalf of all the crew members, I would like to welcome you aboard____Airlines flight to ____(via____). we are honored to be at your service.

We are in preparation for take-off, please take your seat, fasten seat belt and adjust the tray table and seat back to the normal position.

The entire cabin crew is here for your safety and comfort. If there is anything we can help you, please don't hesitate to call us anytime. Wish you a pleasant trip!

Thank you!

（八）劳务专家欢迎词

女士们、先生们：

欢迎您乘坐____航空公司的班机前往____（中途降落____）。您远离祖国亲人，在援外期间辛苦了！我代表全体机组向您表示最亲切的问候。能为您提供服务感到非常荣幸。

飞机很快就要起飞了，请您坐好，系好安全带，并把小桌板和座椅靠背调整到正常位置。

全体机组人员将为您提供安全和舒适的服务。如果您需要帮助，请您随时呼叫。祝您旅途愉快！

谢谢！

Ladies and gentlemen:

Welcome you aboard____Airlines flight to____ (via____). Being far away from motherland and family members, you have worked hard during your foreign aid period! On behalf of the entire crew, I extend my warmest greetings to you. We are honored to be at your service.

We are in preparation for take-off, please take your seat, fasten seat belt and adjust the tray table and seat back to the normal position.

The entire cabin crew is here for your safety and comfort. If there is anything we can help you, please don't hesitate to call us anytime. Wish you a pleasant trip!

Thank you!

（九）专机落地后广播

尊敬的首相阁下、尊敬的代表团贵宾们、女士们、先生们：

本架飞机已经降落在____机场，外面温度为____摄氏度。等飞机完全停稳后，再请您解开安全带、带好全部手提物品准备下飞机。

对您给予我们工作上的帮助，我们表示衷心感谢，并欢迎您再次乘坐____航空公司的班机。

祝您身体健康，下次旅途再会。

谢谢！

Respected prime minister, respected guests of the delegation, ladies and gentlemen:

Our plane has just landed at____airport. The outside temperature is____degrees centigrade. Please unfasten your seat belt and take all your belongings for disembarking after the plane stops completely.

We would like to thank you for your work assistance, you are welcome to take the____Airlines flight again.

Wish you good health and see you again on your next trip.

Thank you!

【小贴士】

其他节日的客舱广播词

(1)“三八”妇女节。

尊敬的各位旅客，美丽的女士们：

你们好！

今天是国际劳动妇女节，是属于我们女性的节日。在这里，我们乘务组全体成员特别向今天航班中的女性朋友们致以衷心的问候！祝您健康、美丽、快乐！

(2)“五一”劳动节。

亲爱的旅客朋友们：

今天是国际劳动节，是所有劳动者的节日，我们全体机组人员在这里向大家致以崇高的敬意和节日的问候！同时，今天还是“五一”黄金周的开始，祝您和家人度过一个轻松愉快的假期！

(3)“六一”儿童节。

亲爱的旅客朋友们：

今天是国际儿童节，是所有小朋友的节日。在这里，我们向今天航班上的各位小朋友致以节日的问候，希望你们健康成长，快乐地度过每一天！

(4)“八一”建军节。

亲爱的旅客朋友们：

今天是“八一”建军节，我们全体机组人员向今天航班上所有的军人致以崇高的敬意和节日的问候！

(5)教师节。

亲爱的旅客朋友们：

今天是教师节。“尊师重教”历来是我们中华民族的传统美德，在这里，我们机组全体人员向今天航班上所有的教育工作者致以深深的敬意和节日的问候！祝老师们工作顺利，身体健康！

作为民航服务的重要组成部分、信息传播的重要工具，客舱播音展示了企业的文化与形象，展示了整个乘务组的综合素质，也为航空公司在服务、安全与管理方面给乘客留下了美好的印象。播音是一种交际工具，客舱播音员在播报服务中，只有以真诚的态度、娴熟的播音技巧、高超的播音水平和全面的整体素质才能赢得乘客的好感与信任。

课后练习

1. 填空题

（1）民航客舱播音按内容分为________、________两部分。前者包括________、餐饮服务广播等。后者包指________、________、紧急情况处理广播等。

（2）民航客舱播音同一内容使用________和________对应播音。

（3）广义备稿是指平时我们不断地________；狭义备稿是指________的准备。

（4）民航客舱播音员要做到________、迅速、________、精细地备稿。

（5）“备稿六步”是指备稿的________、概括主题、________、明确目的、________和确定基调 6 个步骤。

（6）在话筒前播音时，无论是站姿还是坐姿，一定要做到________、________、两肩放松。

（7）播音员在进行英语播音时有________的地方要停顿，________之间，即词组、短语、从句之间也要停顿。

（8）英语的基本语调分为________和________。

（9）播音员在进行英语播音时，句子中________、________、代词、形容词和副词等实词一般要重读。

2. 判断题

（1）播音员在进行英语播音时，句子结尾一般用升调。（ ）

（2）播音员在进行英语播音时还要学会连读，第一个单词末的元音和第二个单词首的辅音连读。（ ）

（3）播音员在进行英语播音时，句子中的虚词一般要求重读。（ ）

3. 思考题

（1）民航客舱播音有何特点？

（2）民航客舱广播用语的一般要求是什么？

（3）为什么要备稿？

（4）怎样理解广义备稿？

（5）民航客舱播音员应如何备稿？

（6）怎样才能调整好播前状态？

（7）客舱英语广播的基本构成是怎样的？

（8）客舱英语广播有何语言特征？

（9）民航客舱英语播音有哪些技巧？

（10）民航客舱例行广播有哪些？

（11）民航客舱临时广播有哪些？

4. 训练题

（1）模仿下列情节，拟写广播词并练习。

某航班在飞行中发生紧急情况，一位带着两个孩子的母亲向机组求助，她怀中还不足 3 岁的孩子突然出现异常情况：抽搐、呼吸困难，需要广播求助。

（2）请练习播报本项目中的民航客舱广播词并录音，然后回放录音，找出不足并努力克服。

5. 党的二十大报告播报

构建人类命运共同体是世界各国人民前途所在。万物并育而不相害，道并行而不相悖。只有各国行天下之大道，和睦相处、合作共赢，繁荣才能持久，安全才有保障。中国提出了全球发展倡议、全球安全倡议，愿同国际社会一道努力落实。中国坚持对话协商，推动建设一个持久和平的世界；坚持共建共享，推动建设一个普遍安全的世界；坚持合作共赢，推动建设一个共同繁荣的世界；坚持交流互鉴，推动建设一个开放包容的世界；坚持绿色低碳，推动建设一个清洁美丽的世界。

我们真诚呼吁，世界各国弘扬和平、发展、公平、正义、民主、自由的全人类共同价值，促进各国人民相知相亲，尊重世界文明多样性，以文明交流超越文明隔阂、文明互鉴超越文明冲突、文明共存超越文明优越，共同应对各种全球性挑战。

我们所处的是一个充满挑战的时代，也是一个充满希望的时代。中国人民愿同世界人民携手开创人类更加美好的未来！

课程思政指南

民航客舱播音课程思政教学设计

（1）强化安全意识，树立职业责任感。通过客舱中英文安全播音的练习和实操强化学生安全观念，培养学生精益求精的工作态度和一丝不苟的严谨作风及不断探索、创新的精神，使学生能够树立高度的责任感。尤其使学生明白安全意识是每位民航人所应具备的。时刻将生命放在首位，尊重生命，敬畏生命，将安全作为工作的第一准则。

（2）在教学中通过对世界各地概况、航线地理知识，以及旅游景点的介绍，让学生了解各地文化历史特色，培养学生对民航空中乘务职业的热爱，更自信地进行空中播音，而优质的航空播音能够直接展示独具特色的航空企业文化形象。

（3）面向空乘专业学生组织“客舱广播词大赛”等技能赛事，参与“客舱广播词大赛”等技能赛事，以赛促学，夯实学生的专业知识，提升学生的中英文广播词播报能力、普通话运用能力等。通过鼓励学生积极参与各项赛事，提升心理抗压能力，锤炼思维品质，为成为优秀民航职业人奠定良好的基础。

电子活页：计算机辅助普通话水平测试指南

一、什么是计算机辅助普通话水平测试

二、计算机辅助普通话水平测试总体流程

三、计算机辅助普通话水平测试具体流程

四、计算机辅助普通话水平测试相关问题解答

学生工作页（五）

计算机辅助普通话水平测试指南					
任务一	明确什么是计算机辅助普通话水平测试				
任务二	明确计算机辅助普通话水平测试总体流程				
任务三	把握计算机辅助普通话水平测试具体流程				
任务四	明确计算机辅助普通话水平测试相关问题解答				
班　级		学　号		姓　名	

学生自评
我的心得：   建议或提出问题：

教师评价

项目六

高铁乘务播音训练

> 我们的高铁乘务服务是贯穿全程的，要语言到位、微笑到位、卫生到位、设备到位，其核心是为旅客提供更加人性化的服务。
>
> ——一名高铁乘务员

学习目标

明确高铁乘务播音的特点，掌握铁路客运播音基本要求和动车组列车广播人员作业要求；掌握高铁乘务播音的常用基础广播词、安全服务广播词和应急广播词，并能够实现完美播报。

项目导入

用声音温暖旅客三十载的“喇叭姐”

“旅客您好，经过21小时40分的运行就要到达本次列车的终点站青岛北，请您提前……”在K1286次列车广播甜美的提示声中，列车缓缓驶入青岛北站。

“喇叭姐”按下播放机器的开关，代表着她工作生涯中的最后一次播报也到此结束了。在走出广播室的那一刻，她回过头从上到下仔细看了一遍那间不足2平方米的播音室，感受到有一种抽丝般的痛苦，心里还是不舍！

“喇叭姐”叫夏秋，是青岛客运段银川五组的一名列车广播员，今天就要退休了。当她走下列车，一向爱说爱笑的“喇叭姐”竟然泪光闪烁。

从事列车播音30年，这间不大的播音室，承载了她太多的记忆。广播员不能离岗，要准时准点地预报到站站名及停车时间、离站站名及前方站名。播音室里陈设简单，一台列车广播机和一本记满了播音材料的笔记。笔记本上整齐地书写着该趟列车所停站点的具体时间以及需要播报的所有文字材料。干了30年广播员的她，虽然这些内容都印在脑子里了，但她还是认真记录下来作为提示。列车到站、温馨提示，很长一段时间，旅客正常地上下车都离不开列车“喇叭”的声音。记得有一次水害影响列车晚点6个多小时，为了安抚旅客，除了夜里停止播音，她白天基本上每隔15分钟至20分钟就会播报列车运行最新动态，并向大家致歉，到站时声音已嘶哑。

“班组有一‘老’，如有一‘宝’”。列车长曹剑说，其实夏秋的角色不仅是列车广播员，还是班组职工的大姐姐。有的乘务员在车上不小心把衣服刮破，只要跟她说一声，她就会帮助细心缝补。班组职工有困难，她都会积极想办法帮助解决，被大家亲切地称为“喇叭姐”。这趟车是她最后一次值乘，整个班组的乘务员对她都依依不舍。

夏秋没有遗憾，她用声音陪伴了30年的旅客回家路，唤起了千万旅客对家的思念。①

列车乘务播音是铁路客运服务的重要组成部分。高铁播音员对播音技巧的运用，主要体现在语言的综合表达能力上，它要求播音员除了能够用标准的普通话，还要能够熟练使用播音技巧、掌握播音要求，并通过大量的播音训练来完成常用通告语、应急用语等一系列高铁播音，这种能力的高低不仅能够体现高铁客运服务水准，还会影响旅客对高铁客运服务的印象。

任务一　高铁乘务播音的特点和要求

高铁乘务播音是指高铁乘务人员在高铁上通过广播设备进行信息传播的活动。只有把握其特点和要求，高铁列车播音人员才能更好地胜任播音工作。

一、高铁乘务播音的特点

微课堂

高铁乘务播音的特点

高铁乘务播音是对生活中口语的规范、提炼和升华，要求准确、亲切、自然、动听及感染力强等，其特点具体可归纳为以下几点。

（一）发音准确，吐字清晰

播音时，要求发音准确，内容无误，吐字清晰流利。如果声音不清晰、不连贯，就会给人以含混不清、吞吞吐吐的感觉，从而影响信息的传递。

（二）语速适宜，节奏流畅

高铁乘务播音要抓住播音内容的特点，使语速适宜，缓急结合，节奏流畅和谐。如果语速过快，就会显得急促，旅客有可能会听不清楚；如果语速过慢，就会显得拖拖拉拉，旅客极有可能会听得心急。

（三）语调轻重适宜

高铁播音员要根据旅客所需和当时的环境特点，依据不同的内容传达不同的思想感情，分出轻重缓急，分清抑扬顿挫。播音时，语调太重，会使旅客觉得服务人员的态度不好、服务质量差；语调太轻，会使旅客觉得服务人员不重视自己、没有礼貌。

高铁乘务播音如图6-1所示（图片来源：http：//www.china.com.cn/newphoto/2016-09/14/content_39301086.htm）。

① 毛道光，侯继荣．列车广播员夏秋的最后一次暑运：用声音温暖旅客三十载终有告别时［EB/OL］．（2019-08-04）．［2023-05-10］．https：//baijiahao.baidu.com/s？id=1640911314992725643&wfr=spider&for=pc.

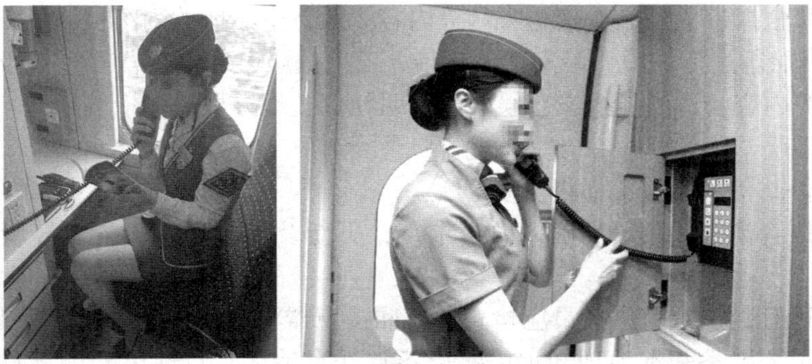

图 6-1　高铁乘务播音

二、高铁乘务播音的要求

对于高铁乘务播音要求，我们主要从铁路客运播音基本要求和动车组列车广播人员作业要求两方面做介绍。

（一）铁路客运播音基本要求

2014 年 7 月 7 日，《铁路旅客运输服务质量规范》由中国铁路总公司（现改制为中国国家铁路集团有限公司，简称国铁集团）公布，自 2015 年 1 月 1 日起实行。《铁路旅客运输服务质量规范》中涉及广播工作的内容如下。

1. 铁路客运广播岗位人员要求

（1）广播员应有一定的文字编撰水平，经过广播业务技术培训合格。

（2）列车广播员（含兼职）从事列车乘务工作满 1 年。

2. 广播场所、广播设备管理规范

（1）动车组列车在广播室设有“动车组旅客广播信息服务系统”，它由信息显示、车内标识、列车运行信息、自动报站、列车广播、列车电视、列车通话等子系统构成。

（2）乘务员室、广播室等不准有非值乘人员乘坐，乘务员室、广播室离人加锁。广播室严禁开着门播音。

小贴士

为什么要遵守“广播室离人加锁”的规定

3. 广播所需播音资料规范

（1）广播资料由铁路局宣传部门、客运部门组织编写、审定，途中的临时稿件由列车长审定，广播宣传重点交列车长审阅并加指导性批语。

（2）与广播工区办理交接，对广播机械进行试验，检查广播线路、喇叭，发现故障立即通知维修人员修复。

（3）各种资料按规定标准配置，资料备品定位，时钟挂在广播室墙壁上。广播室干净清洁，不准存放与工作无关的私人物品。

4. 播音业务规定

（1）使用普通话播音。广播常播内容（可做录音化处理）使用普通话播音，经停少数民族自治地区车站的列车可根据需要增加当地通用的民族语言播音。

（2）广播内容以方便旅行生活为主。始发前，播放旅客引导、行李摆放提示、列车情况介绍，以及禁止携带危险品、禁止吸烟等内容。运行中，播放列车设施设备、旅客安全须知、旅行常识、旅行生活知识、治安法制宣传、卫生健康、餐售经营等宣传及前方停站、到站信息预播报等内容，适当插播文艺娱乐、文明礼仪、地方概况、沿线风光、民俗风情、广告等节目。

（3）列车停站信息预报、播报及时。

（4）广播语音清晰，用语准确，内容丰富，更新及时，形式多样，健康活泼，不干扰旅客正常休息。

（5）音量适宜，出乘前广播员应检查各车厢扬声器状态，将音量调整适当。

（6）广播员要熟悉基本地理知识，熟记各省（自治区、直辖市）的名称、简称，以及大中城市的名称，熟悉容易混淆的铁路车站站名，掌握时间、数字、车次及车种的标准读法，避免误读。

（二）动车组列车广播人员作业要求

1. 坚持原则

动车组列车广播工作应坚持全心全意为人民服务的原则，坚持同党中央宣传口径保持一致的原则，坚持思想性、艺术性、计划性、针对性的原则。广播宣传口径要以中央报刊文章和中央人民广播电台的稿件为准。广播资料用语由铁路局编号、统一使用，自编用语报客运段审批，临时用语由列车长审批。

2. 制订计划

广播员在每次出乘前都要制订《广播计划》。计划的内容包括列车运行全过程中的播音项目、播出时间及节目内容，即对乘务中各阶段、各区间的播音内容作详细安排。制订计划的依据是当前上级对广播工作的要求、本车次线路作业过程、广播作业过程、上一趟乘务中旅客等对广播工作的意见与建议。列车长必须检查广播计划，指出播音要点，批准广播人员按计划执行。

3. 把握内容

动车组列车运行时间在 3 小时以内的，一般只播迎送词、服务设备介绍、安全提示、站名和背景音乐；运行时间超过 3 小时的，可在不干扰旅客休息的前提下，适当增加播放内容。列车旅客信息服务及影音播放系统播放的内容应由客运部门提供，由车辆部门录入。

列车运行中除计划播音，还可以根据实际情况，灵活、机动地穿插相关内容。例如，客流大时要做好列车超员、互相让座的宣传；临时停车时要做好维护秩序宣传；列车晚点 30 分钟及以上时应代表列车长向旅客道歉；节假日期间做好防火、防爆安全宣传；广播找人、寻医；遇有其他突发情况做好稳定旅客情绪的宣传等。

广播应经常向旅客宣传铁路旅行常识，使广大旅客了解铁路运输知识，自觉遵守铁路规章制度。为了防止旅客坐过站或下错车，应及时通告停车站站名和到开时刻。应报三次中间停车站站名，即开车后预报第一次、进站前预报第二次、列车到站停稳后报第三次。

为了方便旅客就餐和使用卧铺，应通过广播准确介绍餐车供应和剩余卧铺发售情况。餐车供应通告，应包括餐食供应时间、品种、售价，餐车位置等信息。剩余卧铺通告，应介绍发售的车厢、位置，做到公开发售。

“动卧列车”清晨第一次播音应介绍洗漱设备的使用方法，宣传节约用水，提醒旅客不要遗忘贵重物品等。夜间停止播音前要重点介绍安全注意事项、夜间停站预告及注意防盗等事项。

动车组列车广播，既要进行时事宣传和业务通告，也要播放文艺节目。由于列车广播的听众是广大旅客，旅客的年龄、职业、籍贯、文化程度、旅行目的不同，兴趣、爱好也千差万别，广播人员应经常研究旅客心理、开动脑筋，使节目形式灵活多样、生动活泼，节目内容丰富多彩，兼顾大多数旅客的兴趣和需要。

【小案例】

四代列车广播员：声音里的时代变迁

国庆黄金周期间，各地迎来旅游、探亲等出行客流高峰，一趟趟列车奔驰在祖国大地。车厢里，不时响起的列车广播，成为旅途的温馨陪伴，这声音的背后有着时代的变迁。

“我 1974 年担任列车广播员时，南宁至北京，往返需要 6 天，那时车速相对慢，列车广播节目特别受欢迎。”今年 70 岁的刘燕琼对早年工作场景记忆犹新，一台灰白色的唱片广播机，一沓厚厚的自制剪报以及一个裹着红布的有线话筒，是车厢“迷你”广播室的必备。

“虽然工作空间不大，但是我们传递的内容却包罗万象。”刘燕琼说，除乘车信息、安全事项等内容外，很多广播节目由广播员自编自排。为丰富旅客的旅途时光，广播员利用休息时间，广泛搜集新闻资讯、曲艺相声、生活小贴士等素材，分门别类做好编排，并反复练习。

从 20 世纪 90 年代起担任列车广播员的饶立嘉出身铁路家庭，她说，当时新型内燃机车逐步取代旧式火车，不仅车速提升，车内各项设施也得到改善。

列车更新换代，人们的生活水平也在逐步提升。“不同时期，列车广播内容变化大，比如外出旅游的人越来越多，沿途美景、美食介绍就更加丰富。”在饶立嘉家中的书柜里，自制剪报已堆了 10 本。在她看来，车厢里播报内容的变化和车厢外日新月异的城乡风貌，都是时代发展的生动注脚。

进入 21 世纪，铁路线更趋繁忙。在技术更新换代中，空调列车逐渐普及，广播设备由磁带机变成 CD 机，自制剪报逐渐退出舞台，一些内容较多、时间较长的广播节目由广播员提前录制，上车后再按时播放。

徐卓辉在 2000 年至 2006 年担任列车广播员，是当时为数不多的男性列车广播员之一。他说，随着手机、MP3 等电子产品的出现，旅客的娱乐休闲方式有了更多选择，但列车广播服务依旧发挥着不可或缺的作用。

“比如，遇到旅客突发疾病，我们要马上通过广播寻找列车上的医护人员，第一时间开展救治。”徐卓辉说，为方便残疾旅客，部分列车还压缩广播室面积，腾出一个专门供残疾旅客使用的空间。每到中秋、春节等传统佳节，列车工作人员还会策划节目和活动，给旅客送上节日祝福。

进入高铁时代，一条条铁路线不断开通，中国高铁路网越织越密。与此同时，列车广播方式也在不断调整，“无干扰”旅途播报服务广泛铺开。自 2019 年 4 月起，在中国铁路南宁局集团有限公司担当值乘任务的动车上，一个女孩成为旅客“最熟悉的陌生人”。

这个女孩叫李牧洵，是一名“90 后”铁路职工。“现在许多动车、高铁不再设置广播员岗位，城市简介、到站信息、安全提示等列车广播都是我提前录制的，由乘务员负责播放。”李牧洵说，列车广播方式和内容不断调整，核心一直是为旅客提供更加人性化的服务。

在不同的时空，一代又一代列车广播员用声音温暖广大旅客，他们的声音也为时代留声。①

任务二　客运广播词播音练习

一、常用基础广播词播音练习

（一）检票

检票的通告语一般为：

旅客们请注意，G××次列车已经开始检票，有乘坐本次列车的旅客请检票进站。进站后，不要在站台上奔跑，请按照车厢号排队，不要越过安全白线，注意安全。

（二）列车始发前

列车始发前的通告语一般为：

女士们、先生们，列车就要开车了，站在车门附近的旅客，请到车厢里边按座位号就座，车门即将关闭，请不要倚靠车门，注意安全。

（三）列车始发

列车始发的通告语一般为：

欢迎乘坐G××次列车，我们全体乘务员将竭诚为您服务，衷心祝愿大家旅行愉快、一路平安！

（四）列车途中

1. 禁止吸烟的通告语

列车禁止吸烟的通告语一般为：

各位旅客你们好，本次列车全列禁烟，为了您和他人的安全，请不要在列车任何区域内吸烟，感谢您的配合。（或“本次列车全列禁止吸烟，感谢您的配合”）

2. 途中预报站名的通告语

列车途中预报站名的通告语一般为：

列车运行前方停车站为××站，正点到达××站的时间是××时××分，停车××分，下车的旅客请提前整理好行李物品，做好下车准备。（或“列车马上到达××站，有下车的旅客，请做好下车准备，随身携带的行李物品请不要遗忘在车上”）

---

① 徐海涛，陈一帆．四代列车广播员：声音里的时代变迁［EB/OL］．(2020-10-08)［2023-05-10］．https://baijiahao.baidu.com/s?id=1679957240181531386&wfr=spider&for=pc.

3. 到达途中××站前预报站名的通告语

列车到达途中××站前预报站名的通告语一般为：

××站就要到了，请您提前在车门处等候下车，列车在××站停车××分，下车时要注意列车与站台之间的空隙，注意安全。

4. 途中提醒旅客看管好贵重物品的通告语

列车途中提醒旅客看管好贵重物品的通告语一般为：

各位旅客，请看管好随身携带的贵重物品，防止丢失。

5. 当列车晃动时，提醒旅客避免受伤的通告语

当列车晃动时，提醒旅客避免受伤的通告语一般为：

旅客们请注意，车辆在行驶中发生晃动，请您坐稳，以免受伤。

6. 保持车厢整洁的通告语

保持车厢整洁的通告语一般为：

为了保持车厢整洁，请不要将垃圾扔在通道内，车厢两端备有垃圾桶。

（五）列车终到

列车终到的通告语一般为：

列车快要到达终点站××站了，请您提前整理好随身携带的行李物品。列车到站请按顺序下车，下车时请注意列车与站台之间的空隙，防止踏空摔伤。感谢您乘坐中国高铁旅行，期待与您再次相逢。（或“各位旅客你们好，下站是本次列车的终点站，感谢大家一路上对我们工作的支持，欢迎您下次乘坐”）

（六）旅客出站

1. 提醒旅客尽快出站的通告语

提醒旅客尽快出站的通告语一般为：

到站的旅客，请您抓紧时间出站，请勿滞留在站台上。

2. 提醒换乘的旅客不要走错通道的通告语

提醒换乘的旅客不要走错通道的通告语一般为：

需要换乘的旅客请根据站内标识，前往××通道换乘，出站的旅客请勿进入。

3. 告知旅客逃票后果的通告语

告知旅客逃票后果的通告语一般为：

逃票违法，请勿逃票。对不听劝阻、强行逃票者，将补收票款，并记入个人信用档案中。请勿以身试法。

4. 站口检票的通告语

站口检票的通告语一般为：

请旅客们注意，请您把车票准备好，依次排队验票出站。携带大件行李物品的旅客请走宽通道。

二、安全服务广播词播音练习

（一）禁烟广播

女生们、先生们！为确保铁路行车安全，动车组列车上严禁吸烟，也不要在卫生间内使用香水、发胶等喷雾型用品，上述行为，会引发烟雾报警，影响列车运行。凡在动车组列车上吸烟者，视情节轻重，根据《铁路安全管理条例》将处以500元以上2 000元以下的罚款，同时依据相关征信规定记入个人信用信息系统，处以180天内限制购票的失信处罚。为避免对个人信用造成影响，请您自觉遵守国家法律规定和铁路有关规定。动车组列车全列禁烟，谢谢您的合作！

（二）安全通告

女士们、先生们！动车组列车严禁携带易燃、易爆危险品上车；为了您的安全，请不要在大件行李处、电茶炉下坐卧；取放行李物品时请抓紧放妥，以防脱手伤人；请不要随意触碰列车红色按钮和把手；列车运行中，请您远离车门；电源插座仅限符合标示范围且旅行必需的小型电器使用，禁止连接插排及其他电器设备；您在取用开水时请不要接得过满；小桌板上放置的高温食品、饮品请注意安全，防止烫伤自己及身边的旅客，小桌板承重有限，请不要放置重物或趴在小桌板上；带小孩的旅客，请看管好您的孩子，以免发生意外。

（三）文明出行

女士们、先生们！为共同营造温馨、整洁的旅行环境，请您不要在车厢内食用有异味的食品，朋友间交谈、接打电话或使用电子产品时请确保音量适宜，尽量减少对周围旅客的干扰；乘车期间请您不要脱鞋、躺卧，儿童应在家长的陪护下文明如厕，谢谢您的配合。

（四）征信广播

女士们、先生们！为弘扬诚实守信的文明新风，倡导文明出行，维护铁路旅客运输的良好秩序，依据国家相关征信规定，铁路部门对以下行为除按有关规定进行处置外，还将记录个人身份信息，在一定期限内限制购票，并按规定向国家、地方政府相关部门和有关征信机构提供铁路旅客信用信息。

1. 扰乱铁路站车运输秩序且危及铁路安全、造成严重社会不良影响的；
2. 在动车组列车上吸烟或者在其他列车的禁烟区域吸烟的；
3. 倒卖车票、制贩假票的；
4. 冒用优惠、优待身份证件，使用伪造或无效优惠、优待身份证件购票乘车的；
5. 持伪造、过期等无效车票或冒用挂失补车票乘车的；
6. 无票乘车，越站、越席乘车且拒不补票的；
7. 依据相关法律法规应予以行政处罚的。

为避免对个人信用造成影响，请旅客自觉遵守国家法律规定和铁路有关规定，自觉维护铁路旅客运输秩序。谢谢您的配合。

三、应急广播词播音练习

高铁应急事件有很多，所涉及的应急用语相对来说也很多，在这里主要介绍列车晚点及晚点供餐、火灾疏散、换乘列车、救援连挂、疫情提示等的应急用语。

（一）列车晚点及晚点供餐

1. 列车晚点时的应急用语

列车晚点时的应急用语一般为：

旅客朋友们，大家好！我是本次列车的列车长，由于一些特殊原因造成了列车晚点。列车晚点给您带来诸多不便，我代表铁路运输企业向您表示诚挚的歉意！我们会随时通过广播向您通告晚点信息，敬请谅解。

2. 晚点供餐的应急用语

晚点供餐的应急用语一般为：

旅客们，由于列车晚点给您带来不便，深表歉意！现在我们为大家准备了应急食品，将按顺序送餐，老人、儿童优先，请您稍等。

【小贴士】

高铁晚点会供餐吗？

当列车晚点 1 小时以上且逢用餐时间时，列车长要提前统计车上旅客人数及去向，并向所在地相关部门的客运调度报告，由客运调度安排前方停车站做好供餐准备工作，免费为旅客供餐，车站按客运调度的安排，为晚点列车提供食品，并做好应急食品使用的登记工作，与晚点列车的列车长一起签字确认。

（二）火灾疏散

1. 列车发生火灾时的应急用语

列车发生火灾时的应急用语一般为：

旅客们，请不要惊慌，不要拥挤，请在列车工作人员的引导下有序撤离。请大家协助老人、儿童和行动不便的旅客。

2. 车内疏散的应急用语

当列车上发生火灾时，车内疏散的应急用语一般为：

本次列车的××号车厢出现火情，请在××号车厢的旅客，紧急撤离到邻近车厢，撤离时不要拥挤，保持车厢通畅。其他车厢的旅客请不要走动，让开通道，帮助撤离过来的老人、儿童和行动不便的旅客。我们的列车工作人员正在全力组织灭火，险情很快就会排除。

3. 撤离到列车外的应急用语

当列车上发生火灾时，撤离到列车外的应急用语一般为：

本次列车的××号车厢出现火情，需要旅客们紧急撤离到列车外。因G××次列车工作人员较少，特请解放军战士、人民警察和志愿者们协助我们组织旅客紧急撤离。现在车门已经打开，请旅客们按顺序排队，下车时请不要拥挤、不要慌忙抢下，特别要注意邻线随时有列车通过。下车请停留在列车工作人员指定的地点，照顾好老人和儿童。

（三）换乘列车

换乘列车的应急用语一般为：

旅客们，本次列车因故障无法运行，需要换乘其他列车的旅客，请整理好随身携带的行李物品，按先后顺序下车后换乘。

（四）救援连挂

救援连挂的应急用语一般为：

旅客们，本次列车将实施救援连挂，可能会产生车体震动，为了您的安全，请回到原座位，收起小桌板。检查随身行李物品是否放置平稳、牢固，感谢您的配合。

（五）疫情提示

疫情提示的应急用语一般为：

现在紧急通知，列车××号车厢有位发热病人（××病疑似病人），列车对该旅客和密切接触者要立即实施隔离，现在立刻封闭××号车厢（××区域）。为避免疫情扩散，各车厢的旅客，请不要走动，不要向车内随意扔垃圾，谢谢您的配合和支持。

课后练习

1. 填空题

（1）高铁乘务播音的特点是发音准确，________；语速适宜，________；________轻重适宜。

（2）________年 7 月 7 日，《铁路旅客运输服务质量规范》由中国铁路总公司（现改制为中国国家铁路集团有限公司，简称国铁集团）公布，自________年 1 月 1 日起实行。

（3）《铁路旅客运输服务质量规范》规定列车广播员（含兼职）从事列车乘务工作满 1 年。

（4）动车组列车在广播室设有“________系统”，它由信息显示、车内标识、列车运行信息、自动报站、________、列车电视、________等子系统构成。

（5）铁路广播资料由铁路局________、客运部门组织编写、审定，途中的临时性广播稿件由列车长审定，广播宣传重点交列车长审阅并加指导性批语。

2. 判断题

（1）动车组列车运行时间在 6 小时以内的，一般只播迎送词、服务设备介绍、安全提示、站名和背景音乐。（ ）

（2）列车晚点 20 分钟及以上时列车广播员应代表列车长向旅客道歉。（ ）

（3）列车应报一次中间停车站站名。（ ）

3. 思考题

（1）高铁乘务播音有何特点？

（2）铁路客运播音的基本要求是什么？

（3）动车组列车广播人员作业要求是什么？

（4）高铁客运常用基础广播词有哪些？

（5）高铁客运安全服务广播词有哪些？

（6）高铁客运应急广播词有哪些？

4. 训练题

（1）某日，一高铁列车在运行过程中，多名旅客出现呕吐、腹泻等疑似食物中毒症状，随后，这些旅客被送往医院，其所在车厢的所有人员均被送往卫生检疫点进行检查。

列车内人员密集、空间封闭，病毒容易广泛传播，且病毒传播往往会引发恐慌。你认为该列车的播音员和工作人员应如何应对？请全班分组讨论。

（2）请练习播报本项目中的客运广播词并录音，然后回放录音，找出不足并努力克服。

5. 党的二十大报告播报

同志们！时代呼唤着我们，人民期待着我们，唯有矢志不渝、笃行不怠，方能不负时代、不负人民。全党必须牢记，坚持党的全面领导是坚持和发展中国特色社会主义的必由之路，中国特色社会主义是实现中华民族伟大复兴的必由之路，团结奋斗是中国人民创造历史伟业的必由之路，贯彻新发展理念是新时代我国发展壮大的必由之路，全面从严治党是党永葆生机活力、走好新的赶考之路的必由之路。这是我们在长期实践中得出的至关紧要的规律性认识，必须倍加珍惜、始终坚持，咬定青山不放松，引领和保障中国特色社会主义巍巍巨轮乘风破浪、行稳致远。

团结就是力量，团结才能胜利。全面建设社会主义现代化国家，必须充分发挥亿万人民的创造伟力。全党要坚持全心全意为人民服务的根本宗旨，树牢群众观点，贯彻群众路线，尊重人民首创精神，坚持一切为了人民、一切依靠人民，从群众中来、到群众中去，始终保持同人民群众的血肉联系，始终接受人民批评和监督，始终同人民同呼吸、共命运、心连心，不断巩固全国各族人民大团结，加强海内外中华儿女大团结，形成同心共圆中国梦的强大合力。

青年强，则国家强。当代中国青年生逢其时，施展才干的舞台无比广阔，实现梦想的前景无比光明。全党要把青年工作作为战略性工作来抓，用党的科学理论武装青年，用党的初心使命感召青年，做青年朋友的知心人、青年工作的热心人、青年思想的引路人。广大青年要坚定不移听党话、跟党走，怀抱梦想又脚踏实地，敢想敢为又善作善成，立志做有理想、敢担当、能吃苦、肯奋斗的新时代好青年，让青春在全面建设社会主义现代化国家的火热实践中绽放绚丽之花。

同志们！党用伟大奋斗创造了百年伟业，也一定能用新的伟大奋斗创造新的伟业。全党全军全国各族人民要紧密团结在党中央周围，牢记空谈误国、实干兴邦，坚定信心，同心同德，埋头苦干，奋勇前进，为全面建设社会主义现代化国家、全面推进中华民族伟大复兴而团结奋斗！

课程思政指南

高铁乘务播音课程思政教学设计

授课要点	思政融入点	成效
列车广播播报；帮助旅客寻找座位、放置行李、介绍到站；列车上的设施设备及使用指引；列车餐饮服务	文明礼仪；综合职业素养的体现（规范、文明、热情、友善的服务与用语）；以各地特色餐饮为依托的中华文化传播	通过引导学生思考礼仪对中华民族的重要影响以及高铁乘务人员提升礼仪礼貌修养的重要性，提高学生自我修养，践行中华民族传统美德；我国不同线路的高铁列车上提供沿线城市的特色美食，通过各地特色美食的介绍，使学生重温中华文化的丰富底蕴
列车终到时指引旅客出站；为旅客指引公共交通、市内景点的方向和位置	“执事敬”“修己以敬”的敬业精神	引导学生意识到作为一名优秀的高铁客运服务人员，不仅要做好列车上的服务，还要对旅客关于列车沿线的相关问题知无不尽，为此，学生要热爱自己的职业，对待工作不仅要严肃认真，还要时刻注重加强自身修养，不断汲取新资讯、学习新知识，树立全身心投入，尽职尽责的职业精神
播报应急广播词，帮助生病、受伤、年老、伤残、怀孕旅客；制止不文明行为或犯罪；火灾、地震、紧急制动等紧急情况的应对	中华民族传统美德；社会主义核心价值观	以对特殊乘客的格外关注与照顾让学生重温中华民族优良传统的美好，培养其以礼待人、谦和友善的仁爱精神；结合对列车上不文明行为和犯罪行为制止的学习，使学生树立以社会主义核心价值观；突发情况的处理程序规范与应变则使学生深刻认识工作中对工作细节的精益求精与创新，理解“工匠精神”倡导的精神与创新内核

电子活页：普通话水平测试模拟试卷

一、普通话水平测试模拟试卷（一）

二、普通话水平测试模拟试卷（二）

三、普通话水平测试模拟试卷（三）

四、普通话水平测试模拟试卷（四）

学生工作页（六）

普通话水平测试模拟试卷					
任务一	完成普通话水平测试模拟试卷（一）				
任务二	完成普通话水平测试模拟试卷（二）				
任务三	完成普通话水平测试模拟试卷（三）				
任务四	完成普通话水平测试模拟试卷（四）				
班　级		学　号		姓　名	

学生自评

我的心得：

建议或提出问题：

教师评价

参考文献

[1] 李宜霖．美化声音：播音主持的练声步骤与意义［J］．采写编，2023（3）：89-91.

[2] 臧国铭，罗晨．妙语人生：教师口语与普通话训练［M］．北京：北京交通大学出版社，2022.

[3] 许一婷．融媒视域下“播音主持创作基础”课程思政建设探索［J］．东南传播，2022（6）：1-2.

[4] 李瞳，李卓．高职普通话语音与播音发声课程思政研究与实践［J］．新闻传播，2022（5）：71-73.

[5] 朱奇涵．普通话与播音艺术［M］．上海：上海交通大学出版社，2021.

[6] 袁绍东．铁路客运服务人员普通话与播音艺术［M］．北京：北京交通大学出版社，2021.

[7] 杨博．课程思政融入高铁乘务英语课程教学探索与实践［J］．河南农业，2021（27）：42-44.

[8] 任静．课程思政融入客舱服务英语课程教学的探索［J］．陕西教育（高教），2021（11）：12-13.

[9] 孙庆芳．课程思政视域下空中乘务专业民航客舱广播词课程的教学探究［J］．民航学报，2021（7）：12-14.

[10] 胡春燕．探析新闻播音员提高综合素养的策略［J］．传媒论坛，2021（5）：73-74.

[11] 李媛媛，段亚林．高铁乘务普通话与播音艺术［M］．成都：西南交通大学出版社，2020.

[12] 杨长进，梁莹，唐文婷．民航服务语言艺术与播音技巧［M］．上海：上海交通大学出版社，2020.

[13] 钟湑媛．播音员做好“内在语”表达的技巧［J］．青年记者，2020（34）：71-72.

[14] 杨雪，郑艳丽．浅淡“情景再现”在播音表达中的重要意义［J］．黑河学刊，2020（11）：59.

[15] 田青，王智超．夏青播音艺术研究［J］．大众文艺，2020（10）：257-258.

[16] 连少鹏．新媒体时代提升播音员主持人专业素养的途径［J］．新闻研究报道，2020（4）：89-90.

[17] 刘明．分析播音主持中“情景再现”的应用［J］．传播力研究，2020（3）：115-116.

[18] 马利娟，隋东旭．高速铁路客运服务语言与沟通技巧［M］．北京：北京交通大学出版社，2019.

[19] 杨丽明．“情景再现”在播音主持中的应用［J］．科技传播，2019（12）：42-43.

[20] 张鹂．空乘英语的语言特点［J］．安阳工学院学报，2019（9）：80-82.

[21] 滕菲菲．电视新闻播音“对象感”的把握与表现［J］．传播力研究，2019（1）：88-89.

[22] 李秀然．普通话语音训练［M］．北京：中国铁道出版社，2018.

[23] 冯玉菡．节奏让播音更具魅力：论节奏在播音创作中的作用［J］．新闻研究导刊，2018（4）：107，202.

[24] 张子泉．普通话教程［M］．4 版．北京：清华大学出版社，2017.

[25] 杨静，李广春．民航播音训练［M］．北京：清华大学出版社，2017.

[26] 汪小玲，杨青云．空乘服务沟通与播音［M］．北京：国防工业出版社，2017.

[27] 刘方．播音主持中如何把握对象感［J］．电视指南，2017（16）：86-87.

[28] 王立君．“情景再现”在播音主持中的应用探讨［J］．视听，2017（11）：109-110.

[29] 丁大侃．浅析电视新闻播音对象感缺失原因及培养方法［J］．新闻研究导刊，2017（6）：108-109.

[30] 吴晓影．客舱英语广播的语言特征与播音技巧［J］．宿州学院学报，2017（2）：82-84.

[31] 尹新兰．普通话教程［M］．5 版．上海：上海交通大学出版社，2016.

[32] 赵恒．客舱播音技巧［M］．北京：中国民航出版社，2016.

[33] 李继军．普通话水平测试与训练教程［M］．上海：上海交通大学出版社，2016.

[34] 赵秀环．播音主持艺术［M］．北京：中国传媒大学出版社，2016.

[35] 茹田．播音实践中重音的技巧运用［J］．科技传播，2016（6）：45-46.

[36] 谢伦浩，杨多．播音主持副语言的学理定位［J］．现代传播，2016（5）：103-107.

[37] 刘耀．播音员与主持人应具备的基本素质［J］．西部广播电视，2016（2）：169.

[38] 王炜．普通话语音基础与播音发声实训［M］．北京：科学出版社，2015.

[39] 张凌彦．泛谈广播播音中“对象感”的把握和适用［J］．科技展望，2015（29）：253.

[40] 尹常林．播音创作细节问题不容小视［J］．新闻传播，2015（11）：74-75.

[41] 张纪徜．播音创作实践中的停连技巧运用探讨［J］．科技传播，2015（8）50-51.

[42] 迟金路．播音主持如何塑造正确的对象感［J］．西部广播电视，2015（6）：114-115.

[43] 邓丽君．浅谈空中乘务专业客舱广播教学实践［J］．西安航空学院学报，2015（6）：72-74.

[44] 林鸿．普通话语音与发生［M］．4 版．杭州：浙江大学出版社，2014.

[45] 王晶．口才训练实用教程［M］．北京：清华大学出版社，2014.

[46] 吴玲，胡斌．普通话语音训练教程［M］．北京：高等教育出版社，2014.

[47] 张涵．播音主持语音发声训练教程［M］．北京：中国传媒大学出版社，2014.

[48] 王峥．语音发声科学训练［M］．北京：中国传媒大学出版社，2014.

[49] 徐恒．播音发声学［M］．北京：中国传媒大学出版社，2014.

[50] 赵恒．浅析空中乘务员客舱播音时应把握的对象感［J］．科技视界，2013（19）：103.

[51] 蒙喜华．浅析播音主持中运用重音的技巧［J］．新闻传播，2013（10）：170.

[52] 倪贤祥．客舱英文广播的现状及对策分析［J］．中国民航飞行学院学报，2013（5）：50-52.

[53] 冯媛媛．播音发声训练中练声的方法及常见问题的纠正［J］．开封教育学院学报，2013（4）：76-77.

[54] 邢桂芳．普通话应用教程［M］．北京：航空工业出版社，2012.

[55] 王雪环．普通话口语训练教程［M］．上海：上海交通大学出版社，2012.

[56] 王璐．播音员主持人训练手册［M］．北京：中国传媒大学出版社，2012.

[57] 何伟．在播音主持中情景再现的应用［J］．中国传媒科技，2012（12）：96-97.

[58] 张亚辉．浅议新闻播音中的“内在语”［J］．今传媒，2012（7）：128-129.

[59] 王英革．“弦外之音、言外之意”：浅析播音主持过程中内在语的把握［J］．中国传媒科技，2012（2）：61-62.

[60] 张颂．播音创作基础［M］．3 版．北京：中国传媒大学出版社，2011.

[61] 刘辉，梁月秋．空乘服务沟通与播音技巧［M］．北京：旅游教育出版社，2011.

[62] 刘克芹．普通话训练教程［M］．北京：经济科学出版社，2010.

[63] 施玲．播音创作基础理论与实训教程［M］．杭州：浙江大学出版社，2010.

[64] 李作专．论职业教师的嗓音与嗓音保护［J］．职业，2010（9）：101-103.

[65] 张颂．播音主持艺术论［M］．北京：中国传媒大学出版社，2009.

[66] 王浩瑜．跟我说普通话［M］．北京：中国传媒大学出版社，2009.

[67] 杨爱荣，杨建．民航客舱英语广播训练教程［M］．天津：天津教育出版社，2009.

[68] 张子宏．交际语言能力理论分析［J］．中国青年政治学院学报，2009（6）：139-142.

[69] 王微．普通话教程［M］．北京：航空工业出版社，2008.

[70] 罗丽萍．正确运用停连　提高播音质量［J］．东南传播，2008（10）：151-152.

[71] 刘晖．空乘服务沟通与播音技巧［M］．北京：旅游教育出版社，2007.

[72] 杨寄洲．中级汉语教程［M］．北京：北京语言大学出版社，2005.

[73] 杨雪，王月梅．浅谈“内在语”在播音表达中的重要意义［J］．黑河学刊，2005（7）：96-97.
[74] 宋欣桥．普通话语音训练教程［M］．北京：商务印书馆，2004.
[75] 刘晖，张彩霞．完美表达训练教程［M］．北京：中国广播电视出版社，2004.
[76] 陈雅丽．实用播音教程：3［M］．北京：北京广播学院出版社，2003.
[77] 李德付．主持人外部语言基础［M］．北京：中国广播电视出版社，2003.
[78] 尹建国．普通话培训与测试［M］．北京：语文出版社，2003.
[79] 吴洁敏．新编普通话教程［M］．杭州：浙江大学出版社，2003.
[80] 张玉林．播音节奏的转换方法［J］．承德民族师专学报，2003（2）：75-76.
[81] 付程．实用播音教程：语言表达［M］．2 版．北京：北京广播学院出版社，2014.
[82] 柴璠．播音语言表达技巧［M］．北京：中国广播电视出版社，2002.
[83] 刘照雄．普通话水平测试大纲［M］．长春：吉林人民出版社，2002.
[84] 浙江省语言文字工作委员会．普通话培训测试指南［M］．杭州：浙江大学出版社，2002.
[85] 姚喜双．播音导论教程［M］．北京：中国广播电视出版社，2001.
[86] 吴弘毅．实用播音教程［M］．北京：北京广播学院出版社，2001.
[87] 漆权．普通话水平测试与培训［M］．南昌：江西高校出版社，2001.
[88] 赵越．普通话基础训练［M］．广州：暨南大学出版社，2000.
[89] 林焘，王理嘉．语音学教程［M］．北京：北京大学出版社，1999.
[90] 陈晓鸥．播音传情达意的表达方法（二）：重音［J］．有线电视，1995（3）：41-42.
[91] 张颂．播音语言通论［M］．北京：北京广播学院出版社，1994.
[92] 姚喜双．文章做在耳朵上：听觉是确定播音停连和重音位置的重要依据［J］．语言文字应用，1992（3）：82-85.
[93] 汪良．播音业务讲座十二：上［J］．新闻与写作，1986（5）：29-30.
[94] 汪良．播音业务讲座十二：下［J］．新闻与写作，1986（6）：27-28.
[95] 佚名．声音弹性对比训练［EB/OL］．(2021-07-25)［2023-05-10］．https：//www. xuexila. com/koucai/liansheng/294131_ 3. html.
[96] 张月琴．基于立德树人的根本要求，构建课程思政“六性六力”发展模式［J］．湖北开放职业学院学报，2022（21）：104-108.

职业院校应用型特色教材·交通运输系列

书名	书号	定价/元
普通话与播音艺术	978-7-5121-5060-7	39.00
高铁乘务人员形象设计与形体训练	978-7-5121-4793-5	49.00
高铁客运服务礼仪与沟通	978-7-5121-4826-0	59.00